Carl Maria von Weber

VIII/23 Carl Maria von Weber,
Gemälde von Caroline Bardua (1821)

Carl Maria von Weber

... wenn ich keine Oper unter den Fäusten habe ist mir nicht wohl

Eine Dokumentation zum Opernschaffen

Ausstellung der Staatsbibliothek zu Berlin – Preußischer Kulturbesitz

Dr. Ludwig Reichert Verlag Wiesbaden 2001

Staatsbibliothek zu Berlin – Preußischer Kulturbesitz
Ausstellungskataloge N.F. 45

Ausstellung anläßlich des 175. Todestages von Carl Maria von Weber
5. Dezember 2001 bis 12. Januar 2002
Haus Unter den Linden 8
Vestibül

Ausstellung und Katalog: Joachim Veit, Frank Ziegler
unter Mitarbeit von Eveline Bartlitz, Dagmar Beck und Helmut Hell

Gedruckt mit freundlicher Unterstützung der Familie von Weber
und der Internationalen Carl-Maria-von-Weber-Gesellschaft e.V.

Die Deutsche Bibliothek – CIP-Einheitsaufnahme

Ein Titeldatensatz für diese Publikation
ist bei Der Deutschen Bibliothek erhältlich.

ISBN: 3-89500-092-2

Satz, Repro und Druck: Offizin Chr. Scheufele, Stuttgart

Inhalt

Die Verfasser der Beiträge:

DB Dagmar Beck
EB Eveline Bartlitz
FZ Frank Ziegler
HH Helmut Hell
JV Joachim Veit

Abbildungsnachweise:

Hans-Jürgen Freiherr von Weber, Hamburg (S. 87, 99, 100)

Berlin, Nationalgalerie der Staatlichen Museen zu Berlin – Preußischer Kulturbesitz (S. 2)

Darmstadt, Hessische Landes- und Hochschulbibliothek (S. 98)

Dresden, Sächsische Landesbibliothek – Staats- und Universitätsbibliothek (S. 67, 162)

St. Petersburg, Russische Nationalbibliothek (S. 164, 171)

Alle hier nicht genannten Abbildungen geben Objekte aus den Beständen der Staatsbibliothek zu Berlin – Preußischer Kulturbesitz – wieder.

Geleitwort

Auf der Königl.[ichen] Bibliothek war große Freude als die Partitur [...] ankam. Das ganze Personal lief zusammen um [sie] zu bewundern [...]. Wer auf die Bibl.[iothek] kam, wurde mit der Nachricht, daß der Freischütz angekommen, empfangen [...] – soweit ein Zitat aus dem Jahre 1851; dieses freudige Ereignis, 150 Jahre alt, ist für die Staatsbibliothek dankbarer Anlaß, an Carl Maria von Weber zu erinnern, sein Opernschaffen mit wichtigen, auch eigenhändigen Zeugnissen in einer Ausstellung zu dokumentieren und zu präsentieren.

Unvorstellbar war die Begeisterung der Berliner bei der Erstaufführung des *Freischütz* im Sommer des Jahres 1821 im Königlichen Schauspielhaus am Gendarmenmarkt. Keiner anderen Oper in Deutschland, vorher und nachher, in Berlin und anderswo, war ein solcher Erfolg beschieden; selbst ein Heinrich Heine sah sich zum größten Lob veranlaßt.

Fünf Jahre nach diesem künstlerischen Höhepunkt verstarb Weber; weitere 25 Jahre später verehrte die Witwe des Komponisten, Caroline von Weber, die eigenhändig niedergeschriebene Partitur des großen Erfolgsstückes, das in so enger Beziehung zu Berlin stand, dem kunstsinnigen Preußenkönig Friedrich Wilhelm IV., der das kostbare Geschenk in die Obhut seiner Königlichen Bibliothek gab.

Dies war der großartige Auftakt für den hervorragenden Berliner Weber-Bestand in der Musikabteilung. Dreißig Jahre später half keine gütige Witwe, aber der preußische Titel eines Kommerzienrates, der laut Brockhaus 14. Auflage 1902 als *Ratstitel der großen Klasse* [...] *ausschließlich an hervorragende Finanzmänner, Großkaufleute und Industrielle verliehen* wurde. Der Berliner Musikdirektor und Professor Friedrich Wilhelm Jähns hatte in Jahrzehnten eine bedeutende Sammlung mit Musikautographen und Briefen, wichtigen Abschriften, Notendrucken, Literatur und Porträts des Komponisten zusammengetragen. Er bot sie 1876 der Königlichen Bibliothek zum Preis von 15.000 Mark an. Die Bibliothek hat auch bald einen passenden Sponsor gefunden, den reichen Berliner Tuchfabrikanten Jacob Landsberger. Aber es bedurfte fünfjährigen Drängens, bis die preußische Regierung bereit war, zum Wohl der Weberforschung den begehrten Titel zu verleihen.

Schließlich sei mit besonderer Dankbarkeit die dritte große Webertransaktion zugunsten der Bibliothek erwähnt, die außerordentlich großzügige Schenkung des in Hamburg lebenden Ururenkels des Komponisten, Hans-Jürgen Freiherr von Weber, aus dem Jahre 1986. Wiederum haben ganz hervorragende Stücke, wichtige Teile aus dem verbliebenen Familiennachlaß, die Musikabteilung jetzt endgültig zur Weberforschungsstätte schlechthin gemacht. Bereits 1956 war diese letzte Gruppe an Dokumenten als Depositum in die Deutsche Staatsbibliothek Unter den Linden gelangt. Es bleibt der äußerst seltene und ganz und gar nicht selbstverständliche Sachverhalt hervorzuheben, daß unabhängig von der Teilung unseres Landes eine in Westdeutschland lebende Familie einer Kultureinrichtung in der DDR vor 15 Jahren diesen wertvollen Bestand vermachte.

Diese ungewöhnliche Geste der Familie von Weber war eine Herausforderung für die Weberforschung in beiden Teilen unseres Landes, die angenommen wurde. Bereits 1986 brachte die Deutsche Staatsbibliothek ein von Eveline Bartlitz erstelltes Autographen-Verzeichnis heraus. Professor Dr. Gerhard Allroggen, Musikwissenschaftliches Seminar Detmold der Universität/Gesamthochschule Paderborn und der Hochschule für Musik Detmold, sowie der Ostberliner Leiter der Musikabteilung Dr. Wolfgang Goldhan stellten konkrete Überlegungen für eine Gesamtausgabe der Werke Webers an, so daß der Boden für eine fruchtbare Kooperation nach der Vereinigung gut vorbereitet war. 1991 wurde die Internationale Carl-Maria-von-Weber-Gesellschaft gegründet, die sich als weitere wichtige Förderinstitution entwickelte. Und unter dem Dach der Union der deutschen Akademien der Wissenschaften konnte ein Finanzierungsmodell erstellt werden, so daß im Jahr 1993 dann endlich mit den Arbeitsstellen in Detmold und Berlin unter Leitung von Professor Allroggen mit der Gesamtausgabe der Werke Webers begonnen werden konnte. Der erste Band der Gesamtausgabe wurde voll Freude 1998 in Mainz und Berlin präsentiert.

Nicht zuletzt dank der Initiative der Familie von Weber ist dies eine bemerkenswerte deutsch-deutsche Erfolgsgeschichte, bei der es nur Gewinner gibt.

So sind auch beide Arbeitsstellen und die Weber-Gesellschaft maßgeblich an dieser Ausstellung und diesem Katalog beteiligt.

Ich habe die angenehme Aufgabe, diesen Institutionen und allen Mitwirkenden für dieses gemeinsame Erinnern an Carl Maria von Weber herzlich zu danken. Dies gilt für die zahlreichen Leihgeber, insbesondere die Familie von Weber und die Russische Nationalbibliothek sowie das Archiv des Mariinski-Theaters, beide in St. Petersburg, aber auch für die am Katalog beteiligten Wissenschaftler und Kolleginnen und Kollegen aus der Staatsbibliothek. Ein besonderer Dank schließlich dem Dr. Ludwig Reichert Verlag in Wiesbaden, der dafür sorgt, daß mit dieser Veröffentlichung die Ausstellung dauerhafter Bestandteil der internationalen Weber-Forschung bleibt.

Berlin, im Juli 2001

Antonius Jammers
Generaldirektor
der Staatsbibliothek zu Berlin
Preußischer Kulturbesitz

Vorwort

Als vor 150 Jahren, im Oktober 1851, Caroline von Weber dem preußischen König Friedrich Wilhelm IV. die autographe Partitur des *Freischütz* übersandte, um *derselben einen Platz in Allerhöchstdero Musikalien Bibliothek anweisen zu lassen*, wurde der Grundstein für die heute weltweit größte Quellensammlung zum Werk Carl Maria von Webers gelegt. Diese großzügige Schenkung, der in den nachfolgenden anderthalb Jahrhunderten weitere mäzenatische Zuwendungen ersten Ranges folgen sollten, war und ist für die Bibliothek gleichermaßen Bereicherung und Verpflichtung. Weber hat in Berlin, dem Ort, an dem er seine größten Erfolge feierte und einen besonders treuen Freundeskreis fand – wo allerdings auch manche Hoffnung scheiterte –, eine neue Heimat gefunden.

Bis zur Schenkung der *Freischütz*-Partitur an die Berliner Bibliothek vor 150 Jahren waren die großen Opern-Autographen Webers im Nachlaß des Komponisten vereint, bald danach wurden sie über ganz Europa verstreut: die Partitur der *Euryanthe* übereignete Caroline von Weber ebenfalls im Herbst 1851 dem sächsischen König Friedrich August II., die des *Oberon* übersandte der Sohn Max Maria von Weber 1855 an den russischen Zaren Alexander II.; die Original-Partitur des *Peter Schmoll* wurde 1859 – mehr oder minder versehentlich – nach London verkauft. Die Ausstellung bietet erstmals wieder Gelegenheit, die Originale für eine begrenzte Zeit an einem Ort gemeinsam zu präsentieren.

Abgesehen von den genannten vier Opern-Partituren blieb der Werk-Nachlaß Webers über Generationen weitgehend geschlossen erhalten. Die heutige Weber-Forschung kann sich glücklich schätzen, daß die Nachkommen des Komponisten diesen Schatz nicht leichtsinnig verschleuderten: die Familie Weber fühlte und fühlt sich bis heute dem Erbe ihres Ahnen verbunden. Ihre Aufgabe sahen die Webers nicht etwa darin, den »Hort« eifersüchtig zu hüten, vielmehr befaßten sich mehrere Familienmitglieder auch mit der Aufarbeitung der Materialien. Max Maria von Weber legte neben zahlreichen kleineren Beiträgen 1864/66 eine umfangreiche und bis in die heutige Zeit trotz mancher Ungenauigkeiten und anfechtbarer Bewertungen grundlegende Biographie seines Vaters vor, der Enkel Carl von Weber edierte 1886 Reisebriefe seines Großvaters aus den Jahren 1823 und 1826 und machte sich um die Vollendung des Opernfragments *Die drei Pintos* verdient. Bis zum zweiten Weltkrieg betreute die Urenkelin Mathilde von Weber die familiäre Erinnerungsstätte – einen Gedenkraum in der Dresdner Wohnung der Webers, Karlstraße 2, – und verwaltete den Nachlaß; eine kundige und verläßliche Ansprechpartnerin für jeden, der sich mit Leben und Werk des Komponisten beschäftigen wollte. Ihrem persönlichen Einsatz ist es zu danken, daß im Februar 1945, als Dresden in Schutt und Asche sank, die wesentlichen Teile des Familien-Archivs gerettet werden konnten.

Mathilde von Weber faßte auch den Beschluß, das Erbe in die Obhut der öffentlichen Hand zu geben. Laut testamentarischer Verfügung hatte das Weber-Werk-Archiv in der männlichen Linie der Familie zu verbleiben, der Erbe war nach dem frühen Tod des Weber-Urenkels Herbert von Weber 1914 dessen Sohn Hans-Jürgen von Weber geworden. Doch der Weber-Ururenkel lebte nach 1945 in Bayern, 1956 übersiedelte er nach Hamburg, wo er noch heute lebt. Der Familien-Nachlaß hingegen befand sich in Dresden; nach der Festschreibung der deutsch-deutschen Teilung war nicht daran zu denken, die als nationales Kulturgut eingestufte Sammlung außer Landes zu bringen, sie mußte in der DDR bleiben. Nur wenige Einzelstücke – darunter immerhin die Partituren der *Silvana* und des *Abu Hassan* – gelangten über die damals noch grüne Grenze in den westlichen Teil Deutschlands. Mathilde von Weber machte schließlich aus der Not eine Tugend: beraten vom Bibliothekar Wilhelm Virneisel, der 1950 aus Dresden an die damalige Öffentliche Wissenschaftliche Bibliothek, die spätere Deutsche Staatsbibliothek, in Berlin gewechselt war und dort seit 1951 kommissarisch die Musikabteilung leitete, verfügte sie, daß der gesamte in Dresden befindliche Handschriftenbestand – Werkautographe, Tagebücher, Briefe und Dokumente – unter Wahrung der familiären Eigentumsrechte als Depositum der Berliner Bibliothek übergeben werden sollte. Seit dem Tod der Weber-Urenkelin 1956 wurden die Materialien von der Bibliothek treuhänderisch verwaltet.

Im Weber-Gedenkjahr 1986 entschied sich der Eigentümer Hans-Jürgen Freiherr von Weber, sämtliche in Berlin aufbewahrten Manuskripte endgültig der Bibliothek zu übereignen, darunter z. B. die Fragmente aus dem *Waldmädchen* sowie die Entwürfe zu den *drei Pintos* und zum *Oberon*. Einen ungefähren Eindruck vom Umfang dieser Schenkung erhält man beim Blättern im nachfolgenden Katalog: alle mit den Provenienz-Hinweisen »Weber-Familiennachlaß« und »Schenkung 1986« gekennzeichneten Objekte stammen aus diesem Bestand. Mit der großherzigen Geste, die in der jüngeren Geschichte der Staatsbibliothek ihresgleichen sucht, verband der Spender allerdings jene Verpflichtung, die auch die Familie von Weber über Generationen geleitet hatte: die Erschließung des Nachlasses für die Forschung und dessen wissenschaftliche Aufarbeitung. Seit 1986 ist die Bibliothek diesem Auftrag konsequent gefolgt: der Bestand wurde neu katalogisiert, einzelne Objekte durch Editionen und Faksimile-Ausgaben einer breiteren Öffentlichkeit zugänglich gemacht, Ausstellungen veranstaltet; seit 1993 ist in der Bibliothek sogar eine der beiden Arbeitsstellen der Weber-Gesamtausgabe, finanziert aus Mitteln der Union der deutschen Akademien der Wissenschaften, beheimatet – eine in Deutschland wohl singuläre Partnerschaft.

Neben den Zuwendungen aus Weberschem Familienbesitz vor 150 bzw. 15 Jahren besitzt die Weber-Sammlung der Staatsbibliothek einen zweiten Eckpfeiler: die Weberiana des Berliner Pianisten, Chorleiters, Komponisten und Musikforschers Friedrich Wilhelm Jähns. Seine Verdienste um das Werk Webers sind kaum hoch genug einzuschätzen: Jähns veröffentlichte nicht nur das Grundlagenwerk der Weber-Forschung – das Werkverzeichnis von 1871 –, er rettete durch seine Sammelleidenschaft etliche Kompositionen Webers vor Vergessen oder Vernichtung. Der Glücksumstand, daß seine »Sammlung Weberiana«, bestehend aus Original-Quellen, Abschriften, gedruckten Ausgaben, Forschungsliteratur, Bildmaterial u. v. a. m., komplett von der Bibliothek übernommen werden konnte, ist mehreren Personen zu danken: zum einen dem Sammler selbst – Jähns bot die Weberiana weit unter ihrem eigentlichen Wert zum Kauf an, in dem Bewußtsein, daß die herausragende Bedeutung der Kollektion vor allem in ihrer Vollständigkeit lag –, zum anderen den Bibliothekaren, die einen potenten Geldgeber zu gewinnen wußten, und schließlich dem Mäzen selbst: Jacob Landsberger. Der Berliner Tuch- und Wollwaren-Fabrikant, der die Musikabteilung bereits bei der Erwerbung von Mozart- und Beethoven-Autographen unterstützt hatte, war bereit, den Kaufpreis von 15.000 Mark aus eigener Tasche zu finanzieren. 1881, dreißig Jahre nach der *Freischütz*-Übereignung, konnte die Königliche Bibliothek die 5152 Objekte umfassende Sammlung übernehmen, darunter z. B. die zweite originale Partitur zum *Peter Schmoll* und die Entwürfe zur *Euryanthe* – eine der Sternstunden in der Geschichte der Musikabteilung. Neben dem Weber-Familiennachlaß gehört die Jähnssche Weberiana-Sammlung zu den Hauptquellen der in dieser Ausstellung präsentierten Kostbarkeiten; die entsprechenden Objekte sind durch den Signatur-Vermerk »Weberiana« und den Provenienz-Hinweis auf die »Schenkung 1881« kenntlich gemacht.

Im Zentrum der Ausstellung, die gemeinschaftlich von der Musikabteilung der Staatsbibliothek und den beiden Arbeitsstellen der Weber-Gesamtausgabe in Detmold und Berlin konzipiert und vorbereitet wurde, steht – bezugnehmend auf die 150 Jahre zurückliegende Schenkung des *Freischütz*-Autographs an die Bibliothek – das Opernwerk Carl Maria von Webers, einer der zentralen Bereiche seines kompositorischen Schaffens. Der *Freischütz* wird noch immer gerne als Solitär betrachtet, als Kulminationspunkt im musikalischen Werk des Komponisten. Diese unzulässige Einschränkung auf ein einzelnes Werk – ein bedeutendes, epochemachendes freilich –, verkennt aber Webers musikhistorische Bedeutung, die gerade im Bereich der Bühnenwerke mindestens ebenso auf *Euryanthe* und *Oberon* beruht, auch wenn beide Werke von der Bühnen-Praxis als problematisch apostrophiert werden. Ziel der Ausstellung ist, Webers lebenslange Auseinandersetzung mit der Opernbühne und seine Bemühungen um ein eigenständiges nationales Musiktheater als Kontinuum darzustellen, das in unterschiedlichen Werken eine jeweils eigenständige Ausprägung erfuhr. In dieser Hinsicht ist es ein außergewöhnlicher Glücksfall, daß sich das Petersburger Mariinski-Theater bereit erklärt hat, im Rahmen der Ausstellung einen seiner besonderen Schätze vorzustellen: das Partitur-Manuskript der Oper *Das Waldmädchen*, die Weber als knapp Vierzehnjähriger geschrieben hat. Das Werk, das bis auf wenige Fragmente als verschollen galt, wurde erst unlängst in der Bibliothek des Theaters entdeckt und kann hier erstmals der Öffentlichkeit präsentiert werden.

Quasi als Epilog ist – auch in Hinblick auf Webers 175. Todestag im Juni 2001 – ein Blick auf seine letzten Tage und den Tod in London, die Trauerfeierlichkeiten und die spätere Überführung des Leichnams nach Dresden nachgestellt; die Nachrufe, Trauerreden und Huldigungen bezeugen die große Wertschätzung, die der Frühverstorbene bei Zeitgenossen und Nachgeborenen genoß, und die in erster Linie auf dem Ruhm des Opern-Komponisten beruhte.

Webers Versuche für die Opernbühne werden im vorliegenden Katalog anhand wesentlicher Quellen chronologisch vorgestellt; in den erläuternden Texten wurde neben grundlegenden Informationen zu jedem Werk besonders darauf Wert gelegt, handbuchartig den neuesten Forschungsstand darzustellen. Ungleichgewichte zwischen den Texten bedeuten somit keine Wertung nach dem Schema: herausragendes Werk – umfangreiche Erläuterungen; weniger bedeutendes Werk – kurze Darstellung. Vielmehr hat sich gerade in den letzten Jahren, beginnend mit den Aktivitäten des Weber-Gedenkjahres 1986 und gefördert durch die Arbeit an der Weber-Gesamtausgabe, die Sicht auf Weber von der einseitigen Betrachtung der »Großwerke« hin zu einer Gesamtschau verlagert, die insbesondere zu den ehemals vernachlässigten Kompositionen eine Fülle neuer Erkenntnisse brachte. Der Katalog stellt daher in erster Linie unbekannte oder weniger geläufige Details vor, während Fakten, die in der Literatur unumstritten sind, nur zusammenfassend wiedergegeben werden. Ausstellung und Katalog wollen somit Anregungen zur weiteren Beschäftigung mit Webers Opernwerk geben: auf wissenschaftlicher Ebene, vielleicht aber auch für die Bühnenpraxis.

Trotz der Materialfülle, die die Staatsbibliothek zu Weber bereithält, ist es ein besonders glücklicher Umstand, daß private Leihgeber und große öffentliche Sammlungen das Vorhaben einer Weber-Ausstellung bereitwillig und freigebig unterstützt haben. Dank gilt in erster Linie der Familie von Weber, insbesondere Hans-Jürgen Freiherr von Weber, daß großartige Objekte des noch in Familienbesitz befindlichen Nachlaß-Teils für die Präsentation zur Verfügung stehen. Daneben beteiligen sich die Hessische Landes- und Hochschulbibliothek in Darmstadt, die Sächsische Landesbibliothek – Staats- und Universitätsbibliothek – in Dresden, die Zentrale Musikbibliothek des Mariinski-Theaters in St. Petersburg und die Russische Nationalbibliothek in St. Petersburg zu unserer großen Freude mit Spitzen-Kostbarkeiten ihrer Sammlungen an der Schau. Für ihre Unterstützung und Vermittlung danken wir in Darmstadt dem Leitenden Bibliotheksdirektor der Hessischen Landes- und Hochschulbibliothek Herrn Dr. Hans-Georg Nolte-Fischer und Herrn Dr. Oswald Bill, dem ehemaligen Leiter der dortigen Musikabteilung, in Dresden dem Generaldirektor der Sächsischen Landesbibliothek – Staats- und Universitätsbibliothek – Herrn Prof. Jürgen Hering und Herrn Dr. Karl W. Geck, dem Leiter der Musikabteilung, sowie in St. Petersburg Herrn Valerij A. Gergiev, Direktor des Staatlichen Akademischen Mariinski-Theaters, Herrn Vladimir N. Saizev, Direktor der Russischen Nationalbibliothek, und Frau Elena V. Nebogatikova, der stellvertretenden Direktorin der Russischen Nationalbibliothek. Innerhalb der Stiftung Preußischer Kulturbesitz bedachte uns die Nationalgalerie mit einer hochrangigen Leihgabe, hier gebührt vor allem Frau Prof. Dr. Angela Schneider, der stellvertretenden Direktorin der Neuen Nationalgalerie der Staatlichen Museen zu Berlin – Preußischer Kulturbesitz, unser Dank.

Auch innerhalb der Staatsbibliothek wurde uns in hohem Maße Unterstützung zuteil. Die Vorbereitung einer Ausstellung lastet auf vielen Schultern, sie gelingt nur im Zusammenwirken der Mitarbeiter verschiedener Abteilungen des Hauses, die den »Luxus« einer solchen Präsentation durch zusätzliche, das eigentliche Dienstgeschäft oft genug belastende Arbeit mittragen. Trotzdem erhielten wir von vielen Kollegen der Musik-, Karten- und Handschriftenabteilung, der Abteilung Historische Drucke sowie der Abteilung für Bestandspflege und Reprographie und des Referats Öffentlichkeitsarbeit und Ausstellungswesen bereitwillig Hilfe; ihnen allen sei Dank gesagt – anonym, aber nicht minder herzlich! Ein letzter Dank gilt schließlich der Familie von Weber und der Internationalen Carl-Maria-von-Weber Gesellschaft e.V., die das Ausstellungs-Projekt bereitwillig förderten, sowie dem Dr. Ludwig Reichert Verlag in Wiesbaden, der in bewährter Weise die Herstellung des Katalogs übernahm und somit der notwendigerweise temporär begrenzten Ausstellung ein erfreuliches publizistisches »Nachleben« ermöglicht.

Berlin, im April 2001 Frank Ziegler

Joachim Veit

... wenn ich keine Oper unter den Fäusten habe ist mir nicht wohl

Carl Maria von Weber als Opernkomponist

Erato und Thalia auf dem Scheidewege – mit diesem *allegorischen Vorspiel mit Gesängen, in einem Aufzuge* eröffnete Franz Anton von Weber am 10. November 1791 seine Nürnberger Wintersaison[1]. Vielleicht erstmals stand dabei sein knapp fünfjähriger Sohn Carl Maria von Weber auf der Bühne: Als kleiner Amor präsentierte er sich gemeinsam mit den Personifizierungen der Singkunst (*Erato*), des Schauspiels (*Thalia*) und des Glücks (*Fortuna*). *Die Bühne stellt Anfangs ein Wäldchen mit einem Wegeweiser und Scheidewegen vor*, heißt es auf dem Theaterzettel. Ob der Knabe damals schon ahnte, daß ihn die Verbindung mit den Musen Erato und Thalia in die richtige, ihm und dem Publikum Glück verheißende Richtung wies? Dreißig Jahre später war aus dieser Verbindung ein Werk entstanden, nach dessen Berliner Uraufführung ein Berichterstatter der Vossischen Zeitung schrieb: *Wenn andere ängstlich ringen und streben, so scheint W e b e r mit der Muse vertraulich zu scherzen, und doch weiß er ihr immer ihre besten Gaben abzulocken, denn er ist ihr Liebling*[2].

Die Theaterluft umgab Weber schon von frühester Kindheit an. Seine Mutter, die damals 27jährige Sängerin Genovefa von Weber (die zweite Frau des 30 Jahre älteren Franz Anton von Weber) war die Erato der o. g. Aufführung und eine der sängerischen Stützen des Ensembles. Seit das Ehepaar 1787 wenige Monate nach Carl Maria von Webers Geburt Eutin verlassen hatte, war es vermutlich Mitglied verschiedener Theatergesellschaften gewesen, bis schließlich Franz Anton von Weber eine eigene Theatertruppe begründete. Unter fremder Direktion oder als eigene Theaterleiter traten die beiden u. a. 1789 in Kassel, danach in Meiningen, 1791 bis 1794 in Nürnberg, Erlangen, Ansbach und Bayreuth, 1794 in Hildburghausen, Rudolstadt und Weimar sowie ab Ende 1797 in Salzburg auf, wo Webers Mutter im März 1798 nach längerer Krankheit starb[3]. Bis zu seinem 12. Lebensjahr wuchs Weber also in der Welt der Schauspieler und Sänger auf, und es war wohl eine Selbstverständlichkeit, daß er häufiger in Kinderrollen auf der Bühne stand.

Die Erfahrungen, die der *kleine Carl Weber* (so die Bezeichnung auf den Theaterzetteln) dabei im Hinblick auf Wirkungen des gesprochenen Wortes oder der Musik auf der Bühne sammelte, dürfen sicherlich als prägend angesehen werden. Im Schauspiel lernte er einen Querschnitt des gesamten, heute kaum noch bekannten Repertoires der Zeit kennen, d. h. die beliebten Lust- und Trauerspiele von Friedrich Wilhelm Großmann, August Wilhelm Iffland, Friedrich Jünger, Friedrich Ludwig Schröder und besonders August Kotzebue, aber auch anspruchsvolle Schauspiele wie Schillers *Räuber* und *Don Carlos*, Goethes *Clavigo* oder Lessings *Emilia Galotti*. Im musikalischen Bereich, der mindestens ein Drittel der Vorstellungen ausmachte, lag der Schwerpunkt einerseits in deutschen Fassungen italienischer Werke von Cimarosa, Martin y Soler, Paisiello, Sacchini und Sarti, andererseits bei deutschen Singspielen von Dittersdorf, Haydn, Mozart, Wenzel Müller, Christian Gottlob Neefe, Benedict Schack, Joseph Schuster, Karl Teyber, Ignaz Umlauff u. a. Zu den beliebtesten Werken gehörten Martin y Solers *Cosa rara*, Mozarts *Entführung* und *Zauberflöte*, Dittersdorfs *Doktor und Apotheker* und *Hieronymus Knicker*, Giuseppe Sartis *Im Trüben ist gut fischen* (*Fra i due litiganti il terzo gode*), Neefes *Adelheit von Veltheim* und Karl Teybers *Carl von Eichenhorst*. Haydns Musik erklang in Bearbeitungen von Webers Stiefbruder Fridolin (*Der Freybrief, Der Äpfeldieb*), der Schüler des Wiener Meisters gewesen war. Webers zweiter Stiefbruder Edmund war dauerhaft mit dem *Transport im Koffer* vertreten. Französische Werke spielten in dieser Zeit noch so gut wie keine Rolle – lediglich Dalayracs *Nina* und *Die Wilden* (*Azémia ou les sauvages*) gehörten zum Repertoire.

In seiner autobiographischen Skizze erwähnt Weber diese Erfahrungen nicht. Er spricht nur von der *sorgfältigsten Erziehung mit besonderer Vorliebe für die schönen Künste*, da sein Vater *selbst ausgezeichnet Violine spielte*, vom steten *Umgang mit erwachsenen gebildeten Menschen* und der Beschäftigung mit Musik und Malerei[4]. Es fällt aber auf, daß er schon hier bemerkt, er sei früh gelehrt worden, *mehr in mir selbst und der Phantasieenwelt zu leben, und in ihr meine Beschäftigung und mein Glück zu suchen.* Auch der häufige Orts- und damit Lehrerwechsel habe *das Erwecken der eigenen Kraft, und der Nothwendigkeit, aus eigenem Nachdenken und Fleiße zu schöpfen*, gefördert[5]. Bei seinen ersten Lehrern lernte er denn auch eher Grundlegendes: bei Johann Peter Heuschkel in Hildburghausen (1796/97) das Klavierspiel, bei Michael Haydn in Salzburg 1798 elementare Kenntnisse des Kontrapunkts und Ende 1798 in München bei Johann Nepomuk Kalcher *vorzüglich* [...] *den vierstimmigen reinen Satz.* Erst in dieser Zeit heißt es dann: *Die Vorliebe zum Dramatischen fing an, sich bestimmt auszusprechen*[6].

So schrieb er in München *unter den Augen des Lehrers eine Oper: Die Macht der Liebe und des Weins*[7], knapp zwei Jahre später in Freiberg *Das Waldmädchen* und ein weiteres Jahr darauf in Salzburg *Peter Schmoll und seine Nachbarn* – neben einigen Instrumentalwerken, einer Messe und Liedern – für einen gerade 16jährigen wohl ein beachtliches Pensum. Ist es da verwunderlich, daß der zur Prahlsucht neigende Vater begann, in seinem Sohn ein »Wunderkind« zu sehen und ihn in Briefen entsprechend anpries? *Mein Vater kannte nur die Seeligkeit mit mir zu glänzen, fand alles vortrefflich was ich schuf*[,] *erhob mich in Gegenwart fremder Menschen an die Seite unsrer ersten Künstler* – heißt es in einem autobiographisch gefärbten Kapitel der späteren Fragmente zu dem Roman *Tonkünstlers Leben*[8]. Der Salzburger Konzertmeister Joseph Otter ist in Gerbers Tonkünstlerlexikon mit dem Zeugnis: *Wahrlich »urit mature ut Mozart«* zitiert[9] und eröffnet damit schon in dieser Zeit die später regelmäßig wiederkehrenden Vergleiche mit Mozart. Einem Vergleich mit dem Schaffen des jungen Salzburger Meisters aber halten diese frühen Werke sicherlich nicht stand – weder quantitativ noch, erst recht, qualitativ. Beim *Waldmädchen* wird man dies erst endgültig beurteilen können, wenn die von Natalja Gubkina wiederentdeckte Petersburger Partitur zugänglich ist[10]. Bei *Peter Schmoll* kann man zwar viele originelle Züge entdecken, das Werk eines jungen Genies ist das Singspiel aber nicht. Immerhin hat der jugendliche Trieb zu Extravaganzen interessante und teils sehr wirkungsvolle Instrumentenkombinationen hervorgebracht[11], oder es wird auf der anderen Seite bereits eine Gabe zu volkstümlicher Eingängigkeit der melodischen Erfindung sichtbar, die auch später einen Aspekt von Webers Qualität ausmachte. Selbst Ansätze zur Charakteristik finden sich schon – z. B. in der entlarvenden Simplizität der Arietta Nr. 5 des Hans Bast und in dem das Spiel in die Musik einbeziehenden *Blinde-Kuh*-Terzett. Auch die Ensembles zeigen, daß der jugendliche Komponist rasche Fortschritte gemacht hatte. Es dürfte interessant sein, diese Werke mit dem Repertoire zu vergleichen, das Weber während der Wanderzeit der Schauspieltruppe seines Vaters kennengelernt hatte.

Durch Briefe an Webers Salzburger Jugendfreund Thaddäus Susan wissen wir, welches Gären diese Zeit für die Entwicklung des jungen Komponisten und Pianisten mit sich brachte. Er sammelte und studierte theoretische Werke, *verschlang alle Systeme*[12] und wurde schließlich *in ein Meer von Zweifeln* gestürzt, *aus dem mich nur nach und nach das Schaffen eines eigenen, auf natürliche und philosophische Gründe gestützten, Systems rettete, so daß ich das viele Herrliche, das die alten Meister befohlen und festgestellt hatten, nun auch in seinen Grundursachen zu erforschen und in mir zu einem abgeschlossenen Ganzen zu formen suchte*[13]. Aus diesen Formulierungen spricht schon die Erfahrung des anschließenden Unterrichts bei dem skurrilen Abbé Georg Joseph Vogler in Wien 1803/4, dessen Unterrichtsmethode für den Seelenzustand des Jugendlichen offensichtlich wie geschaffen war. Vogler schob der Produktionsflut des angehenden Komponisten einen Riegel vor und setzte ihn auf »Analyse-Diät«: Studiert wurden fremde Werke, *deren Bau, Ideenführung und Mittelbenuzzung wir gemeinschaftlich zergliederte[n], und ich in einzelnen Studien zu erreichen und in mir klar zu machen suchte*[14]. Neben einigen Variationen entstand in dieser Zeit lediglich ein Klavierauszug zu dem in Wien uraufgeführten *Samori* Voglers.

Man kann im Nachhinein den Einfluß dieses Unterrichts und des Aufenthalts in der Kunststadt Wien auf den jungen Weber nicht hoch genug einschätzen. Vieles von dem, was später in Webers großen Opern als Besonderheit hervorgehoben wurde, hat hier seinen Ursprung.

Zum einen war Wien in dieser Zeit eine Hochburg der französischen Oper. Im Theater an der Wien, für das Vogler seinen *Samori* schrieb, wurden Werke von Berton, Boieldieu, Cherubini, Dalayrac, Grétry, Isouard, Le Sueur und Méhul gegeben – Voglers eigenes Werk zeigt deutliche Einflüsse dieser Richtung[15]. Hier lernte Weber erstmals ausgiebiger einen Opernstil kennen, dessen Charakteristika er später im Romanfragment auch für die deutsche Opernkunst als vorbildlich erachtete, wenn er von *einem in sich abgeschlossenen Kunstwerk* sprach, *wo alle Theile und Beiträge der verwandten und benutzten Künste in einanderschmelzend verschwinden und auf gewisse Weise untergehend eine neue Welt bilden*[16]. Auf welchen technischen Voraussetzungen diese *neue Welt* beruht, lernte Weber auf der anderen Seite in den Zergliederungen Voglers kennen, wobei dessen eigene Werke, die die Instrumentationskunst der Franzosen vielfach noch übertrafen, breiten Raum einnahmen.

Auch wenn die überlieferten Analysen Voglers oft übertrieben pedantisch erscheinen, so wird aus ihnen aber plastisch deutlich, wie sehr es ihm darum ging, jedem musikalischen Detail der »Klang-Rede« seine Berechtigung zuzuweisen und im Bereich wortgebundener Musik alle musikalischen Ideen aus dem Gehalt des Textes und der Szene zu entwickeln[17]. Dabei schreibt er Gluck das Verdienst zu, gezeigt zu haben, *was die Musik vermag, wenn sie dramatisiret wird*, d. h., wenn sie im doppelten Wortsinne *bedeutend* wird[18]. Musik soll *sprechen* und *malen* und in ihren instrumentalen Passagen *pantomimisch* sein, um nicht zu einem *unbedeutenden Geräusche* zu verkommen. Erforscht werden müsse aber das Geheimnis der *Zusammensetzung* der Einzelelemente zu einem wirkungsvollen Ganzen, in dem alle Details eine bestimmte Funktion erfüllen[19]. In Voglers *Samori* lernte Weber gute Beispiele für diese Art des quasi-analytischen Komponierens, das auch die Form dem adäquaten musikalischen Ausdruck unterordnete, kennen. Wie sehr er Voglers harmonische und instrumentatorische Finessen in sich aufsog, zeigen die im Anschluß an den Wiener Aufenthalt in Breslau bzw. auf Schloß Carlsruhe in Schlesien entstandenen Werke[20].

Während seiner Breslauer Kapellmeister-Tätigkeit 1805/6 hatte Weber Gelegenheit, seine Kenntnis der französischen Opern weiter zu vertiefen[21]. Auch das von ihm in Angriff genommene *Rübezahl*-Projekt zeigt, daß er nun neuartige, vielfältige musikalische Situationen bietende Texte zur Vertonung suchte (vgl. Einleitung zu Kapitel IV). Vollständige neue Opern aber entstanden erst zwischen 1808 und 1810 in Stuttgart bzw. nach neuerlichem Unterricht bei Vogler 1810 in Darmstadt und Mannheim. Der Text der ersteren, der *heroischen Oper in drei Aufzügen, Silvana*, war eine Umarbeitung des früheren *Waldmädchen* und stammte, wie der des zweiten Werkes, des Einakters *Abu Hassan*, von dem Stuttgarter Theaterdichter Franz Carl Hiemer, mit dem Weber eng befreundet war. Stets war es nun so, daß er den engen Kontakt mit den Librettisten seiner Opern suchte – dort, wo dies nicht möglich war, wie bei seiner letzten Oper für London, klagte er über mangelnde Verständigungsmöglichkeiten zwischen Textdichter und Komponist. Für einen Komponisten, der seine Inspiration wesentlich aus der Textvorlage bezog, ist dies wohl kaum verwunderlich.

In den Aufführungsbesprechungen dieser beiden Werke tauchen Vokabeln auf, die von nun an zu festen Bestandteilen aller Versuche werden, die Besonderheiten von Webers Schaffen zu bestimmen: originell – geistvoll – gelehrt – genial – charakteristisch – schwierig. Worauf es Weber selbst ankam, zeigen die vermutlich von ihm beeinflußten Besprechungen. So erwähnt Giacomo Meyerbeer im *Morgenblatt für gebildete Stände*, Weber verbinde in der *Silvana* [...] *eine bedeutende Kenntniß der Scene mit einer rein ästhetischen Ansicht derselben* und berücksichtige folglich vor allem *Charaktere und Situation*, indem er seine originellen Gedanken und Formen *nur dazu anwendet, das innere Leben jener durch ein lebhaftes Kolorit zu erhellen.* Dabei wisse er *stets den geistigen Begriff mit dem Stoffe so innig zu verschmelzen* [...], *daß beyde sich zu einem wohlgeordneten Ganzen einen, und der Beschauer sie mit Klarheit aufzufassen vermag*[22]. Zum *Abu Hassan* schreibt Balthasar Speth[23] im *Kritischen Anzeiger für Litteratur und Kunst*, hier zeige sich, daß Weber *aus einzelnen in sich geschlossenen Musikstücken ein Ganzes konstituire*, wobei er *auf Charakter in der Darstellung, auf Ausdruck der Empfindung* und *Uebereinstimmung des Tongemäldes mit den Gefühlen des Dichters* dringe[24]. Als Beispiel dient ihm die oberflächlich gesehen völlig formlos anmutende Arie Abu Hassans Nr. 2 (»Was nun zu machen«). Der Dichter schildere hier *das bunte Gemisch von Empfindungen eines leichtsinnigen Verschwenders, der jeder Lust sich hingebend, dennoch treu und zärtlich an seinem Weibchen hängt.* Selbst die Wahl verschiedener Versarten trage zur *Eigenthümlichkeit dieser Schilderung bei.* Weber sei *in diesen Charakter* vollkommen eingedrungen, *sein Gesang mahlt den Kontrast der Empfindung auch bis zu den feinsten Nüanzen täuschend aus. Was anfangs vielleicht auch planlos dabei, und ohne Einheit im Ganzen erscheint, gerade das ist bei genauerem Vergleiche mit dem Texte voll Wahrheit und dem richtigsten Gefühle niedergeschrieben*[25]. Charakteristik und Wahrheit werden hier also höher gestellt als die bloße Erfüllung von Formkonventionen. Durch diese *äusserst richtige Behandlung der Situation* wird die Musik so »sprechend«, daß der Rezensent der Wiener *AMZ* behaupten kann, die Musik zum Duett Fatime/Omar Nr. 6 (»Siehst du diese große Menge«) *würde selbst ohne Spiel und Worte den Gang der Handlung ausdrücken*[26].

Bewundert wird allgemein schon hier das Raffinement der Weberschen Instrumentierung: Er wisse um die *Wirksamkeit eines jeden Instrumentes*, sei Meister *in der Vertheilung und Zusammenhaltung derselben*, wisse *mit dem Geschmackvollen sehr sinnreich das Charakteristische ihres Gebrauchs zu verbinden* und vermöge, großen *Reichthum von Harmonie* [...] *auch nur aus wenigen Instrumenten hervorzuzaubern*[27]. Meyerbeer konstatiert *höchst frappante Wirkungen durch Blaseinstrumente* in der *Silvana*[28], der Rezensent der *AMZ* findet die Musik *charakteristisch und originell,* [...] *besonders durch die immer stark und tief eingreifende Instrumentalmusik*[29]. Damit hängt unmittelbar zusammen, daß Webers Musik stets einer großen Sorgfalt in der Ausführung bedarf und dadurch bei den Musikern als »schwierig« gilt.

Es fällt auf, daß man in Webers Behandlung etwas Eigentümliches, wirklich Originelles, zu erkennen meint. Selbst rückblikkend wird 1823 in Dresden der *Abu Hassan* als ein Werk *bereits voll Originalität und Reiz* bezeichnet[30]. Im *Journal des Luxus und der Moden* wird 1812 *der ganz eigne Styl des Componisten* in der *Silvana* gerühmt[31], in den *Berlinischen Nachrichten von Staats- und gelehrten Sachen* heißt es im Juli 1812 dazu: *Ueberall belegt diese Musik ächte Kunstweihe, und eine reiche Kraft, durch Hindernisse sich neue Wege zu bahnen, sich eines eigenthümlichen, von Beobachtung und richtigem ästhetischen Empfinden geläuterten, Styls zu bemächtigen*[32]. Der in diesem Zusammenhang fallende

Vergleich mit Beethoven, den Weber an Klarheit übertreffe, stößt aber verständlicherweise auf teils heftige Ablehnung[33].

Wo, außer an der etwas dunkel bleibenden Handlung der *Silvana*, Kritik geübt wird, betrifft dies einerseits die Ungleichheit der Teile der aus dem *Waldmädchen* umgearbeiteten *Silvana*, andererseits *den Hang, viel zu moduliren*[34], den zu großen Reichtum an Gedanken, die an manchen Stellen noch fehlende *Sicherheit und Klarheit* und das allzu Gesuchte, das zu *barocken* Wirkungen führe. *Das Ganze kränkelt an der Manier, dem noch nicht zur genialen Freiheit gediehenen Streben, welches uns allzuhäufig das Suchen und nicht immer Finden lebhaft fühlen läßt*[35].

Als Friedrich Drieberg im Mai 1812 Kritik an Webers *Silvana* übte (vgl. V/7), war Weber tief betroffen und zweifelte an seiner künstlerischen Berufung, der er bis dahin all sein Streben, seinen Fleiß und seine *glühende Liebe* geopfert habe[36] – bestes Indiz für die Ernsthaftigkeit seines Künstlertums. Anläßlich der Wiener Erstaufführung des *Abu Hassan* bestätigte ihm ein Wiener Kritiker aber *das entschiedene Talent* [...] *zu dramatischen Compositionen* und versprach sich von seinen *kommenden größern Opern* einen *ungetrübten Kunstgenuß*[37].

Die geschärfte Selbstkritik führte dazu, daß ein Jahrzehnt verging, bis Weber wieder mit einer Oper an die Öffentlichkeit trat. Wie Oliver Huck in seiner Arbeit über die Konzertarien, Operneinlagen und Schauspielmusiken, die in dieser »Zwischenperiode« entstanden, feststellte, nutzte Weber diese Zeit *sowohl zu einer intensiven Reflexion über das eigene Werk und die zugrunde liegende Librettistik* [...] *als auch zu einer kompositorischen Auseinandersetzung mit der italienischen Arienform, der französischen opéra comique und dem deutschen Sing- und Schauspiel*[38]. Dennoch blieb er dabei stets auf der Suche nach einem geeigneten Libretto. Schon wenige Monate nach seiner Abreise aus Darmstadt schrieb er am 27. Juni 1811 an seinen Freund Johann Gänsbacher: *Ich warte mit Schmerzen auf einen guten neuen OpernText, denn wenn ich keine Oper unter den Fäusten habe ist mir nicht wohl*[39]. Anfang 1813 ließ Weber deshalb in der Leipziger *AMZ* eine Aufforderung an *die Dichter Deutschlands* einrücken: *Der Unterzeichnete wünscht so bald als möglich in den Besitz eines guten Opern-Textes zu kommen, den er in Musik setzen, und anständig honoriren will*[40]. Am 14. November des gleichen Jahres heißt es von Prag aus in einem Brief an die Berliner Familie Türke: *ich habe jezt Hoffnung ein treffliches Opernbuch von Rochliz zu erhalten da will ich denn fleißig dran sein, und es in Berlin oder Wien zuerst auf die Bühne bringen.* Am 1. Dezember traf der Text ein, auf den Weber sich *wie ein Kind* gefreut hatte[41], er entsprach aber offensichtlich nicht seinen Erwartungen; am 8. Januar 1814 bemerkte er gegenüber Rochlitz: *das wenige was ich daran anderst wünsche zu sagen wird Ihnen mein nächster Brief beweisen. Es sind treffliche Momente darinn, und manches schwebte schon beym Lesen mit Tönen vor mir.* Die Abänderungen wurden dann auf eine mündliche Unterredung vertagt, schließlich verlief das Projekt im Sande. – Solche ergebnislosen Verzögerungen sind typisch auch für die anderen Opernvorhaben: Über einen im Mai 1815 von Friedrich Wilhelm Gubitz empfangenen Text diskutierte Weber im Juli mit Freunden in München[42], ließ ihn aber schließlich ebenso unbearbeitet wie die 1812 mit Gubitz erörterten Opernpläne zu einer *Libussa* bzw. *Sappho*[43]; Ignaz Franz Castelli versprach ihm im gleichen Monat ein Operngedicht *Die Guittarre*[44]; Georg Reinbeck, der 1810 geäußert hatte, man dürfe in Weber *vielleicht einem zweiten Mozart entgegensehen*[45], schickte ihm Ende Oktober 1815 einen *OpernStoff*[46]; im Februar 1816 sandte Georg Friedrich Treitschke ein Buch[47], und im Juni korrespondierte Weber mit dem Vater von Theodor Körner, dessen Textbuch zu *Alfred der Große* er sich schon im Juli 1814 in die Kur nach Liebwerda hatte nachsenden lassen[48], wegen einer Oper[49]. In Berlin verhandelte er außerdem mit Clemens Brentano und schrieb am 21. November 1816 an seine Braut: *Brentano war heute Morgen bei mir, und las mir den Plan des Tannhäusers vor, Ich glaube daß es ein seltsam intereßan-*

tes Ding geben wird, auf jeden Fall voll Leidenschaft und wunderbarem Intereße. Zeit wäre es daß ich einmal eine ordentliche Oper unter die Fäuste bekäme. Aber auch dieses Vorhaben scheiterte, und eine Vertonung des *Tannhäuser*-Stoffes blieb einem Nachfolger Webers in Dresden überlassen.

All dies zeigt, welche strengen Maßstäbe Weber offensichtlich inzwischen an einen geeigneten Operntext anlegte. Zugleich belegt die spätere Zusammenarbeit mit den Librettisten Friedrich Kind und Helmina von Chézy, daß er deshalb selbst in erheblichem Maße an dem Aufbau und der Gestalt seiner Textvorlagen mitwirkte – wenn Musik und Wort bzw. Szene eine derart enge Symbiose eingingen, wie in der von ihm favorisierten Opernform, durfte nichts der Willkür oder dem Zufall überlassen bleiben, sondern hatte sich stets in den Dienst der Wirkung des »Ganzen« zu stellen. Diese strikten Grundsätze führten auch dazu, daß Weber 1824/1825 die nicht geringe Mühe auf sich nahm, und in über 150 Lektionen Englisch lernte (vgl. XI/1), um die Eigentümlichkeiten der Sprache des *Oberon*-Textbuchs zu erfassen und es adäquat zu vertonen.

Der *geistvolle, tiefsinnige und denkende Tonsetzer*, heißt es in einer Besprechung des Wiener *Freischütz* 1821, habe *seinen Text Schritt für Schritt verfolgt und alle Situationen mit der ergreifendsten Wahrheit und Gediegenheit* gegeben, wobei er *oft mit wahrer Kühnheit zu Werke ging; die Momente der Handlung und der Handelnden zu charakterisiren, hat er in keinem Augenblicke versäumt* [...][50]. Besonders durch die vortreffliche Instrumentierung schaffe Weber *eine Fülle feiner psychologischer Beziehungen zu der Situation der Singenden*, schreibt ein anderer Rezensent[51], und ein dritter behauptet, man könne mit Recht sagen, *Musik und Dichtung seyen bey diesem Werk ganz Eines*[52].

Diese besondere Qualität der Weberschen Opern wurde von den Zeitgenossen mit Klarheit erkannt und sogleich in kulturchauvinistischer Weise den aktuellen Produkten der italienischen Opernkomponisten gegenübergestellt. Weber huldige nicht dem *Aftergeschmacke unserer Zeit, dem Schellengeklingel Rossinischer Flachheit*, sondern der *deutschen Gründlichkeit, und der echten Kunstcharakteristik*[53], heißt es z. B. dort, wo man in Rossinis Werken *nur musikalische Seiltänzerey, sinnloses Tongewirre und abgedroschene Klingklangs-Tiraden*[54] erblickte. Auch wenn man damit die von vollkommen anderen Voraussetzungen ausgehende Ästhetik der italienischen Oper verkannte, so prägte diese Schwarz-Weiß-Malerei doch die zusehends mit nationalistischen Untertönen behaftete Diskussion. Mit keiner Silbe wurden aber (von einer noch zu nennenden Ausnahme abgesehen) in diesem Zusammenhang die französischen Opern erwähnt – hier wäre die künstlerische Verwandtschaft oder gar Abhängigkeit nicht zu leugnen gewesen.

Das Sujet ist trefflich, schauerlich und intereßant. Der Freyschütz. ich weiß nicht, ob Du die alte Volkssage kennst – mit diesen Worten kündigt Weber am 19. Februar 1817 seiner Braut das neue Opernprojekt an. Erst mehr als drei Jahre später, am 13. Mai 1820 wurde die Komposition (bis auf die für Berlin nachkomponierte Romanze und Arie des Ännchen Nr. 13) vollendet[55]. – Am 31. Januar 1822 berichtet Weber Hinrich Lichtenstein von einem neuen Opernplan für Wien: [...] *das Gedicht halte ich für höchst ausgezeichnet das mir Helmina von Chezy dazu gemacht hat. die Oper heißt Euryanthe*. Die Arbeit an dieser Oper erstreckte sich von Oktober 1821 bis 29. August 1823 (mit Ouvertüre 19. Oktober 1823). Ebenfalls an Lichtenstein schreibt Weber am 13. Januar 1825: *habe* [...] *endlich von London den 1t Akt des Oberon erhalten, der mir sehr wohl gefällt. die Verse sind musikalisch und fließend, das ganze auf Pracht berechnet.* Einen Monat später heißt es im Brief an Friedrich Rochlitz: *Seit 14 Tagen bin ich endlich im Besizze des ganzen englischen Operntextes des Oberons. Wunderlicher Zuschnitt, aber wirklich Poetisch, und hoffentlich also wirkungsvoll. Ideen dazu fangen an sich zu gestalten, aber zur Beendigung für die next Season, /: May, Juny, July, :/ ist nicht zu denken, und ich muß die Londoner Reise ein Jahr verschieben*[56]. Immerhin wurde die Oper pünktlich zur nächsten Spielzeit in London fertig, diesmal war die Arbeit in 14 Monaten bewältigt.

Weber war demnach alles andere als ein Schnellschreiber, und bereits die Zeitgenossen erkannten seine Werke als Früchte intensiver kompositorischer Auseinandersetzung mit dem Gegenstand. Einem Wiener Rezensenten gefiel der *Freischütz* besonders *in einer Zeit, wo die Tonsetzkunst von manchen ganz fabrikmässig betrieben* werde[57]; ein anderer urteilte: *Hier ist eine Fülle, ein Reichthum, an den man sich, um nicht mehr geblendet zu werden und klar zu sehen, erst nach und nach gewöhnen muß*[58]. Ein *so tief gedachtes und so kunstvoll ausgeführtes Werk*[59] sei der *Freischütz*, daß der *Tonsatz des tieffühlenden, denkenden Compositeurs* allen *auf eine ziemlich wunderbare Weise* imponiere[60], was aber andererseits dazu führe, daß man erst *nach und nach den Reichthum der Ideen, die wirklich vorhandene Kunst der musikalischen Charakteristik und die durch das Ganze gewebten heiteren Lichtpuncte* wahrzunehmen in der Lage sei[61]. Die bei aller großer Kunst stereotyp wiederkehrende Formel, man könne ein solches Werk erst nach mehrfachem Anhören richtig würdigen, begegnet in den frühen *Freischütz*-Besprechungen, noch stärker dann aber bei der von *tiefe[m] Studium* zeugenden *Euryanthe*[62] – allerdings schlägt dort das Urteil teilweise um: *es scheint nähmlich, daß er zu viel Kunst in manchen Scenen anwendete*, heißt es im *Sammler*[63], und ein Rezensent der Frankfurter *Didaskalia* urteilte harsch: *Der Theoretiker mag ein solches Werk allerdings interessant und gründlichen Studiums würdig halten; aber für die Welt ist es nichts*[64].

Darstellungen, die den Berliner Sensationserfolg des *Freischützen* vor allem als Reflex der (kultur)politischen Konstellationen erklären (hie Brühl und Weber, dort Spontini und Friedrich Wilhelm III. von Preußen, oder hie die bürgerlichen Bestrebungen zu einem Nationaltheater, dort die königliche Protektion eines aristokratischen Hangs zu ausländischer Kunst), beruhen auf einer allzu einseitigen Wahrnehmung. Zwar wurde der *Freischütz* als Propaganda-Mittel benutzt, der künstlerische Erfolg des Werkes war aber so allgemein – und dies weit über die Grenzen des damaligen Deutschland hinweg –, daß dessen Ursachen wesentlich in der Qualität der Oper selbst zu suchen sind. Es ist durchaus auffallend, welche epochemachende Bedeutung dem Werk schon nach den ersten Aufführungen (nicht nur in Berlin) zugesprochen wurde. *Auch ohne Ansicht der Partitur läßt sich behaupten, daß eine Tondichtung d i e s e r Art auf der D e u t s c h e n Bühne zum e r s t e n m a l so vollendet im Gebiet des Wunderbaren erscheint*, schrieb J. Ph. S. Schmidt in der *Zeitung für Theater und Musik*[65], während der Rezensent der *Königlich privilegirten Berlinischen Zeitung* in die höchsten Lobeshymnen ausbrach:[66]

> »Was die Musik betrifft, so müssen wir von vorn herein die Meinung aussprechen, daß seit Mozart nichts bedeutenderes für die D e u t s c h e Oper geschrieben ist, als Beethoven's Fidelio, und dieser »Freischütz«. W e b e r, so scheint es, habe alle in unzählige Lieder- und Instrumental-Compositionen zerstreuten Strahlen seines erstaunenswerthen Genius kühn in einen Brennpunkt gesammelt, denn mit allen seinen längst berühmten Eigenthümlichkeiten finden wir den interessanten Geist hier wieder. Neuheit in Form und Ausdruck, Kraft und Keckheit, ja Uebermuth in den Harmonieen, seltner Reichthum der Phantasie, unübertroffne Laune, wo es gilt, bewundernswerthe Tiefe in den Intentionen, und alle diese Eigenschaften mit dem Stempel der Originalität bezeichnet, dies sind die Elemente, aus denen Weber dies sein neuestes Werk g e w e b t hat.«

Ein ähnlicher Tenor findet sich in vielen Besprechungen der Wiener Erstaufführung: *Dieses Werk beweist mit siegreicher Klarheit, daß der Genius, den wir in M o z a r t's und anderer Meister Werken mit immer wachsendem Entzücken stets bewundern, noch nicht erschöpft ist. Die Tondichtung eignet sich dazu, in der Geschichte der Musik eine besondere Epoche zu bilden* [...][67]. Aber auch an anderen Orten äußerten sich die Rezensenten euphorisch: [...] *es ist gewiß nicht zu viel behauptet, wenn ich sage, daß seit Mozarts Tode kaum eine ansprechendere Oper, im deutschen Vaterlande erschienen ist*, heißt es z. B. zur Darmstädter Aufführung in der *Charis*[68] oder im *Morgenblatt für gebildete Stände* zur Münchner: *Auch bey uns ist nur eine Stimme darüber, daß diese Oper in der Geschichte deutscher Musik einen eignen Abschnitt bildet*[69]. So taucht das Schlagwort »Nationaloper« schon in frühen Besprechungen auf, und die *Wiener allgemeine Theaterzeitung* schwärmte ebenfalls angesichts der Münchner Aufführung: *Ja, dieser Freischütze hat getroffen,* [...] *er ist ein deutsches Nationaleigenthum*[70], denn mit diesem *Ehrendenkmal* [...], *das in der Kunstgeschichte der Deutschen Oper Epoche machen dürfte*[71], habe Weber *die gänzlich verlassene Bahn ächter deutscher Musik wieder neu und schön eröffnet*[72].

Auch die Frage, worin denn eigentlich der »deutsche« Charakter dieser Musik bestehe, wird in diesen frühen Besprechungen bereits gestellt. Zwar gehöre dazu *wissenschaftliche Gründlichkeit, Kenntniß der Theorie*, mehr noch der dem Deutschen *eigenthümliche Ernst*, verbunden mit einem Streben nach *Einfachheit und Klarheit*: *Was aber hier ganz eigentlich mit dem deutschen Charakter bezeichnet werden sollte, ist Eines Sinnes mit dem romantischen überhaupt, und dieser besteht darin, daß Phantasie und Gefühl in gleich wechselnder Anspannung und Thätigkeit erhalten werden*[73]. *Ahnungen des Uebersinnlichen und Unendlichen* würden im Hörer geweckt und wenn der Komponist versuche, *dieser Seele der Natur Sprache und Töne zu verleihen*, dann sei dies *das eigenthümliche Geschäft des sogenannten romantischen Dichters und Musikers*, wobei die Musik ganz im Sinne Schlegel/Tiecks bzw. E.T.A. Hoffmanns den übersinnlichen Zusammenhang einer höheren Geisterwelt ahnen lasse und daher *vorzugsweise eine romantische Kunst* genannt werden könne[74]. Wenn wir uns heute über die Einordnung der Musik Webers streiten, so war für die Zeitgenossen eindeutig klar. *H. v. Weber gehört entschieden der Romantik an*[75]. Besonders geeignet seien für ihn daher Sagen- oder Märchenstoffe, und außer der Hoffmannschen *Undine* gäbe es keine neuere Oper, *worin das Fa[n]tastische und Naive, mit Kraft und Zartheit, mit dem Zierlichen und Kecken, so wohlgefügt zu finden wäre*. Während aber die französischen *Zauber- und Feenopern, z. B. eine »Cendrillon«, »le chaperon rouge« etc.* das Märchen nur zum *Vorwand frappanter Theaterkoups* benutzten und *seine tiefe Bedeutung so wenig ahnen lassen, wie seine reichen Quellen für die musikalische Behandlung darin benutzt sind*[76], habe Weber schon in seiner Ouvertüre die *Elemente ernster Bedeutung, tief-einfachen Gefühls, schauerlicher Einwirkung, wilden Frevels, andächtiger Erhebung und siegender Klarheit* ausgesprochen und uns damit eine Ahnung des Folgenden vermittelt[77], so wie ihm überhaupt in seiner Tonkunst alle Mittel zu Gebote stünden, im Publikum *die Vorstellung des Zusammenhanges der Sinnenwelt mit der außersinnlichen anzuregen*[78].

Im gleichen Sinne mußte auch das mittelalterliche Ritterstück *Euryanthe* als *romantische* Oper gelten. Adolph Bernhard Marx sah 1826 das *im Freischützen noch gebundene Prinzip der Romantik* in der *Euryanthe* zur Vollendung gebracht: *Euryanthe ist* [...] *romantisch; und das nicht blos dem Stoffe, sondern auch der Auffassung und Bildung nach*[79]. Das für uns nur noch in Umrissen erkennbare Bild der alten Ritterzeit gewinne hier Kontur, das Libretto habe Weber *eine reiche Folge der mannigfaltigsten Scenen* geboten, *aus denen er eine Reihe der treffendsten Gemälde jener Zeit und Verhältnisse genommen hat*, und gerade in dieser *getreue[n] Auffassung der Zeit und des Orts, in denen sich die Begebenheit ereignet*, d. h. des *südlichere[n] Frankreich in der Blüte der Ritterzeit*, unterscheide sich die Oper charakteristisch von den bisherigen[80]. In diesem Sinne kann ein anderer Rezensent über die Introduktion des Werkes, also das höfische mittelalterliche Fest, schreiben: *jeder Ton haucht jenen ächt romantischen Geist, der uns in W e b e r ' s Tonschöpfungen so besonders zauberisch umfängt*[81]. Die Musik ermöglicht in dieser Weise das Ahnen einer anderen, zeitlich oder räumlich fernen Wirklichkeit, die im Erklingen eine, allerdings nicht »festzuhaltende«, Gestalt gewinnt – eben darin ist diese Musik *romantisch.* Dies trifft dann auch auf die Welt zu, die Weber in seiner letzten Oper schuf:[82]

> »er geht nicht – wie man hie und da meint – in seinem Schwanengesang einen andern Weg, indem er hier mit wenigern, einfachern Mitteln wirkt; nein – auch h i e r bleibt er auf dem von ihm als w a h r erkannten Wege – Er r o l l t mit dem Donner, b r a u s t mit dem Sturme, t o b t mit dem Meere; – er schildert uns in der Rezia mit e r g r e i f e n d e n Tönen innige, hingebende Liebe; im Karakter des Hüon ritterliche Treue, Muth und Entschlossenheit; (würdige Seitenstücke zu den Karakteren einer Euryanthe, eines Adolar) er realisirt uns im Oberon und seinen Geistern ein i d e a l e s Reich mit f r a p p a n t e n, k a r a k t e r i s t i s c h e n Zügen; – wo es g r o s s e Zwecke zu erreichen gilt, wo die Leidenschaften g e w a l t i g erregt werden sollen, da tritt er auch mit g e - w a l t i g e n Mitteln auf – malt aber auch sogenannte Mittelkaraktere mit e i n f a c h e r n Tonmitteln, und greift mit zarter Hand in die g e h e i m s t e n S a i t e n menschlicher Empfindung.«

Der Referent des *Morgenblatts für gebildete Stände* glaubte 1826 nach der Berliner Aufführung der *Euryanthe* als eigentliche Themen aller großen Weberschen Opern den Kampf von Gut und Böse bzw. den Kampf der Tugend mit dem *Weltlauf* zu erkennen: *Erst in einer anderen Welt ist das Gute unangefochten, erst dort erwirbt die verkannte Tugend ihren Lohn: die Tugend muß in ihrem Leiden zum Himmel blicken. Auf diese Weise weht denn auch durch Webers Töne stets der geheimnißvolle Hauch einer fernen Geisterwelt, wegen welcher alles geschieht, an welche immer als lezte Instanz hoffend und gläubig appellirt wird*[83]. – Auch dies wäre also im o. g. Sinne ein *romantischer* Zug in seinen Werken.

In engem Zusammenhang mit diesem *Romantischen* in Webers Opern ist das *Charakteristische* zu sehen[84]. So werden im *Freischütz* die Wolfsschluchtszene und Caspars Gesangsnummern als *Meisterstücke der charakteristischen Musik* bezeichnet[85]: *Der schwärzeste Schatten ruht auf der Scene in der Wolfsgrube. Die Geschicklichkeit Weber's hat durch die hier imponirenden zwey Paar Hörner, welche öfter im verminderten Septimen-Accorde eintreten, und einen schaudererregenden Effect machen, weil die Auflösung schön poetisch unterlassen ist – dieses Tonstück sehr charakterisirt*[86]. Die Musik dieser Szene, die einzig *im Reich der Tonkunst* dastehe[87], habe Stellen, *welche Jeden elektrisiren können, und mit dem scenischen Apparat in Verbindung, eine erschütternde Wirkung nicht verfehlen*[88], der Komponist überbiete sich *mit erschütternder Gewalt* selbst[89], ja, hier liege *eine Kraft, die Erstaunen und Ehrfurcht einflößt. Welche Steigerung, welch ein Crescendo, das alle bisher gehörten, in ihr Nichts zurückweiset! welcher Reichthum der Harmonien, der Instrumentirung, wie genialisch angewendet die schreckhaften Dissonanzen! wer hat seit G l u c k und M o z a r t dem furchtbaren Geisterreich diese Stimme verliehen! O Tonkunst, du bist wirklich die romantischste aller Künste, denn dein Vorwurf ist das Unendliche!*[90]

Am Charakteristischen dieser Szene aber scheiden sich andererseits die Geister: *Wer am Schlusse des gräßlichen zweiten Akts Alles s c h ö n e Musik, ja auch nur Alles überhaupt M u s i k nennen kann, der muß wahrlich nicht bloß ganz andere Ohren und Empfindungen, sondern auch einen ganz andern Geschmack besitzen, als ihn etwa Gluck und Mozart bei ihren Werken voraussetzen*[91]. Was den einen ein *Verschmähen und Entweichen aller Melodie* und Annähern an die *niedere Sphäre der eben gebietenden rohen Gewalt* ist[92], rechtfertigt sich für die anderen durch die erzielte *wunderbare* Wirkung, denn es gelinge Weber hier, *das Reich der Geister herauf zu beschwören und den Zuschauer fortwährend im Glauben an sie zu erhalten*[93]. Verstöße gegen das bloß Schöne sind deshalb besonders in der Darstellung des Bösen erlaubt, ja aus Gründen dramatischer Wahrheit geradezu gefordert. So schneide die Piccoloflöte in Caspars Arie *wie ein Hauch der Hölle*[94] und in seinem Trinklied vernehme man *die Lustigkeit der Hölle, die glühend dies Meisterlied durchdringt*[95]. Zu den immer wieder hervorgehobenen Stellen gehört auch das berühmte *he he he!* des Chores in der Introduktion: *Wirklich keck und doch gelungen ist der Effect der neben einander liegenden, in der Singstimme gestoßenen Secunden in dem Chor, welcher das Hohnlachen einer Menge Menschen neu und treffend charakterisirt*[96]. Diese Sekunde, schreibt ein Anderer, könne die *schnippische Dummheit* hier *unvergleichlich gut ausdrücken, wozu die Pizzicato und Oboen-Begleitung viel beiträgt* – auch darin zeige sich Webers *meisterhafte Kenntniß der Instrumental-Effekte*[97].

Überhaupt wird die Rolle, die die einzigartige Instrumentationskunst Webers für diese Art der Charakteristik spielt, immer wieder hervorgehoben und dabei Weber zuerkannt, daß er die Instrumente *in eigener Weise* zu behandeln verstehe[98]. Es fällt auf, daß dies mehrfach auch für reine Instrumentalstücke seiner Opern zutrifft. So galt der Bauernmarsch im *Freischütz* als ein *unübertreffliches Meisterstück der Charakteristik* und auch der Walzer wurde als *höchst charakteristisch* angesehen[99]. In der *Euryanthe* empfand man den *Ernsten Reigen* innerhalb der Introduktion ebenso als *höchst charakteristisch* und mit einem *wahrhaft altteutschen Anstrich* versehen, während sich im Finale *ein interessanter, in sehr bizarrem Style componirter Marsch*, d. h. der Hochzeitsmarsch Nr. 23, finde[100]. Überhaupt werde in Beziehung auf die Instrumentation in diesem Werk der *Freischütz* noch überboten[101]. So schreibt der Referent des Dresdner *Merkur* zur Adolar-Arie Nr. 12: *Bei dem »Sie ist mir nah!« glaubt man überirdische Töne zu vernehmen, so trefflich ist wiederum die Instrumentirung, in der W e b e r überhaupt wohl den Vorrang vor allen lebenden Tonsetzern haben dürfte*[102]. Die perfekten Klangbilder solcher einzelner Stellen waren es auch, die später Richard Wagner an Webers Werken immer wieder als mustergültig hervorhob[103].

Zwei weitere Besonderheiten sind zu nennen: Die Verwendung sogenannter »Erinnerungsmotive« und die Gestalt der Ouvertüren, die als *geistvoller und sinniger Index* der Opern angelegt seien[104]. In beidem betrat Weber kein Neuland, sondern baute auf Errungenschaften der *opéra comique* auf.

Durch *wiederkehrende Sätze nach Art von Cherubini's Tagen*[105] wurde nach Ansicht von Webers Zeitgenossen Einheit des Ganzen hergestellt, indem sich die *Hauptidee* [...] *gleich einem Silberfaden durch alle Theile* schlinge[106], andererseits schaffe er aber auch durch Mittel der Instrumentierung *eine Fülle feiner psychologischer Beziehungen zu der Situation des Singenden*[107].

Daß die Erinnerungsmotivik keine immanent musikalische Technik war, sondern ein Mittel zur Poetisierung der Komposition, zur Erstellung eines »gedanklichen« Zusammenhangs, las schon Weber aus den Partituren der Opéras comiques der Revolutionszeit heraus, heißt es in dem von Sieghart Döhring und Sabine Henze-Döhring herausgegebenen Handbuch zu *Oper und Musikdrama im 19. Jahrhundert*[108]. Dort wird zugleich anerkannt, daß Weber diese Technik *auf hohem Niveau und auf operngeschichtlich bedeutsame Weise* weiterentwickelt habe:[109]

> »Die Technik einer poetisierenden Vertonung vermittels erinnerungsmotivischer Bezüge erfährt ihre psychologisierende Vertiefung [...] dadurch, daß jene Dimension aufscheint, die sich hinter den sichtbaren Ereignissen und hinter den ausgesprochenen Empfindungen verbirgt. Mit diesem Verfahren, welches eine nummernübergreifende Durchorganisation des Werks zur Voraussetzung hat, stieß Weber nicht nur an die Grenzen der Gattung, sondern nahm er zugleich Tendenzen voraus, die erst

Jahre später für die Grand opéra sowie die deutsche Große Oper, letztlich für Wagners Musikdrama konstitutiv wurden.«

Auch das Zusammensetzen der Ouvertüre aus Motiven der Oper hatte insbesondere in Frankreich bereits eine längere Tradition, und so heben die zeitgenössischen Rezensenten hervor, daß es sich bei Weber nicht bloß um eine Potpourri-Ouvertüre, d.h. eine *Oper en squelette*[110], handele, sondern er z. B. im Vorspiel zum *Freischütz* einige *phantastisch reizende Motive, die dann auf eine höchst romantisch und charakteristische Weise in der Oper durchklingen*[111], aufgegriffen habe. *Sie bereitet herrlich auf das Romantische der Oper vor, indem sie selbst romantisch ist*, heißt es an anderer Stelle[112]. Die nach ähnlichen Prinzipien gebaute Ouvertüre zur *Euryanthe* dagegen, die *in ihren dramatischen Intentionen nur erst n a c h der Vorstellung der Oper selbst verstanden werden* könne[113], stieß vielfach auf Kritik: *Die Ouvertüre ist wohl selbst dem Kenner das schwierigste Problem; diese ungeheure Tonmasse ist, wenn ich mich so ausdrücken darf, eine stürzende Schneelavine, zu blendend und zu schnell, um gehörig aufgefaßt werden zu können. Die herrlichsten Motive der Oper selbst ruhen, als Embryonen, darin und sind, bei all' ihrem Reize, doch zu unentwickelt und in zu großer Menge*[114]. Alle Ouvertüren Webers – auch die zum *Oberon* – sind solche Einführungen *in den Geist der Oper*[115]. Daß Zeitgenossen Webers etwa die *Euryanthe*-Ouvertüre *als eine sehr mißrathene und übel verbundene Zusammenstellung einzelner Musiksätze aus der Oper* bezeichnen konnten[116], verschlägt uns heute die Sprache, wird aber angesichts der Komplexität und Neuheit der Musik Webers verständlich.

Keine der drei großen Opern Webers gleicht der anderen, und dennoch sind gemeinsame Züge unübersehbar. Nach dem *Freischütz* war *Euryanthe* ein Versuch Webers, die Prinzipien der »großen Oper« auf ein deutschsprachiges Werk anzuwenden (vgl. Einführung zu Kapitel X). Gerade die damit notwendigen, den deutschen Sängern aber nicht geläufigen Rezitative – und diese in einer höchst schwierigen, zukunftsweisenden Form – trugen mit zu dem zögerlichen Erfolg des Werkes bei[117]. *Oberon* wiederum brachte eine Rückkehr zum Singspiel mit gesprochenem Dialog, diesmal jedoch in der besonderen Ausprägung des englischen *melodrama with songs*[118], die auf dem Festland (bis heute) fremd anmuten mußte. Wenn Carl Dahlhaus Webers letzte Oper als *zusammenfassender Abschluß des gesamten Werkes* erscheint, so bezieht er dies auf die *bunte Vielfalt der Mittel* als Zeichen eines Spätwerks: *Der chevalereske Ton, den Hüon anschlägt, erinnert an »Euryanthe«, die Beschwörung der Geisterwelt an den »Freischütz«, und ein orientalisches Milieu war von Weber bereits in »Abu Hassan« musikalisch ausgemalt worden*[119]. Diese reichhaltige *couleur locale* verdecke den Zwang, *in jedem Augenblick musikalisch-szenisch frappierend wirken zu müssen*, da die Spannung, die sich aus einer die Handlung tragenden Konfiguration von Charakteren und Affekten ergebe, in Planchés Libretto fehle: *Die Substanz des Werkes besteht in charakteristisch gefärbten Momentbildern, die das Szenarium in lockerer Reihung aneinanderfügt: nicht die dramatischen Motive sind entscheidend, sondern die musikalisch-szenischen Tableaus*[120].

Zwar hat gerade die musikalische Schilderung des Elfenhaften durch Weber auf die »Feen-Musik« des gesamten 19. Jahrhunderts ausgestrahlt[121] – das *Geistervolle des Gesanges der Elfenchöre und das Meisterhafte einer eigenthümlich glänzenden Farbengebung durch Tonwerkzeuge bildet ein neues, von ihm blühend gemachtes Gebiet im Bereiche der Tonkunst*, heißt es schon bei Gottfried Wilhelm Fink[122] – das *Prinzip des musikalischen Bilderbogens*[123] machte die Oper als Großform aber für die Rezeption auf dem Kontinent problematisch.

Daß es in der Abfolge der perfekt charakterisierten und im *Oberon* in sich differenzierten *musikalisch-szenischen Sphären*[124] weniger auf dramatische Logik ankommt, denn auf die Buntheit und Wahrheit der Bilder selbst, ist eine Beobachtung, die sich schon in der *Euryanthe* machen läßt und die zeigt, in welche Richtung sich Webers Opernschaffen entwickelt hatte. Dies hat mit großer Klarheit bereits Adolph Bernhard Marx gesehen. Er münzt die Kritik an den vielen Zufälligkeiten im *Euryanthe*-Textbuch[125] um, indem sie ihm Anlaß werden, nach den Ursachen zu fragen, warum Weber dieses Libretto in dieser Form gewählt hat – und er läßt keinen Zweifel daran, daß Weber hier *den Stoff ergriffen, der ihm nothwendig war*[126]. *Euryanthe ist nichts anders, als ein dramatisirter Roman*; zugespitzt formuliert: *Diese Fabel bietet eine Reihe von Begebenheiten, die sich zufällig an einander schliessen, keine aus der Natur und den Verhältnissen der auftretenden Personen hervorgehende, in sich abgeschlossene Handlung. Daher sind vornehmlich die Hauptpersonen duldend – oder ihre Handlungen sind es doch nicht, die mit Nothwendigkeit zur Entscheidung führen*[127]. Die Natur dieses Stoffes, bei dem die Handlung sich nicht aus einem *Kulminationspunkt im Leben der Hauptpersonen* entfalte, habe sich bei Weber *in epische Form gedrängt*, wodurch auch etliche *balladenartige Anklänge* entstanden. Eine solche Disposition ist für ein Drama nachteilig, sie entsprach aber Webers Bedürfnissen:[128]

> »Eben dadurch aber, wodurch die Fabel der Euryanthe sich zu einer vollendeten in ihrer Ganzheit vollkommen wirksamen dramatischen Bildung ungeeignet erwiesen, hat sie ihrem Komponisten gewähren können, was er bei vielen dramatischern Gegenständen nicht in solcher Fülle gefunden haben möchte: eine reiche Folge der mannigfaltigsten Scenen, aus denen er eine Reihe der treffendsten Gemälde jener Zeit und Verhältnisse genommen hat. Man hätte aus dem Freischützen, aus Preziosa, aus Kampf und Sieg, ja aus allen grössern Gesang- und Instrumentalwerken Webers voraussagen können, dass ihm nach jenen Werken eines nothwendig werden müsse, in dem sein Geist und seine Phantasie sich an so individuellen und abgeschlossenen Schilderungen ersättigen könne; und wer das Gedicht der Euryanthe vor der Komposition kennen gelernt hätte, der müsste erkannt haben, dass es für Weber geschrieben und für ihn in der Zeitfolge nach jenen Werken das geeignetste sei.«

Daß diese Werke aber nicht bloß zufällig zusammengesetzte bunte Revuen sind, dafür sorgt Weber sowohl durch seine wohlüberlegte Gesamtdisposition als auch durch motivische oder assoziative Verbindungen der Teile untereinander – im *Oberon* mit dem omnipräsenten Terzgang-Motiv sogar auf eine für die Zeit völlig neue Weise, denn durch diesen Terzgang werden *rein formal eine Reihe musikalischer Tonfälle, die an der Oberfläche divergieren, von innen heraus miteinander verknüpft*[129].

Es ist müßig, darüber zu spekulieren, in welche Richtung sich Webers Opernsprache weiterentwickelt hätte – der frühe Tod hat seinem künstlerischen Streben, das in den letzten Lebensjahren fast ausschließlich der Bühnenmusik galt, ein jähes Ende gesetzt. Nur wenige Wochen nach seinem Tod resümierte ein Berichterstatter der Leipziger *AMZ*:[130]

> »Die Musik des *Oberon* sowohl, als des *Freyschütz*, zeigt, dass der Componist mit dem, was Graf Lacépède die M e t a - p h y s i k d e r K u n s t nennt, wohl bekannt war: er schuf nicht bloss Melodieen, und erfand neue Arten der Begleitung, sondern er studirte die Leidenschaften, ihre Schattirungen und Wirkungen, und drückte sie mit einer Deutlichkeit und Kraft aus, wie diess selten durch musikalische Töne erreicht wird. Er war in Wahrheit ein wohlunterrichteter Mann, von ausgebreiteter Belesenheit und tiefer Ueberlegung – ein Mann, der, wenn er erhalten worden wäre, nach aller Wahrscheinlichkeit die Grenzen seiner Kunst erweitert haben würde.«

Anmerkungen

1 Vgl. Theaterzettel in der Stadtbibliothek Nürnberg, Nor. 1321.2. Als Hauptwerk des Abends erklangen anschließend Paisiellos *Eingebildete Philosophen (Gli astrologi immaginari)*.

2 *Königlich privilegirte Berlinische Zeitung von Staats- und gelehrten Sachen*, 76. Stück (26. Juni 1821).

3 Die bisher ausführlichste Dokumentation dieser Zeit findet sich in dem von Ernst Rocholl zusammengestellten Katalog der Ausstellung aus Anlaß des 200. Todesjahres der Mutter Carl Maria von Webers in Marktoberdorf, *Carl Maria von Weber und seine Mutter Genovefa von Weber geb. Brenner. Lebensstationen*, Marktoberdorf 1999, S. 32 – 62. Zu Ihrem Tod vgl. auch die bei Max Maria von Weber, Bd. 1, S. 39, abgedruckte Notiz Franz Anton von Webers.

4 *Hinterlassene Schriften von Carl Maria von Weber*, hg. von Theodor Hell [d. i. Karl Gottfried Theodor Winkler], Bd. 1, Dresden und Leipzig 1828, S. V – VI; nachfolgend zitiert als: Winkler, *Schriften*.

5 Beide Zitate a. a. O., S. VI.

6 Zitate a. a. O., S. VII.

7 a. a. O., S. VII.

8 Vgl. Wiedergabe des Textes in: Gerhard Jaiser, *Carl Maria von Weber als Schriftsteller. Mit einer in Zusammenarbeit mit der Weber-Gesamtausgabe erarbeiteten quellenkritischen Neuausgabe der Romanfragmente »Tonkünstlers Leben«* (= *Weber-Studien*, Bd. 6), Mainz 2001, S. 200.

9 *Neues Historisch-Biographisches Lexikon der Tonkünstler*, Leipzig, Teil IV (1814), Sp. 526.

10 Vgl. Natalja Gubkina, *Carl Maria von Webers »Waldmädchen«. Ein wiedergefundenes Jugendwerk*, in: *Die Musikforschung*, Jg. 53 (2000), S. 57 – 59; ausführlicher in: *Weberiana* 11 (2001), S. 32 – 51.

11 Vgl. dazu Einführung zu Kapitel II.

12 *Tonkünstlers Leben*, in: *Weber-Studien*, Bd. 6, S. 200.

13 Winkler, *Schriften*, S. IX.

14 a. a. O., S. XI.

15 Vgl. dazu J. Veit, *»Es ist ganz göttliche Musik«. Zu Georg Joseph Voglers großer heroischer Oper Samori*, in: *Musikpflege und ›Musikwissenschaft‹ in Würzburg um 1800. Symposiumsbericht Würzburg 1997*, hg. von Ulrich Konrad, Tutzing 1998, S. 49 – 69; zum französischen Repertoire in Wien um diese Zeit vgl. ebd., Anm. 18 u. 19.

16 *Weber-Studien*, Bd. 6 (2001), S. 231.

17 Vgl. dazu ausführlicher u. a. Floyd K. Grave u. Margaret G. Grave, *In Praise of Harmony. The Teachings of Abbé Georg Joseph Vogler*, Lincoln u. London 1987 sowie J. Veit, *Der junge Carl Maria von Weber. Untersuchungen zum Einfluß Franz Danzis und Abbé Georg Joseph Voglers*, Mainz 1990.

18 *Betrachtungen der Mannheimer Tonschule*, Mannheim 1778 – 1781, Reprint Hildesheim 1974, Bd. III, S. 414 u. S. 180.

19 Zitate vgl. Veit, *Der junge Carl Maria von Weber*, a. a. O., S. 327f.

20 D. h. vor allem die Fragmente zur Oper *Rübezahl* JV 44 – 46, die *Romanza siciliana* JV 47 und die beiden Sinfonien JV 50 u. 51.

21 Vgl. dazu Till Gerrit Waidelich, *»Ein gewisses Eingreifen« und die »hie und da ganz unrichtige Beobachtung der Tempos«. Weitere Dokumente zum Dirigenten Weber in Breslau 1805 – 1806*, in: *Weberiana* 3 (1994), S. 26 – 32.

22 *Morgenblatt für gebildete Stände*, Jg. 14, Nr. 237 (3. Oktober 1810), S. 948; wiederabgedruckt in: *Die Schriften des Harmonischen Vereins. Teil 1 1810 – 1812. Texte von Alexander von Dusch, Johann Gänsbacher, Giacomo Meyerbeer und Gottfried Weber* (= *Weber-Studien*, Bd. 4/1), hg. von Oliver Huck u. Joachim Veit, Mainz, 1998, S. 81f.

23 Zu seiner Bekanntschaft mit Weber vgl. *Weber-Studien*, Bd. 4/1, S. 53f.

24 *Kritischer Anzeiger für Litteratur und Kunst*, Jg. 5, Nr. 26 (29. Juni 1811), S. 127f.

25 Zitate a. a. O., S. 128.

26 Beide Zitate in: *Wiener allgemeine musikalische Zeitung*, Nr. 23 (5. Juni 1813), Sp. 353.

27 Alle Zitate in: *Kritischer Anzeiger*, a. a. O., S. 128.

28 *Weber-Studien*, Bd. 4/1, S. 81.

29 *AMZ*, Jg. 14, Nr. 32 (5. August 1812), Sp. 532.

30 *Abend-Zeitung auf das Jahr 1823*, Nr. 70 (22. März 1823), S. 280.

31 *Journal des Luxus und der Moden*, Bd. 27 (September 1812), S. 616.

32 *Berlinische Nachrichten von Staats- und gelehrten Sachen*, Nr. 85 (16. Juli 1812).

33 Vgl. z. B. *Königlich privilegirte Berlinische Zeitung von Staats- u. gelehrten Sachen*, Nr. 87 (21. Juli 1812), wo es heißt: *Bedarf es denn der Herabwürdigung so anerkannt großer Meister wie Beethoven und Hayd'n sind, um ein aufkeimendes Talent aufzumuntern, oder das Werk eines angehenden Künstlers bemerkbar zu machen?* Vgl. in derselben Zeitung auch Nr. 88 (23. Juli 1812) und Nr. 89 (25. Juli 1812).

34 *Berlinische Nachrichten von Staats- und gelehrten Sachen*, Nr. 86 (18. Juli 1812).

35 Beide Zitate in: *Dramaturgisches Wochenblatt in nächster Beziehung auf die königlichen Schauspiele zu Berlin*, 2. halber Jg., Nr. 4 (27. Januar 1816), S. 31.

36 Vgl. Tagebucheintrag Webers vom 13. Mai 1812.

37 *Wiener allgemeine musikalische Zeitung*, Nr. 23 (5. Juni 1813), Sp. 353.

38 Oliver Huck, *Von der »Silvana« zum »Freischütz«. Die Konzertarien, die Einlagen zu Opern und die Schauspielmusik Carl Maria von Webers* (= *Weber-Studien*, Bd. 5), Mainz 1999, S. 349.

39 Dieses und die folgenden Briefzitate nach den Manuskripten der in Vorbereitung befindlichen Gesamtausgabe der Briefe Carl Maria von Webers.

40 *AMZ*, Jg. 15, Intelligenzblatt Nr. 4 (März 1813), Sp. 24.

41 Vgl. Briefe vom 13. November 1813 und 8. Januar 1814 an Rochlitz.

42 Vgl. Tagebuch vom 31. Mai und 3. Juli 1815. Nach Gubitz' Erinnerungen handelte es sich dabei um einen *Alfred*-Stoff (vgl. Friedrich Wilhelm Gubitz, *Erlebnisse. Nach Erinnerungen und Aufzeichnungen*, Berlin, Bd. 2, 1868, S. 196), der noch in einem Brief Webers an Gubitz vom 27. Februar 1825 erwähnt wird.

43 Zur *Libussa* vgl. Webers Briefe an Friedrich Ferdinand Flemming vom 24. Oktober 1812 und 22. Januar 1813. In letzterem ist auch bereits die *Sappho* erwähnt, allerdings geht hieraus nicht klar hervor, ob Weber diesen Stoff zu einer Oper benutzen oder eine ausführlichere Schauspielmusik schreiben wollte. (Einen Chor zu Grillparzers *Sappho* komponierte Weber erst im Juli 1818 für die Dresdner Aufführung.) Zum Plan einer *Sappho*-Vertonung vgl. auch *Friedrich Wilhelm Jähns: Nachträge zum Weber-Werkverzeichnis*, ausgewählt und kommentiert von Frank Ziegler, in: *Weberiana* 8 (1999), S. 76f. In Webers Tagebuch ist nochmals eine Unterredung mit Gubitz *wegen Oper* am 27. Juni 1816 vermerkt.

44 Vgl. Tagebuch vom 12. Juli 1815.

45 Vgl. Georg Reinbeck, *Winterblüten. Erster Kranz*, Leipzig 1810, S. VII.

46 Vgl. Tagebuch vom 28. Oktober 1815. Es ist wohl unwahrscheinlich, daß es sich dabei um das Trauerspiel *Kampf der Gefühle* handelt, das laut Brief vom 26. November 1816 an Rochlitz am 19. November nach dem Manuskript gegeben wurde und für das Weber eine Romanze (JV 189) schrieb. In dem Brief an Rochlitz schreibt Weber zu dem Stück: *Schöne Versifikation, und Charakter Zeichnung, aber ohne reine Eigenthümlichkeit. die Leute wollen manches entlehnte aus Schillers Stükken gefunden haben pp.*

47 Vgl. Tagebuch vom 20. Februar 1816.

48 Vgl. Brief vom 11. Juli 1814 an Caroline Brandt; im gleichen Brief bittet er, ihm auch ein nicht näher bezeichnetes Opernbuch von Rochlitz zu übersenden.

49 Vgl. Tagebuch vom 24. Juni 1816.

50 *Wiener allgemeine Theaterzeitung*, Jg. 14, Nr. 134 (8. November 1821), S. 536.

51 *Zeitung für die elegante Welt*, Jg. 22, Nr. 34 (16. Februar 1822), Sp. 271.

52 *Wiener Zeitschrift für Kunst, Literatur, Theater und Mode*, Jg. 7, Nr. 27 (2. März 1822), S. 222.

53 *Zeitung für die elegante Welt*, Jg. 22, Nr. 117 (18. Juni 1822), Sp. 935.

54 *AMZ*, Jg. 24, Nr. 1 (2. Januar 1822), Sp. 12.

55 Zu den Kompositionsdaten im folgenden vgl. Jähns, *Werke*.

56 Brief vom 12. Februar 1825.

57 *Allgemeine musikalische Zeitung, mit besonderer Rücksicht auf den österreichischen Kaiserstaat*, Jg. 5, Nr. 90 (10. November 1821), Sp. 710.

58 *Wiener allgemeine Theaterzeitung*, Jg. 14, Nr. 134 (8. November 1821), S. 536.

59 *Wiener Zeitschrift für Kunst, Literatur, Theater und Mode*, Jg. 7, Nr. 136 (13. November 1821), S. 1154.

60 *Der Sammler*, Jg. 13, Nr. 137 (15. November 1821), S. 547.

61 a. a. O., S. 548.

62 a. a. O., Jg. 15, Nr. 131 (1. November 1823), S. 524.

63 a. a. O., Jg. 15, Nr. 134 (8. November 1823), S. 536.

64 *Didaskalia oder Blätter für Geist, Gemüth und Publicität* (10. Mai 1824).

65 *Zeitung für Theater und Musik zur Unterhaltung gebildeter, unbefangener Leser. Eine Begleiterinn des Freimüthigen*, Jg. 1, Nr. 27 (7. Juli 1821), S. 106.

66 *Königlich privilegirte Berlinische Zeitung von Staats- und gelehrten Sachen*, 76. Stück (26. Juni 1821). Wie bewußt die innovativen Züge des *Freischütz* wahrgenommen wurden, zeigt auch die Kritik an Stellen, die eher konservativ anmuteten. So wird in der *Wiener Zeitschrift für Kunst, Literatur, Theater und Mode*, Jg. 7, Nr. 143 (29. November 1821), S. 1208, im Terzett Nr. 9 just der Kanon zwischen Max und Agathe nach Maxens *falschem Abgange* kritisiert – daß Weber diesen stilistischen Bestandteil vieler italienischer Opern in seiner Adaptation durch die Mittelstimme des Ännchen aber in ganz eigener Weise variiert, wird dabei übersehen.

67 *Wiener Zeitschrift für Kunst, Literatur, Theater und Mode*, Jg. 7, Nr. 136 (13. November 1821), S. 1154.

68 *Charis. Rheinische Morgenzeitung für gebildete Leser*, Jg. 2, Beilage Nr. 15 (4. September 1822).

69 *Morgenblatt für gebildete Stände*, Jg. 16, Nr. 123 (23. Mai 1822), S. 492.

70 *Wiener allgemeine Theaterzeitung*, Jg. 15, Nr. 72 (15. Juni 1822), S. 287.

71 *Königlich privilegirte Berlinische Zeitung von Staats- und gelehrten Sachen*, 74. Stück (21. Juni 1821).

72 *Wiener allgemeine Theaterzeitung*, Jg. 15, Nr. 72 (15. Juni 1822), S. 287.

73 Alle Zitate in: *Dramaturgische Blätter für Hamburg*, Jg. 2 (1822), Bd. 3, Nr. 13, S. 99f.

74 Zitate a. a. O., S. 100f. Vgl. hierzu auch Gerhard Allroggen, *Die Opern-Ästhetik E. T. A. Hoffmanns*, in: *Beiträge zur Geschichte der Oper*, hg. von Heinz Becker (= *Studien zur Musikgeschichte des 19. Jahrhunderts*, Bd. 15), S. 25 – 34, speziell S. 26ff. sowie Ernst Lichtenhahn, *Über einen Ausspruch Hoffmanns und über das Romantische in der Musik*, in: *Musik und Geschichte. Leo Schrade zum 60. Geburtstag*, Köln 1963, S. 178 – 198.

75 *Berlinische Nachrichten von Staats- und gelehrten Sachen*, Nr. 76 (26. Juni 1821).

76 Alle vorstehenden Zitate ebd.

77 Zitate a. a. O., Nr. 77 (28. Juni 1821).

78 *Wiener allgemeine Theaterzeitung*, Jg. 14, Nr. 134 (8. November 1821), S. 536.

79 *Berliner allgemeine musikalische Zeitung*, Jg. 3, Nr. 1 (4. Januar 1826), S. 4 u. 6.

80 Zitate a. a. O., Nr. 2 (11. Januar 1826), S. 10.

81 *Merkur. Mittheilungen aus Vorräthen der Heimath und der Fremde, für Wissenschaft, Kunst und Leben*, Nr. 43 (8. April 1824), S. 171.

82 *Berliner allgemeine musikalische Zeitung*, Jg. 4, Nr. 3 (17. Jan. 1827), S. 20.

83 *Morgenblatt für gebildete Stände*, Jg. 20, Nr. 42 (18. Februar 1826), S. 167f.; in ähnlichem Sinne heißt es in der *Wiener allgemeinen Theaterzeitung*, Jg. 15, Nr. 91 (30. Juli 1822), S. 363 zu den beiden Arien der Agathe: *Jene zwei Arien, welche der Compositeur in seinen heiligsten Stunden gedichtet zu haben scheint, welche uns so unwiderstehlich der Erde entreißen und dem Himmel zuführen, welche so echt christlich sind, daß sie zugleich als ein Typus der romantischen Oper gelten können* [...].

84 Vgl. zu diesem Begriff auch Carl Dahlhaus, *Die Musik des 19. Jahrhunderts* (= *Neues Handbuch der Musikwissenschaft*, Bd. 6), Laaber 1980, S. 58ff.

85 *AMZ*, Jg. 24, Nr. 15 (10. April 1822), Sp. 244.

86 *Allgemeine musikalische Zeitung, mit besonderer Rücksicht auf den österreichischen Kaiserstaat*, Jg. 5, Nr. 90 (10. November 1821), Sp. 712.

87 *Wiener Zeitschrift für Kunst, Literatur, Theater und Mode*, Jg. 7, Nr. 27 (2. März 1822), S. 222.

88 *Morgenblatt für gebildete Stände*, Jg. 16, Nr. 32 (6. Februar 1822), S. 127.

89 *Wiener Zeitschrift für Kunst, Literatur, Theater und Mode*, Jg. 7, Nr. 136 (13. November 1821), S. 1155.

90 *Wiener Zeitschrift für Kunst, Literatur, Theater und Mode*, Jg. 7, Nr. 143 (29. November 1821), S. 1208. Mit diesem Satz zitiert der Referent direkt E. T. A. Hoffmanns *Fantasiestücke in Callot's Manier*, vgl. *Sämtliche Werke in sechs Bänden*, hg. von Hartmut Steinecke u. a., Bd. 2/1, Frankfurt a.M. 1993 (= *Bibliothek deutscher Klassiker*, Bd. 98), S. 49 (*Kreislerianum Nr. 3: Gedanken über den hohen Wert der Musik*). Ähnliche Gedanken kehren im folgenden *Kreislerianum: Beethovens Instrumental-Musik* wieder (vgl. a. a. O., S. 54).

91 *Königlich privilegirte Berlinische Zeitung von Staats- und gelehrten Sachen*, 64. Stück (29. Mai 1823).

92 *Der Gesellschafter*, Blatt 105 (2. Juli 1821), S. 492.

93 *Berlinische Nachrichten von Staats- und gelehrten Sachen*, Nr. 77 (28. Juni 1821).

94 *Wiener Zeitschrift für Kunst, Literatur, Theater und Mode*, Jg. 7, Nr. 143 (29. November 1821), S. 1207.

95 *Königlich privilegirte Berlinische Zeitung von Staats- und gelehrten Sachen*, 76. Stück (26. Juni 1821).

96 *Der Sammler*, Jg. 13, Nr. 137 (15. November 1821), S. 548.

97 *Königlich privilegirte Berlinische Zeitung von Staats- und gelehrten Sachen*, 76. Stück (26. Juni 1821).

98 *Zeitung für die elegante Welt*, Jg. 22, Nr. 117 (18. Juni 1822), Sp. 935.

99 Beides in: *Dramaturgische Blätter für Hamburg*, Jg. 2 (1822), Bd. 3, Nr. 14, S. 110f.

100 Beide Zitate in: *Der Sammler*, Nr. 131 (1. November 1823), S. 524 u. Nr. 134 (8. November 1823), S. 540. Für Sabine Henze-Döhring zeigt sich bei diesem Marsch zugleich *Webers Fähigkeit, dramatische Konstellationen über eine Art Klangfarbenregie hintergründig zu vergegenwärtigen*, womit Weber großen Einfluß auf die weitere Entwicklung der Oper im 19. Jahrhundert genommen habe; vgl. Sieghart Döhring/Sabine Henze-Döhring, *Oper und Musikdrama im 19. Jahrhundert* (= *Handbuch der musikalischen Gattungen*, Bd. 13), Laaber 1997, S. 141f.

101 *Königlich privilegirte Berlinische Zeitung von Staats- und gelehrten Sachen*, 11. Stück (14. Januar 1826); vgl. auch Bäuerles *Allgemeine Theaterzeitung und Unterhaltungsblatt für Freunde der Kunst, Literatur und des geselligen Lebens*, Jg. 16, Nr. 131 (1. November 1823), wo es auf S. 524 heißt, in der Instrumentation habe Weber sich *selbst übertroffen*.

102 *Merkur*, Jg. 43 (8. April 1824), S. 171.

103 Vgl. dazu J. Veit, *Spurensuche: Wagner und Weber – Aspekte einer künstlerischen Beziehung*, in: *Richard Wagner und seine »Lehrmeister«*, Bericht der Tagung am Musikwissenschaftlichen Institut der

Johannes Gutenberg-Universität Mainz, 6./7. Juni 1997, hg. von Christoph-Hellmut Mahling und Kristina Pfarr, Mainz 1999, S. 173 – 214, speziell S. 189 – 192.

104 *Wiener allgemeine Theaterzeitung*, Jg. 14, Nr. 134 (8. November 1821), S. 536.

105 *Wiener Zeitschrift für Kunst, Literatur, Theater und Mode*, Jg. 7, Nr. 143 (29. November 1821), S. 1207.

106 *Wiener allgemeine Theaterzeitung*, Jg. 15, Nr. 91 (30. Juli 1822), S. 363.

107 *Zeitung für die elegante Welt*, Jg. 22, Nr. 34 (16. Februar 1822), Sp. 271.

108 Döhring, a. a. O., S. 6.

109 a. a. O., S. 8; nachfolgendes Zitat S. 105.

110 *AMZ*, Jg. 24, Nr. 15 (10. April 1822), Sp. 244.

111 a. a. O., Sp. 244.

112 *Charis. Rheinische Morgenzeitung für gebildete Leser*, Jg. 2, Beilage Nr. 15 (4. September 1822).

113 *Königlich privilegirte Berlinische Zeitung von Staats- und gelehrten Sachen*, 152. Stück (20. Dezember 1823).

114 *Abend-Zeitung auf das Jahr 1824*, Nr. 69 (20. März 1824), S. 276.

115 *Berliner allgemeine musikalische Zeitung*, Jg. 4, Nr. 3 (17. Januar 1827), S. 21.

116 *Königlich privilegirte Berlinische Zeitung von Staats- und gelehrten Sachen*, 154. Stück (25. Dezember 1823).

117 Vgl. z. B. *AMZ*, Jg. 26, Nr. 25 (17. Juni 1824), Sp. 407, über den mangelnden Erfolg in Prag: *unter den mancherley erklärenden Ursachen dieser Erscheinung glauben wir die recitative Form obenan setzen zu müssen, da sie eines Theils dem Publikum fremdartig ist, andern Theils unsere, wie alle deutschen Sänger, immer mit dem Vortrage der Recitation brouillirt sind, und gewiss vier Fünftheile der Zuhörer das Theater verlassen haben, ohne aus der Handlung klug geworden zu seyn.*

118 Vgl. dazu Christine Heyter-Rauland, *Webers »englische Oper« – Anmerkungen zum Textbuch des Oberon*, in: *Weber-Studien*, Bd. 3 (1996), S. 292 – 299.

119 *Das ungeschriebene Finale. Zur musikalischen Dramaturgie von Webers ›Oberon‹*, in: *Neue Züricher Zeitung* (14. November 1986), S. 41 – 42, wiederveröffentlicht in: *Musik-Konzepte 52. Carl Maria von Weber*, hg. von Heinz-Klaus Metzger u. Rainer Riehn, München 1986, S. 79 – 85, Zitate S. 81.

120 Zitate a. a. O., S. 81.

121 a. a. O., S. 79.

122 *Wesen und Geschichte der Oper. Ein Handbuch für alle Freunde der Tonkunst*, Leipzig 1838, S. 298f.

123 Dahlhaus, a. a. O., S. 81.

124 Dahlhaus, a. a. O., S. 85.

125 Der Korrespondent des *Sammler*, Nr. 131 (1. November 1823), S. 535 hebt in seinem Bericht den *Zufall* stets gesperrt hervor und schreibt: *Man nimmt auf den ersten Blick wahr, daß der Zufall eine große Rolle in diesem Opernbuche spielt* [...] – er zieht daraus allerdings negative Schlüsse.

126 Vgl. *Berliner allgemeine musikalische Zeitung*, Jg. 3, Nr. 1 (4. Januar 1826), S. 4.

127 a. a. O., S. 6 – 7.

128 Zitate a. a. O., S. 7 – 8, nachfolgendes Zitat in Nr. 2 (11. Januar 1826), S. 10.

129 Dahlhaus, a. a. O., S. 82.

130 *AMZ*, Jg. 28, Nr. 33 (16. August 1826), Sp. 539.

Frank Ziegler

Wie authentisch ist unser Bild von Weber?

Bemerkungen zur Weber-Ikonographie[1]

Die Vorbereitung einer Ausstellung, die sich ausschließlich mit einer einzelnen Persönlichkeit auseinandersetzt, ist üblicherweise Anlaß, sich auch eingehender mit der ikonographischen Überlieferung zu befassen: Welches Bild – im Wortsinne – haben sich die Zeitgenossen und die späteren Generationen von dieser Person gemacht; wie wahrhaftig sind die erhaltenen Bildzeugnisse? In Anbetracht der ungeheuren Menge der auf uns gekommenen Weber-Porträts muß »die Spreu vom Weizen getrennt« werden; manche noch so bekannte, uns lieb gewordene Darstellung gibt möglicherweise nur einen dritten oder vierten »Aufguß« einer bereits verfälschten Urfassung wieder. Der Kern der verbürgten Original-Porträts läßt sich im Falle Webers einschließlich der plastischen Arbeiten auf etwa zwanzig Zeugnisse ganz unterschiedlicher Art und Qualität eingrenzen, wobei die meisten dieser Bildnisse in den Jahren 1820 – 1826 entstanden. Mit einiger Sicherheit als authentisch zu beurteilen sind: eine Zeichnung von Weber als Kind um 1787/88, der Stich von Johann Neidl nach Joseph Lange von 1804 (IV/6), eine Silhouette von 1809 (V/5), die Miniatur von Johann Leonhard Knauscher [?] aus demselben Jahr, eine wohl vor 1810 entstandene anonyme Karikatur (VI/7), der Stich von Friedrich Jügel von 1816 (VIII/9), Zeichnungen von Adam Grünbaum (1817), Christian Horneman (1820) und Detlev Conrad Blunck [?] (1820), das Gemälde von Caroline Bardua aus dem Jahr 1821 (VIII/23), Zeichnungen von Wilhelm Hensel (1822) und Carl Christian Vogel [von Vogelstein] (1823), letztere von Carl August Schwerdgeburth als Kupferstich verbreitet (X/4), ferner aus dem Jahr 1824 die Büste von Gottlob Ernst Matthäi und eine Karikatur Webers als Mitglied der Wiener Ludlamshöhle von Eugen von Stubenrauch, aus dem Jahr 1825 das Gemälde von Ferdinand Schimon, die Medaille von Carl Reinhard Krüger sowie ein Stich der Gebrüder Henschel, der Weber als Dirigenten seiner *Euryanthe* zeigt, und schließlich vier Dokumente aus Webers letztem Lebensjahr 1826: das Gemälde von John Cawse (vgl. XII/2), eine in London entstandene anonyme Zeichnung[2], eine Lithographie nach John Hayter, Weber als Dirigent seines *Freischütz* in Covent Garden darstellend, sowie die Totenmaske (XII/3). Vorgestellt werden hier jene acht Darstellungen, die auch in der Ausstellung zu sehen sind.

Zur Weber-Ikonographie gibt es bislang wenig umfangreichere Arbeiten. Die früheste, ausschließlich der bildnerischen Überlieferung gewidmete vergleichende Studie legte 1937 Franz Rapp vor; eine äußerst inhaltsreiche Broschüre von gerade 10 Seiten[3]. Wesentlich bekannter – weil weit verbreitet – ist der von Karl Laux herausgegebene Bildband, der insbesondere aus dem reichen Schatz der Dresdner Weber-Quellen schöpft[4]. Laux standen freilich mit dem Rapp-Heft und den reich bebilderten Weber-Biographien von Hermann Gehrmann, Wilhelm Kleefeld und Erwin Kroll sowie der Weber-Gedenkschrift von 1951 bereits umfangreiche Bild-Sammlungen zur Verfügung[5], wobei besonders Gehrmann, Kleefeld und Kroll überwiegend auf die Porträts der Weberiana-Sammlung von Friedrich Wilhelm Jähns zurückgegriffen hatten.

Eine weitere verdienstvolle Veröffentlichung legte 1986 Renate Paczkowski vor[6]. Aus ihrer Zusammenfassung und Bewertung des Materials – eingeschränkt auf die nichtplastischen Arbeiten – spricht vor allem die Kunsthistorikerin, der in erster Linie die künstlerisch-stilistische Einordnung und das Aufzeigen von Zusammenhängen zwischen unterschiedlichen Darstellungen am Herzen lag. Besondere Aufmerksamkeit widmete die Autorin dem Versuch, dem Ausdruck von Webers Persönlichkeit und Individualität in den Bildern nachzuspüren und auffällige Besonderheiten seiner Physiognomie, die in allen oder zumindest in mehreren Porträts deutlich werden, zu bestimmen.

Die folgende Übersicht knüpft an diese Betrachtungen an, sie legt den Hauptakzent allerdings auf die Fragestellung nach der Authentizität der einzelnen Porträts. Anhand von Dokumenten von Weber bzw. aus seinem Umfeld sollen die Bildzeugnisse historisch eingeordnet und bewertet werden. Ein zweiter Schwerpunkt gilt der Beobachtung von Überlieferungswegen: welche nicht authentischen Darstellungen lassen sich auf die acht vorgestellten Urformen zurückführen? Mit diesen Überlegungen soll ein Stemma der ikonographischen Überlieferung skizziert werden, das sicherlich Anlaß zu weiteren differenzierteren Untersuchungen gibt. Neben selbständigen Bildträgern werden auch Frontispize zu Buch- oder Notenausgaben in die Ausführungen einbezogen, da solche Blätter nicht selten separat vertrieben bzw. von Sammlern aus dem ursprünglichen Zusammenhang herausgelöst wurden. Dagegen sind Titelblatt-Illustrationen nur in Ausnahmefällen berücksichtigt.

Bevor wir uns jedoch den Abbildungen selbst zuwenden, soll anhand weniger ausgewählter Zitate das Bild der Person Weber nach dem Zeugnis von Zeitgenossen skizziert werden. Als besonders gute Beobachter erweisen sich dabei Frauen, und so sei dem weiblichen Blick auf Weber hier der Vorrang gegeben. Wilhelmine Bardua, die dem Komponisten 1821 begegnete, notierte: *Er hinkte ein wenig und war ein sehr schmächtiger Mann; mit schmalen Schultern, langem Hals, großen Augen und breiten Augendekkeln*[7]. Caroline Pichler, die Weber 1822 in Wien traf, beschreibt ihn: *Von kaum mittlerer Größe, schmächtig, ja selbst schwächlich gebaut, mit scharfgezeichneten Gesichtszügen, einer verhältnißmäßig zu großen Nase, und einem lahmen Fuß, war diese Erscheinung nicht geeignet, einen vortheilhaften Eindruck zu machen*[8]. Auch die Bemerkungen von Marie Börner-Sandrini dürften auf Eindrükken der 1820er Jahre basieren, sie berichtet: *Deutlich erinnere ich mich seiner kleinen, schmächtigen Gestalt, des etwas lahmen Ganges, der klugen, ausdrucksvollen Züge mit der langen, fein geschnittenen, römischen Nase, des dunkelblonden, etwas spärlichen, schief gescheitelten Haarwuchses, des kurzen Backenbärtchens, der weißen, in einen leichten Knoten geschlungenen Halsbinde*[9]. Und Frances Ann Kemble notierte in ihren Erinnerungen an das Jahr 1826: *He was a little thin man, lame of one foot, and with a slight tendency to a deformed shoulder. His hollow, sallow, sickly face bore an expression of habitual suffering and ill health, and the long, hooked nose, salient cheek-bones, light, prominent eyes, and spectacles were certainly done no more than justice to in the unattractive representation of my cherished portrait of him*[10].

Auch Künstlerkollegen äußerten sich über den Komponisten. Alexander von Dusch berichtete in seinen *Flüchtigen Aufzeichnungen* über den Weber der Mannheimer Zeit 1810: *War auch seine äußere Gestalt unscheinbar, klein und schwach, mit schmalen Schultern: so fesselte doch alsbald die schöne Form des länglichen Kopfes, der geistige Ausdruck der ganzen Gesichtsbildung mit ihrer Frische und lebendigen Jovialität – die offene Rede einer schönen sonoren Baritonstimme, Aufmerksamkeit und Neigung*[11]. Carl Gustav Carus erinnerte sich des *ausdrucksvollen scharfgezeichneten Gesichts*[12] und Heinrich Heine teilte den Lesern des *Rheinisch-Westfälischen Anzeigers* 1822 in seinen *Briefen aus Berlin* mit: *Webers Äußere ist nicht sehr ansprechend. Kleine Statur, ein schlechtes Untergestell und ein langes Gesicht ohne sonderlich angenehme Züge. Aber auf diesem Gesichte liegt ganz verbreitet der sinnige Ernst, die bestimmte Sicherheit und das ruhige Wollen, das uns so bedeutsam anzieht in den Gesichtern altdeutscher Meister*[13]. Max Maria von Weber faßte schließlich den Eindruck, den die Mitglieder der Dresdner Kapelle 1817 bei der Vorstellung ihres neuen musikalischen Leiters gewonnen hatten, wie folgt zusammen: *Er erschien als kleiner, schmalbrüstiger Mann mit etwas langen Armen, schmalem, sehr blassem Gesicht, aus dem sehr lebhafte Augen unter einer starken Brille vorblitzten. Den meist ernsten Mund umspielte, wenn er freundlich sprach, ein wahrhaft bezauberndes Lächeln, und bei Momenten, die ihn ergriffen, neigte er den Kopf leicht auf die Seite, was den starren Zügen etwas Weiches und Lauschendes verlieh*[14].

Aus diesen Berichten wird deutlich: Weber war sicherlich kein schöner Mann, aber sein lebhaftes, ausdrucksvolles Gesicht machte ihn interessant und anziehend. Wie sollte man auch sonst verstehen, daß der junge Künstler von vielen Frauen umschwärmt wurde – freilich nur bis zu seiner Verlobung mit Caroline Brandt. Die gemeinsamen Jahre, denen Caroline immerhin ihre berufliche Laufbahn als erfolgreiche, beliebte Schauspielerin geopfert hatte, scheinen in dieser Hinsicht ohne Schatten gewesen zu sein. Die Brille übrigens sieht man auf den wenigsten Porträts Webers – vielleicht ein Zugeständnis an die Eitelkeit? Max Maria von Webers Schilderung des leicht geneigten Kopfes, der der Gestalt etwas versonnen Lauschendes gab, scheint Ernst Rietschel bei seinem 1860 eingeweihten Dresdner Weber-Denkmal inspiriert zu haben.

IV/6 Brustbild in Dreiviertelansicht nach links mit Wendung des Kopfes nach rechts, Kupferstich in Punktmanier von Johann Neidl nach einem verschollenen Bild von Joseph Lange (**1804**)
Lit.: Paczkowski, a. a. O., S. 73

Das früheste Weber-Bild mit offensichtlicher Porträt-Ähnlichkeit zeigt einen selbstsicheren jugendlichen Mann mit offenem, aber kritischem Blick aus wachen Augen. Deutliche Attribute weisen auf die Profession hin: die rechte Hand liegt, eine Schreibfeder haltend, auf einem Notenpult; das überhängende Notenblatt läßt

IV/6

den Namen des Porträtierten erkennen. Neben physiognomischen Details (schmale Kopfform mit hohen Wangenknochen, markante Nase, große Augen) fallen besonders der lange Hals und die schmalen Schultern auf – Charakteristika, die viele authentische Weber-Porträts auszeichnen.

Der Maler der Vorlage, in der Bildunterschrift unvollständig als *Jos. Lang* bezeichnet, ist der Wiener Hofschauspieler Joseph Lange (1751 – 1831), der Mann von Webers Cousine Aloysia, geb. Weber. Lange dilettierte mehrfach als Maler, sein wohl bekanntestes Bild ist das unvollendet gebliebene Porträt seines Schwagers Wolfgang Amadeus Mozart von 1782/83 [?]. 1782 entstand auch sein Gemälde von Constanze Mozart, geb. Weber. Lange hinterließ eine Autobiographie; sein Verhältnis zu Weber bzw. das Weber-Bild erwähnt er darin leider nicht, was kaum verwundert – Weber war zur Zeit ihres Erscheinens 1808 noch keine Persönlichkeit, mit der man sich »schmücken« konnte. Allerdings beschreibt der Autor in seinen Erinnerungen eine Situation, die in diesem Zusammenhang nicht ohne Interesse ist: im Jahr 1806 unternahm er mit seiner jüngeren Tochter eine Reise zur Familie von Arand[15], den Eltern seines zukünftigen Schwiegersohns. Am Ende der Schilderung notiert Lange über den Abschied von der Familie: *Ich machte mir noch das Vergnügen, die Mitglieder derselben zu mahlen, und die Porträte zum ewigen Andenken mit mir zu nehmen*[16]. Das Porträt als »ewiges Andenken«, beim Abschied von einem Familienmitglied gemalt – das könnte auch der Grund für die Entstehung des Weber-Bildes sein, schließlich verließ Weber am 28. Mai 1804 Wien, um in Breslau seine erste Stellung als Kapellmeister am Theater anzutreten. Die Datierung mit 1804 jedenfalls wird für den Stich von Johann Neidl (1776? – 1832) durch Gerber bestätigt[17].

Der Stich wurde gemeinsam von Eder in Wien und Gombart in Augsburg vertrieben, in beiden Verlagen waren zuvor Erstdrucke von Weber-Kompositionen erschienen: bei Gombart 1802 die *Douze Allemandes* op. 4 (VN 373) und 1803 die *Six petites Pieces faciles* op. 3 (VN 390), bei Eder 1804 die Variationen über ein Thema aus Voglers *Castor und Pollux* op. 5 (VN 333). Eine 1881 veröffentlichte Porträtkarte nach dem Neidl-Stich in der *Manuscript- und Portrait-Gallerie musikalischer Heroen* des Berliner Verlags Carl Simon[18] machte das seltene Porträt einem größeren Publikum zugänglich. Auch die Wiedergabe als Frontispiz in der Taschenpartitur-Ausgabe der *Oberon*-Ouvertüre des Wiener Philharmonischen Verlages von 1923 (VN: 23) diente der weiteren Verbreitung.

V/5

V/5 Profil nach links, Silhouette auf Goldgrund von unbekannter Hand (**1809**)

Zu dieser nachweislich authentischen Silhouette fehlen Zeugnisse von Weber oder aus seinem Umfeld. Jähns notierte im Katalog seiner Weberiana-Sammlung: *Silhouette* [...] *a. d. Jahre 1809, wie unter dem Bildniß zu lesen. Carl Maria hatte dasselbe, wahrscheinlich 1810, an Gottfried Weber geschenkt, von dessen Erben ich es am 29. Juni 1874 ebenfalls zum Geschenk erhielt. Es hat doppelten Werth als aus Carl Maria's Besitz u. authentisches Bildniß von besonderem Ausdruck*[19]. Erstmals publiziert wurde das Porträt 1936 von Erwin Kroll sowie von Theodor Zenker[20].

Die scherenschnittartige Darstellung zeigt die typische längliche Gesichtsform mit markanter Nase. Wie beim fünf Jahre älteren Lange/Neidl-Bild sowie einer mit der Silhouette annähernd zeitgleich entstandenen Miniatur[21], fallen die noch üppigen, gewellten Haare ungezwungen in die Stirn.

VI/7 ganze Figur (im Profil), nach links schreitend, kolorierte Federzeichnung von unbekannter Hand (vermutlich **vor 1810**)
Lit.: Dagmar Beck, *Unter alten Raritäten. Ein unbekanntes Weber-Bild*, in: *Weberiana* 3 (1994), S. 49 – 51

1870 erhielt F. W. Jähns von Rudolph Zumsteeg dieses Blatt als historisches Porträt Webers, möglicherweise von seinem Freund Franz Carl Hiemer gezeichnet. Die Herkunft aus dem Nachlaß von Emilie Zumsteeg legt zumindest nahe, daß das Bild zwischen 1807 und 1810 in Stuttgart entstanden sein könnte, wo Weber in der Musikalienhandlung der Luise Zumsteeg verkehrte. Auch wenn die Gesichtszüge Webers hier karikaturistisch überzeichnet sind, so lassen sich doch typische Details ausmachen: die längliche Gesichtsform mit hohen Wangenknochen und die markante Nase etwa. Das Bild paßt zu der Beschreibung, die Max Maria von Weber – sicher nach anderen Quellen – von seinem Vater in der Zeit um 1810 gibt: *Seine Gestalt war damals, wie später immer, unscheinbar, schwach und klein, obwohl durchaus nichts Mißgebildetes an ihm hervortrat, wenn man einen gar zu schlank und lang über den schmalen Schultern sich erhebenden Hals nicht als dergleichen ansehen will.* [...] *Schon damals trug er meist einen Leibrock von schwarzem Stoff, eng anliegende Beinkleider, Jabot und weißes Halstuch und fast bis an die Knie reichende Pistolenstiefeln*[22].

VIII/9 Brustbild mit leichter Wendung nach rechts, Aquatinta von Friedrich Jügel (**1816**), möglicherweise nach der verschollenen Miniatur von Ferdinand von Lütgendorff (1814)
Lit.: Willibald Leo von Lütgendorff, *Der Maler und Radierer Ferdinand v. Lütgendorff*, Frankfurt am Main 1906, S. 41f., 180 (WV-Nr. 703); Laux, a.a.O., Nr. 66; Paczkowski, a.a.O., S. 74; Eveline Bartlitz, *Eine vergessene Freundschaft – Miniatur zum Weber-Jubiläum 1986*, in: *Beiträge zur Musikwissenschaft*, Jg. 29 (1987), Heft 1, S. 69 – 73

Der Stich von Friedrich Jügel (vor 1787 – 1833) scheint bereits im September 1816 in der Fertigung gewesen zu sein, denn Weber schreibt am 17. September 1816 an den Verleger Schlesinger: *Ebenso ersuche ich Sie, wenn mein Bild fertig sein sollte, ganz einfach meinen Nahmen Carl Maria Fhr. von Weber darunter zu setzen ohne alle Titel.* Während seines Berlin-Aufenthaltes im Juni/Juli 1816 hatte Weber dem Stecher laut Tagebuch am 7. Juli einen Besuch abgestattet, bei seiner nächsten Reise an die Spree im selben Jahr suchte er Jügel sogar mehrfach auf: am 16., 22. und 29. Oktober; am 10. November heißt es: *zu Jügel, nochmals geseßen.* Am 19. November – dem Tag von Webers Verlobung mit Caroline Brandt – war das Porträt offenbar fertig, worauf die Notiz *mein Bild* im Tagebuch schließen läßt: vermutlich war das Exemplar als Geschenk für die Braut gedacht. Am 22. November 1816 schickte Weber einen weiteren Abzug an den befreundeten Friedrich Rochlitz. Schlesinger annoncierte das Porträt erst in der Spenerschen Zeitung vom 3. Dezember 1816[23].

Karl Maria von Weber.

VIII/9

Mit Sicherheit ist nur der Name des Stechers des Bildes bekannt. Das Hofmeister-Verzeichnis von 1818 legt bezüglich der von Jügel benutzten Vorlage eine falsche Spur[24]: hier sind zwei Porträts von C. M. v. Weber zum selben Preis (1 Th. 8 gr.) angezeigt, eines *gezeichnet vom Professor Wolff, gestochen von Juegel* und eines *gezeichnet von N***, gestochen von Juegel*. Bei ersterem Bild nach Johann Eduard Wolff (1786 – 1868) handelt es sich allerdings um eine Verwechslung, gemeint ist das Porträt des Berliner Kapellmeisters Bernhard Anselm Weber. Über die Identität des Malers des Porträts von Carl Maria von Weber *N**** läßt sich hingegen nur mutmaßen.

Eine interessante Hypothese stellte Eveline Bartlitz 1987 vor: danach könnte es sich bei Jügels Vorlage um die Weber-Miniatur von Ferdinand von Lütgendorff (1785 – 1858) aus dem Jahr 1814 handeln. Weber und Lütgendorff kannten sich bereits aus Jugendtagen, sie waren sich in München begegnet, wo sie eine schwärmerisch-innige Jugendfreundschaft verband. Leo von Lütgendorff berichtet zudem von einer Verlobung von Vater Franz Anton von Weber mit Laura von Beer, geb. Münster, einer Verwandten der ersten Frau von Karl Friedrich August von Lütgendorff, dem Vater des Malers[25]. Die Weber-Quellen schweigen, bis auf eine kurze Notiz bei Max Maria von Weber[26], zu dieser Behauptung, die beiden Einträge von Vater und Sohn Lütgendorff in Webers Stammbuch aus dem Jahr 1801 – entgegen der heute üblichen Schreibung unterzeichnen beide übrigens mit *Lütgendorf*[27] – geben jedenfalls keinen Hinweis auf eine sich eventuell anbahnende verwandtschaftliche Beziehung.

1813 wurde in Prag die Bekanntschaft erneuert. Am 9. September dieses Jahres notierte Weber in sein Tagebuch: *Lütgendorf kam an. Erörterungen, und alte Freundsch:*[*aft*]. Bereits am nächsten Tag zeichnete Lütgendorff Weber. Er vollendete das Blatt am 11. September und übergab es Weber vier Tage später. Diese Zeichnung muß wohl als Vorstudie zu einem weiteren Weber-Porträt betrachtet werden. Erste Nachricht davon gibt wiederum

Webers Tagebuch, das unter dem 7. Januar 1814 berichtet, Weber habe noch vor der 10.[00] Uhr morgens beginnenden Generalprobe zu Boieldieus Oper *Johann von Paris* sowie nach dieser Probe *Lütgd: geseßen zu einem Miniat: Bilde.* Diese Miniatur erhielt Weber nach weiteren Sitzungen am 9., 16., 21. und 23. Januar (eventuell auch am 15. Januar sowie 2. Februar) am 8. Februar 1814.

Die »Brücke« von der Prager Lütgendorff-Miniatur zum Berliner Jügel-Stich schlägt ein Brief Webers an seine Berliner Vertraute Friederike Koch: ihr kündigte er am 27. April 1816 *ein Miniaturgemälde an, darnach kann nun gezeichnet oder gestochen werden.* Die Miniatur schickte der Komponist laut Tagebuch am 28. April an die Koch, die sie an den Verlag weitergeben sollte. Weber besaß zu diesem Zeitpunkt mindestens zwei ihn darstellende Miniaturen: jene wohl von Knauscher stammende aus dem Jahr 1809 und die jüngere von Lütgendorff. Das Knauscher-Bild[28] ist dem Jügel-Stich völlig unähnlich, die heute verschollene Arbeit von Lütgendorff käme hingegen möglicherweise als Muster in Betracht. Freilich wäre genauso denkbar, daß Jügel die übersandte Miniatur gar nicht als Vorlage berücksichtigte, sondern ein eigenständiges Porträt schuf.

Das Jügel-Bild gibt Webers Gesicht etwas fülliger wieder, fast alle vorhergehenden und folgenden Darstellungen betonen eher die schmale, längliche Form des Kopfes. Die Ebenmäßigkeit der Gesichtszüge verrät eine Tendenz zur Idealisierung, die trotz nachweislicher Authentizität die Wahrhaftigkeit des Bildes schmälert. Weber selbst bestätigt diese Vermutung, wenn er in seinem Brief vom 17. Januar 1817 an die Braut Caroline auf den Stich bezugnehmend schreibt: *In der Jesuiten Gaße hänge ich also? nun gut. aber du must sagen, brav ist er wohl, wenn er nur ein bischen hübscher wäre. – gestochen gehts noch an.* Erstmals begegnet uns auf dieser Darstellung die später typische Frisur: die Haare, streng gescheitelt und zur Seite gekämmt, erhöhen die Stirn. Deutlich erkennbar sind zudem die langen Koteletten, die schon die Miniatur Knauschers von 1809 zeigte, und die auf fast allen späteren Bilder zu sehen sind. Trotz gelöster Haltung, den Arm über die Stuhllehne gelegt (wohl um den Verlobungsring deutlich ins Bild zu setzen), und halbgeöffneter Jacke wirkt die Szene formaler. Eine – gegenüber den Jugenddarstellungen – gereifte, selbstbewußte Persönlichkeit blickt dem Betrachter direkt ins Gesicht.

Der Stich wurde von Schlesinger später auch als Beilage zu Notenausgaben benutzt. Die Bände wurden dann alternativ mit oder ohne Porträt zu unterschiedlichen Preisen verkauft, so etwa die Partiturausgabe der Weberschen Jubel-Kantate (JV 244) aus dem Jahr 1831 (VN: 1605, PN: 1285). Auch für den Klavierauszug des *Oberon* von 1826 (VN: 1376) ist ein solches Alternativ-Angebot nachweisbar[29]. Noch 1839 fand das Blatt als Subskriptions-Beilage zur Ausgabe der nachgelassenen Werke Webers bei Schlesinger Verwendung[30].

Das Jügelsche Bildnis war das erste, das Vorlage für eine größere Zahl weiterer Porträts wurde, die meisten dieser Blätter entstanden vor 1830. Dabei sind deutlich zwei unterschiedliche Überlieferungsstränge erkennbar. Der eine nimmt die gesamte Bildkonstellation Jügels auf, d. h. mit dem auf die Stullehne gelehnten Arm, so etwa ein anonymer englischer Stich von 1824[31], der anonyme Stich als Beilage zu *Johann Hübner's Zeitungs- und Conversations-Lexikon* von 1828[32] sowie der Stich von Friedrich Müller (1749 – 1825) mit ungünstig verkleinertem Bildausschnitt, veröffentlicht 1830 als Beilage zur Weber-Biographie in der Sammlung *Deutscher Ehren-Tempel*[33]. Der überwiegende Teil der Nachahmer reduziert den Bildausschnitt soweit, daß das Porträt mit Webers Schultern endet. Teils erkennt man an der Schulterhaltung noch die ursprüngliche Weiterführung des Bildes, so im Stich von T. Bradley, datiert: *Pub.[d] March 1, 1824*[34], aber auch im Falle des anonymen Aquarells, das sich im Goethe-Museum Düsseldorf befindet[35]. Oft sind jedoch beide Arme fallend dargestellt, in diese Traditionslinie ordnen sich ein: die Lithographien von Johann Stephan Decker (1783/84 – 1844) aus dem Lithographischen Institut Wien, von Adolph Friedrich

Kunike (1777 – 1838)[36] und von Oskar Neumann von 1876[37], der Stich von Heinrich E. von Winter (1788 – 1825), ein Stich von unbekannter Hand (spiegelbildliche Variante von Decker) aus dem Verlag August Cranz in Hamburg[38] sowie eine Lithographie von unbekannter Hand als Beilage zu Carl Ferdinand Beckers Weber-Artikel in der Publikation *Denkmäler verdienstvoller Deutschen des 18. und 19. Jahrhunderts*[39].

Die Lithographie von Kunike könnte Weber möglicherweise gekannt haben; am 5. Januar 1822 notierte er in sein Tagebuch: *Brief von Apitz nebst 6 Steindrükken meines Bildes erhalten.* Ein eindeutiger Nachweis, welches Porträt der Prager Freund Apitz hier übersandte, ist nach derzeitiger Quellenlage nicht möglich, allerdings ist die einzige in jener Zeit nachgewiesene, Weber darstellende Lithographie das in Wien entstandene Blatt Kunikes, das – wohl mit leichter Verspätung – 1823 im Hofmeister-Nachtrag unter den Neuerscheinungen der Monate Mai 1822 bis April 1823 angezeigt ist[40]. In Frage käme sonst nur das Decker-Porträt, das bislang nicht genau datiert werden kann.

Eine sehr schöne Nachbildung des Jügel-Stichs brachte Erwin Schwarz-Reiflingen als Beilage zu seiner Ausgabe der *Gitarrenlieder* von Weber 1924 bei Leuckart in Leipzig.

VIII/23 Brustbild mit leichter Wendung nach rechts, Gemälde von Caroline Bardua (**1821**)
Lit.: Walter Schwarz [d. i. Wanda von Dallwitz] (Hg.), a. a. O., S. 265f.; Laux, a. a. O., Nr. 106; Paczkowski, a. a. O., S. 76f.; Dagmar Beck, *Das Bild gefällt sehr… Anmerkungen zu Caroline Barduas Weber-Porträt*, in: *Weberiana* 5 (1996), S. 55 – 59

Den Kontakt zwischen Caroline Bardua (1781 – 1864) und Weber knüpfte möglicherweise der Berliner Weber-Vertraute Hinrich Lichtenstein, der mit Ernst Bardua, dem Bruder der Malerin, befreundet war. Anlaß für die Entstehung des Gemäldes war Caroline von Webers Namenstag am 4. November 1821, gleichzeitig der vierte Hochzeitstag der Webers. Webers Tagebuch überliefert nur den Termin einer einzigen Sitzung am 27. Juni 1821, die Erinnerungen der Schwester Wilhelmine Bardua sprechen hingegen von mehreren Sitzungen[41]. Da sich die Übersendung des Bildes verzögerte, scheiterte die geplante Überraschung zum Hochzeitstag; das Bild erhielt Weber laut Tagebuch erst am 9. November. Somit wurde der 19. November als Tag der Übergabe ausgewählt, im Tagebuch heißt es dazu: *Verlobungs und Geburtstäge. ich schenkte Lina das von der Bardua gemahlte Bild von mir.* Am 3. Dezember schrieb Weber an Lichtenstein: *Das Bild* [...] *wird sehr ähnlich gefunden* – möglicherweise war der Komponist selbst anderer Meinung? – und im Brief an Friederike Koch vom 24. Dezember bestätigte er: *Das Bild gefällt sehr.*

Das Porträt Webers, vor einem Fenster lehnend, das im Hintergrund eine bergige Landschaft unter hohem Himmel erkennen läßt, scheint uns Inbegriff eines romantischen Porträts: Webers Blick schweift versonnen am Betrachter vorbei in eine imaginäre Ferne. Das Gesicht zeigt alle genannten Charakteristika und ist doch deutlich geschönt. Barduas Tendenz zur Idealisierung zeigt sich besonders in der auffälligen Größe der Augen, die den Ausdruck intensiviert.

Das Bardua-Gemälde erlebte seinen »Siegeszug« erst im 20. Jahrhundert; seit den ersten fototechnischen Wiedergaben[42] erfreut es sich zunehmender Beliebtheit und »verdrängte« mehr und mehr das bis dahin favorisierte Porträt von Ferdinand Schimon aus dem Jahr 1825 – die »Weber-Ikone« des ausgehenden 19. Jahrhunderts[43]. Die späte Popularisierung verhinderte allerdings die Nachahmung oder Neugestaltung durch andere Künstler.

X/4 Brustbild in Dreiviertelansicht nach rechts, Stich von Carl August Schwerdgeburth nach einer Zeichnung von Carl Christian Vogel [von Vogelstein] (**1823**)

X/4

Lit.: Rapp, a. a. O., S. 7; Laux, a. a. O., Nr. 37; Paczkowski, a. a. O., S. 77 – 80; Martin Wehnert, *Das Persönlichkeitsbild des Musikers als ikonographisches Problem – andeutungsweise dargestellt am Beispiel Carl Maria von Weber*, in: *Musikalische Ikonographie* [*Hamburger Jahrbuch für Musikwissenschaft*, Bd. 12], Laaber 1994, S. 302

Am 3. Januar 1823 vermerkte Weber in seinem Tagebuch kurz: *zu Vogel*. Danach sind am 7., 10. und 14. Januar in schöner Regelmäßigkeit um 10.00 Uhr vormittags Termine bei Carl Christian Vogel (1788 – 1868, 1831 nobilitiert mit dem Zusatz »von Vogelstein«) dokumentiert. Am 15. Februar fuhr Weber gemeinsam mit seiner Frau für eine *lezte Sizzung* zum Maler. Die Zeichnung war von vornherein als Vorlage für eine Graphik von Carl August Schwerdgeburth (1785 – 1878) vorgesehen; Karl August Böttiger berichtete darüber im *Artistischen Notizenblatt* vom 31. Januar: *lange sahen wir nichts vollendeteres und lebenderes in der getroffensten Aehnlichkeit, als eine sehr ausgeführte Vorzeichnung, das Porträt unsers all überall genannten und gepriesenen K. Kapellmeisters, Carl Maria von Weber, welches Prof. Vogel in diesen Tagen für den wackern Kupferstecher Schwertgeburth in Weimar verfertigte, der darnach einen, hoffentlich bald nach der dießjährigen Ostermesse fertigen Kupferstich arbeiten und dadurch gewiß den Wunsch von Tausenden befriedigen wird. Denn wer wünschte sich nicht ein ganz charakteristisches Bild des Meisters zu besitzen,*) zu dessen Zaubertönen im Freischütz und in der Preciosa sich Jeder drängt, und nie satt wird, sie wieder zu hören*[44]. Die dazugehörige Fußnote*) vergleicht das neue Porträt mit dem sieben Jahre älteren Jügel-Bild, *welches damals für sehr ähnlich gehalten wurde, aber wohl noch Manches bei der Ausführung zu wünschen übrig ließ*[45].

Der Weimarer Hof-Kupferstecher setzte sich Anfang 1823 wegen der Gestaltung des geplanten Stichs mit Weber in Verbindung – sein diesbezügliches Schreiben erhielt der Komponist am 24. Januar. Webers Antwortbrief vom 3. Februar zufolge hatte Vogel angeregt, als Bildunterschrift das Faksimile von Webers Namenszug zu verwenden. Die Idee zur zusätzlichen Unterlegung eines Weberschen Wahlspruches lieferte Karl August Böttiger, Weber stand diesem Vorschlag zunächst noch skeptisch gegenüber[46]. Eine *Retouchir Sizung* bei Vogel, die Weber am 22. Juni 1823 in seinem Tagebuch festhielt, deutet auf die enge Zusammenarbeit des Weimarer Stechers mit dem Dresdner Maler hin, der hier wohl einen Probeabzug des Stichs überarbeitete. Diese Vermutung wird durch eine weitere Notiz Böttigers bestätigt, der im Juli 1823 wiederum im *Artistischen Notizenblatt* berichtet, Schwerdgeburth habe nach Vogels *wahrhaft gelungener Vorzeichnung, wozu ihm* [Vogel] *Weber selbst mehrfach gesessen hat, seinen Stich ausführen und zudem nach einer spätern Retouche, wozu der Maler noch eine Sitzung nahm*, das Porträt überarbeiten können[47]. Etwa Mitte Juli dürfte das Blatt fertig gewesen sein; am 19. Juli verzeichnete Weber in seinen Tagesnotizen einen *Brief von Schwertgeburt nebst 6 Ex.*[*emplaren*] *meines Portraits.*

Böttiger wurde nicht müde, das Bildnis in den höchsten Tönen zu preisen. In seiner Ankündigung vom Juli 1823 spricht er von *einem vollkommen-ähnlichen, uns mit aller Genialität des Tonsetzers, mit aller characteristischen Feinheit und Biederkeit des Menschen ansprechenden Portrait, dessen höchst geschmackvolle Ausführung* den Stecher *als einen verständigen und fühlenden Künstler* ausweise. Der Berichterstatter schreibt weiter: *Ueber alles anmuthig ist das beim Meister selbst eben so bewegliche, als ausdruckvolle Muskelspiel unter den Wangen und um die feingeöffneten Lippen* [...] *und die Inspiration in der ganzen Augenrichtung.* Dazu führt er aus: *Mit der feinsten Berechnung pflegt Vogel den Theil vom Hals bis zur Brust, was man eigentlich il busto nennt, zu behandeln. So wird jeder auf dem ersten Blick bloß durch die Stellung und Wendung, die er diesen Theilen bei Weber zu geben wußte, auch auf seine ganze Corporatur und Taille den richtigsten Schluß machen können.* Und schließlich heißt es: *Doch wozu hier Worte, die, als der Freundschaft entquollen, leicht der Partheilichkeit bezüchtigt werden könnten. Man schaue selbst! Auf dringendes Verlangen des Kupferstechers schrieb Maria von Weber seinen Namen mit dem wahrlich nicht frömmelnden, aber doch sein Innres ganz erschließendem Sinnspruch: »w i e G o t t w i l l« und so steht es nun als echtes Fac-Simile zunächst unter dem Bilde, welches von dem Künstler der Frau Erbgroßherzogin von Weimar, Maria Paulowna, Kaiserl. Hoheit, zugeeignet worden ist*[48].

Der Leipziger Buch- und Kunsthändler Ernst Fleischer »rührte kräftig die Werbetrommel« für das neue Porträt. In mehrere vielgelesene Zeitschriften ließ er eine mit *Juli 1823* datierte Anzeige einrücken, so etwa in die *Zeitung für die elegante Welt* vom 19. August: *Nach einer höchst gelungenen Original-Zeichnung des Herrn Prof. Vogel in Dresden, ist von der Meisterhand des Weimarischen Hofkupferstechers, Herrn C. A. Schwerdgeburth, ein sprechend ähnliches Brustbild des Königl. Sächsischen Kapellmeisters MARIA VON WEBER so eben vollendet worden*[49]; Fleischer nennt auch den Preis *von Einem Thaler Conv. M. oder 1 Gulden 43 Kr. rhein. (Abdrücke avant-la-lettre kosten das Doppelte).* Schon am 23. September 1823 konnte Weber seiner Frau nicht ohne Stolz aus Wien berichten: *Mein Kupferstich hängt auch hier schon in allen Kunsthandlungen in goldenen Rahmen.*

Vogels Bild, bekanntgeworden fast ausschließlich durch den Schwerdgeburth-Stich, zeigt die prägenden Charakteristika der Weberschen Physiognomie mit größter Deutlichkeit, vielleicht sogar etwas übertrieben, wodurch ein unharmonischer Eindruck des Gesichts entsteht. Im Vergleich zur Zeichnung von Christian Horneman aus dem Jahr 1820[50] attestierte Jähns dem Porträt *einen übertriebenen Realismus* [...], *der leicht an das Carrikirte streift.* Karl August Böttiger dagegen rühmte die Vogel-Zeichnung wegen *der vollkommen-ähnlichen* Darstellung (s. o.), und auch der Weber-Schüler Julius Benedict bezeichnete den Schwerdgeburth-Stich als *sehr ähnlich.*

Benedict beendet seinen Brief an den Leipziger Verleger Peters vom 22. Juli 1823 mit dem Hinweis: *Hr: Schlesinger ärgert sich entsetzlich über den jetzt erschienenen Kupferstich von Schwerdgeburth das sehr ähnliche Portrait Webers – da er selbst noch eine Menge Exemplare des von Jügel gestochenen Bildes hat die er nun schwerlich wird verkaufen können.* Und dieser Ärger war durchaus berechtigt, Schlesinger verlor mit Erscheinen des Schwerdgeburth-Stiches nicht nur die publizistischen »Exklusiv-Bildrechte« an Weber – das 1804 von Eder und Gombart verlegte

Lange/Neidl-Blatt dürfte längst vergriffen gewesen sein –, das neue Porträt wurde auch ungleich erfolgreicher als der Jügel-Stich, es war im zweiten Viertel des 19. Jahrhunderts der unumstrittene Favorit unter den Weber-Bildnissen.

Nach der Vorlage Schwerdgeburths entstand – hervorgerufen durch die große Popularität und diese gleichzeitig steigernd – eine Vielzahl von Neufassungen. Die wenigsten darunter entwickeln eine gewisse Eigenständigkeit wie z. B. die bekannte Lithographie von Gustav Heinrich Gottlob FECKERT (1820 – 1899) aus dem Verlag Schlesinger (Berlin) von 1847/48, der ein Faksimile aus dem *Freischütz* (»Leise, leise fromme Weise«) unterlegt wurde; Webers Gesichtszüge werden hier ins »Liebliche« geschönt[51]. Die Beliebtheit des ebenso auf Schwerdgeburth zurückzuführenden Stichs von Albert Henry PAYNE (1812 – 1902) resultiert wohl weniger auf Porträt-Ähnlichkeit – Weber schaut hier etwas »betreten« in die Welt – als vielmehr aus dem hübschen Kranz von *Freischütz*-Szenen, die das Bild umrahmen[52].

Nachfolgend sei eine Auswahl weiterer Vogel/Schwerdgeburth-Nachfolger zusammengetragen: ein Stich von Henry ADLARD (nachgewiesen zwischen 1828 und 1869), eine Lithographie von DUCARME (um 1830), herausgegeben von Blaisot, ein Stich von Friedrich FLEISCHMANN (1792 – 1834) aus dem Verlag Gebrüder Schumann in Zwickau von ca. 1825[53], eine Lithographie von Maxim GAUCI (1774 – 1854) aus dem Londoner Verlag T. Boosey & Co., eine Lithographie von Angelo GENTILI (vor 1826 – nach 1840) aus dem Verlag Bolzani, eine Xylographie von Eduard HALLBERGER von ca. 1861[54], eine Lithographie von F. B. VAN HOVE (um 1830), eine Lithographie der Lithographischen Anstalt von J. LA RUELLE in Aachen von 1851 (Verlag H. Benrath u. Vogelgesang, Aachen)[55], ein Stich (I) von Carl MAYER (1798 – 1868) von ca. 1830[56], eine Radierung von Albert ROSENTHAL (1863 – 1939) aus Philadelphia von 1890, eine Lithographie von I. STEINMETZ aus dem Verlag C. E. Klinkicht in Meißen (mit Faksimile von Webers eigenhändiger Niederschrift des Liedes *Schmerz* JV 274), eine Lithographie von UCKERMANN aus Erfurt, ein Stich von Josef WEGER (1782 – 1840) und Johann Paul SINGER (1823 – nach 1846) aus dem Leipziger Verlag Gustav Mayer, eine Lithographie von Fredrik Emanuel WERNER von ca. 1830[57], ein Stich von WOOLNOTH (Thomas oder dessen Bruder William) aus dem Londoner Verlag Dean & Munday von 1826, ein Stich von unbekannter Hand von 1827[58] sowie Lithographien von unbekannter Hand aus dem Verlag Oehme & Müller in Braunschweig[59], aus dem Verlag L. Holle in Wolfenbüttel (ca. 1857/58)[60] und ohne Verlagsangabe[61].

Auch ein Ölgemälde von unbekannter Hand aus Dresdner Privatbesitz[62] reiht sich in diese Traditionslinie ein, wenn hier auch zusätzlich Anklänge an weitere Bilder (z. B. Cawse, s. u.) zu vermuten sind. Eine anonyme Miniatur auf Elfenbein mit der Signatur »HS«, 1908 bei Stargardt versteigert[63], verfälscht die Vorlage sehr stark. Das unbezeichnete Frontispiz der von Ernst Pauer betreuten Ausgabe von Klavierwerken Webers bei Augener & Co.[64] schließt nur mittelbar an Schwerdgeburth an, hier ist eindeutig die »rundlichere« Feckert-Lithographie als Vorlage zu bestimmen; ebenso bei einem Stich von MERCKEL aus dem Jahr 1855[65].

Eine besondere Variante des Schwerdgeburth-Bildes, die einen eigenständigen Überlieferungsstrang begründete, geht auf die Lithographie von Eduard EICHENS (1804 – 1877) aus dem Jahr 1826 zurück, sie erschien als Beilage zu Carl Friedrich Rungenhagens Weber-Biographie[66]. Der mit Weber gut bekannte Rungenhagen spricht in einer mit 1. Juli 1826 datierten Anzeige von einem *sehr ähnlichen Bildnisse*[67] – freilich ist dieser auf Werbung für seine Biographie bedachten Äußerung kein allzu hoher Wert beizumessen. Eichens übernimmt im wesentlichen das Porträt nach Vogel, ergänzt aber einen Umhang mit schmückender Kordel. An Eichens' Fassung orientieren sich viele spätere Blätter. In die Vogel/Schwerdgeburth/Eichens-Nachfolge einzuordnen sind: die Lithographie von Anton BAYER (1805 – 1884) von 1828[68], der Stich von Johann Martin ESSLINGER (1793 – 1841) von 1836[69] sowie die beiden Stiche von Carl MAYER zuerst (II) aus dem Verlag Schuberth & Co. (Hamburg, Leipzig, New York)[70] und später (III) aus dem Verlag Chr. E. Kollmann in Leipzig. Völlig verunglückt ist die Lithographie nach Eichens auf dem Titel der Ausgabe des Weber zugeschriebenen *Dernière pensée musical* im Verlag Schott von 1829 (VN: 3111).

Einen französischen »Ableger« nach Eichens begründete Ludwig Theodor ZOELLNER (1796 – 1860). Zoellner war 1824 – 1826 in Dresden Schüler Vogels; 1826 – 1829 hielt er sich in Paris auf. Die Zeichnung Zoellners, die als Lithographie von Bove vom Pariser Verlag Franck veröffentlicht wurde[71], zeigt seitenverkehrt die Bildfassung von Eichens: das Vogel/Schwerdgeburth-Porträt mit Umhang und Kordel, ergänzt durch einen Wolkenschleier. Trotz der direkten Verbindung Zoellners zu Vogel geht die »Umhang-Variante« des Vogel-Porträts sicher auf Eichens zurück, jedenfalls ist dessen Lithographie mit 1826 genau zu datieren. Die Lithographie nach Zoellner scheint hingegen erst 1827 entstanden zu sein[72]. Sie erschien später auch als Frontispiz zum Bd. 1 der Weber-Sammlung *Collection complète des Oeuvres*, herausgegeben von der Société pour la publication de Musique classique et moderne in Paris um 1835[73]. Auf Zoellner beruft sich die Lithographie von Jean ENGELMANN (1816 – 1876). Wahrscheinlich war dieselbe Vorlage auch Anregung für die Lithographie von Alfred LEMOINE (1824 – 1881)[74].

Eine die Eichens-Version stark verändernde, besonders hinsichtlich der Gesichtszüge stark korrumpierte Fassung schuf Jules NOGUÈS (1809 – nach 1844) mit seiner Lithographie von 1832. Der Mantel mit Kordel fand auch Eingang in das obskure Gemälde von Sir George HAYTER (1792 – 1871) von 1829[75], das ansonsten jedoch als »freie Phantasie« über einzelne physiognomische Auffälligkeiten (etwa die markante Nasenpartie und die längliche Gesichtsform) betrachtet werden kann. Eine weitere Variation nach Eichens stellt das geschönte Gemälde von Ernst HADER dar, das der Berliner Verlag Sophus Williams als Foto vertrieb[76].

Im Gegensatz zum außerordentlichen Bekanntheitsgrad des Schwerdgeburth-Stichs blieb Vogels Zeichnung (Landesbibliothek Weimar) lange Zeit vergessen. In der Weber-Literatur wurde sie erstmals in Hans Schnoors Buch *Weber. Gestalt und Schöpfung* veröffentlicht[77].

XII/2

XII/2 Brustbild nach rechts, Lithographie von Richard James LANE nach dem Gemälde von John CAWSE (**1826**)
Lit.: Rapp, a. a. O., S. 9; Laux, a. a. O., Nr. 135; Paczkowski, a. a. O., S. 81

Webers Tagebuch und seine Briefe aus London erwähnen keinerlei Begegnungen mit dem Maler John Cawse (ca. 1779 – 1862) oder Sitzungen für ein neues Porträt. Den Kontakt könnte möglicherweise die Namensvetterin Harriet Cawse – vielleicht eine Verwandte des Malers? – hergestellt haben; die Sängerin hatte im Laufe der Proben zu *Oberon* die ursprünglich für einen Knaben vorgesehene Partie des Puck übernommen. Auch wenn dokumentarische Quellen fehlen, ist an einer Entstehung des Bildes in den drei Monaten vor Webers Tod kaum zu zweifeln. Ein ehemals auf der Rückseite des Ölbildes (London, Royal College of Music, Department of Portraits and Performance History) befestigter, heute abgelöster Zettel gibt eine ungefähre Datierung: *painted in London, between March 14th and June 5th 1826*. Die Herkunft aus dem Besitz von Webers Londoner Gastgeber, Sir George Thomas Smart[78], dient als zusätzlicher Beleg für die Authentizität.

Cawse war ein geübter Porträtmaler, er hatte seit 1801 viele Porträts von Schauspielern geschaffen, wurde daneben aber auch als Maler von Pferde- und Rennplatzbildern, historischen Genrebildern sowie Darstellungen nach literarischen Vorlagen bekannt. Das Gemälde, das als eines der wenigen Porträts Weber mit Brille zeigt[79], deutet – besonders durch die Lichtführung, die die eingefallenen Wangen betont, – auf den bereits stark verschlechterten Gesundheitszustand des Komponisten hin. Die Haltung ist vornehm, die Kleidung repräsentativ, aber Weber wirkt kränklich und deutlich gealtert.

Bekannt wurde das Cawse-Bild überwiegend durch die Lithographie von Richard James Lane (1800 – 1872), die im Londoner Verlag von William Hawes erschien. Dieser Vorlage folgen sicherlich alle weiteren Fassungen: die Lithographien von Fr. Hecht von 1872, gedruckt von C. Böhm in Berlin[80], von Maximilian Knäbig (1804 – nach 1876) aus dem Jahr 1848[81], von William P. Sherlock (geb. ca. 1775/80)[82], entstanden wohl noch 1826, sowie die Lithographie mit Widmung an Caroline von Weber von F. Heine, die ab 1839 von der königlichen Hof-Musikalien-Handlung C.F. Meser in Dresden vertrieben wurde[83].

XII/3 Totenmaske (**1826**)
Lit.: Rapp, a. a. O., S. 9; Laux, a. a. O., Nr. 136

Die Tatsache, daß Weber in London 1826 eine Totenmaske abgenommen worden war, blieb der Familie lange Zeit unbekannt, zumal der *Freimüthige* vom 20. Juni 1826 fälschlich gemeldet hatte: *Es war der Wunsch mehrerer seiner Freunde, einen Abguß seines Gesichts zu haben, um darnach eine Büste verfertigen zu lassen. Ein Künstler fand sich auch ein, die Todtenmaske zu formen; der Sarg war aber schon verschlossen*[84]. Erst als Max Maria von Weber während seiner Reise nach England 1844 in London auch das Sterbezimmer seines Vaters im Hause von Sir George T. Smart besuchte, wurde ihm ein Abguß überreicht. Caroline von Weber berichtete an die Familie Jähns darüber: *Max hat auch eine Maskenbüste des Vaters geschenkt bekommen, welche damals über seiner Leiche gemacht wurde, wovon wir nie etwas erfahren hatten. Max schreibt mit Enthusiasmus davon und ist ganz entzückt von seines Vaters Zügen*[85].

Dieser Abguß, der 1860 durch ein kommerziell vertriebenes Foto der Gebrüder Schwendler aus Dresden[86] und eine danach gestaltete Illustration in der Leipziger *Illustrirten Zeitung*[87] größere Bekanntheit erlangte, befindet sich noch immer in Familienbesitz; zusätzlich blieben etliche Duplikate in öffentlichen Sammlungen erhalten. Das erste – das ausgestellte Exemplar – wurde für Friedrich Wilhelm Jähns angefertigt, der die Maske 1847 erstmals in Augenschein nehmen konnte[88], und kam 1881 mit dessen Weber-Sammlung in die Berliner Bibliothek. Nach 1881 ließ Max Maria von Weber erneut einen Abguß für Jähns anfertigen, der nach dessen Tod (1888) von Max Jähns dem Dresdner Körner-Museum übereignet wurde[89]. Die heute in Dresden aufbewahrten Exemplare – in der Skulpturensammlung der Staatlichen Kunst-

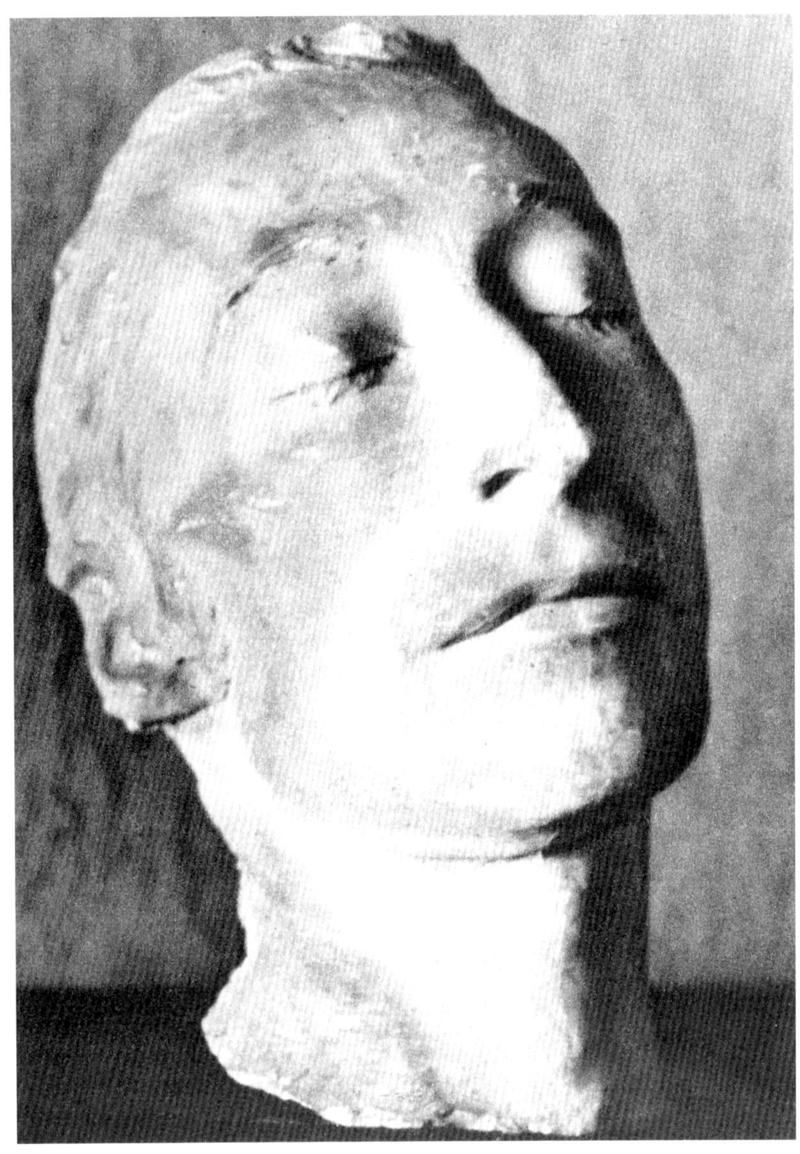

XII/3

sammlungen (ASN 1046) und im Hosterwitzer Weber-Museum (Inv.-Nr. 1956/98) – lassen sich wohl entweder direkt auf den Abguß in Familienbesitz oder auf das Duplikat aus dem Körner-Museum zurückführen. Ein weiteres Exemplar, 1984 durch die Berliner Bibliothek von Wolfgang Schünemann aus dem Nachlaß seines Vaters Georg Schünemann erworben (N. Mus. P 36), dürfte ein Abguß der gezeigten Maske sein, den Georg Schünemann in seiner Amtszeit als Musikabteilungsleiter der Staatsbibliothek (1935 – 45) hatte anfertigen lassen.

Auch die Totenmaske ist in der Weber-Ikonographie nicht ohne Einfluß geblieben. So zeigt das melodramatische Bild von Nicaise DE KEYSER (1813 – 1887) *Webers letzte Augenblicke*, das der Belgier 1856 zugunsten der Errichtung des Dresdner Weber-Denkmals ausstellte[90], eine deutliche Bezugnahme auf dieses Dokument. Natürlich dürfte die Maske vorrangig als Vorlage für plastische Arbeiten herangezogen worden sein. Dokumentarisch belegt ist dies für die Büste von Josephus John Pinnix KENDRICK (1791 – 1832) aus dem Jahr 1826[91], die *Times* berichtet über den Entwurf zu diesem Werk: *In point of likeness the work is excellent, which is the more remarkable, because the artist never saw Weber, and has been assisted only by the plaster-cast which was taken from his face after death. We have seen this, and it is really surprising the little alteration which death has made in the features*[92]. Möglicherweise steht diese Büste auch in Zusammenhang mit dem Modell zu einer nicht ausgeführten Weber-Statue für St. Paul's Cathedral, das Kendrick 1828 in den Suffolk Street Galleries ausstellte[93].

Auch für das Dresdner Weber-Monument von Ernst Friedrich August RIETSCHEL (1804 – 1861) von 1858/60 käme die Maske als Anregung in Betracht[94]. F. W. Jähns besuchte im August 1858 das Atelier Rietschels und konnte bereits den Kopf der Statue betrachten. Begeistert beschrieb er ihn als *ausgezeichnet schön und vortrefflich*. Freilich ist das Werk nicht frei von idealisierenden Tendenzen, wie auch Jähns zu erkennen gibt: *Der Kopf ist höchst ähnlich und dabei sind die so oft in Webers Bildnissen hervortreten-*

den unedlen Dinge vollkommen vermieden, im Gegenteil: es ist ihm ein eigentümlicher Adel eingehaucht und ihm zugleich der Ausdruck eines begeistert nach oben Lauschenden gegeben[95].

Die Büste von Hugo HAAGEN (auch Hagen, 1818 oder 1820 – 1871), einem Schüler Ludwig Wilhelm Wichmanns und Gehilfen Christian Daniel Rauchs, die in den 1860er Jahren in der Gipsformerei der Gebrüder Aurelio und Eduard Micheli in Berlin hergestellt wurde[96], knüpft gleichfalls nicht an die authentische Plastik von Gottlob Ernst Matthäi aus dem Jahr 1824[97] an, sondern scheint vielmehr von der Totenmaske auszugehen, freilich nicht kopierend; das hagere Gesicht der Maske ist hier wieder fülliger und »lebendiger« geworden. Ein Exemplar der Haagen-Büste befindet sich in der Musikabteilung der Staatsbibliothek zu Berlin (ohne Signatur), ein Abguß danach ist im großen Saal des Berliner Konzerthauses (Schauspielhaus) aufgestellt. Schließlich wäre auch die Büste von Paul PETERICH (1864 – 1937) auf dem Eutiner Weber-Denkmal von 1890 unter die von der Totenmaske beeinflußten jüngeren Arbeiten zu zählen.

Anmerkungen

1 Ein herzlicher Dank gilt meiner Kollegin, Frau Eveline Bartlitz, die mir für die vorliegenden Betrachtungen ihre umfangreiche Materialsammlung zur Weber-Ikonographie zur Verfügung stellte.

2 Von dieser Zeichnung existieren zwei Fassungen, eine Ausführung in Bleistift im Besitz der Royal Society of Musicians in London sowie eine Federzeichnung im Besitz des Royal College of Music, London, Department of Portraits and Performance History. Als Urheber käme möglicherweise ein Mitglied der Familie Hayter, etwa George oder sein jüngerer Bruder John Hayter, in Betracht; nach freundlicher Auskunft von Kurator Oliver Davies vom Royal College of Music.

3 Franz Rapp, *Ein unbekanntes Bildnis Carl Maria von Webers*, Stuttgart 1937.

4 Karl Laux, *Carl Maria von Weber*, Leipzig, 1. und 2. Auflage 1978, 3. Aufl. 1989.

5 Hermann Gehrmann, *Carl Maria von Weber*, Berlin 1899; Wilhelm Kleefeld, *Carl Maria von Weber*, Bielefeld und Leipzig 1926; Erwin Kroll, *Carl Maria von Weber*, Potsdam 1934; Erwin Kroll, *Carl Maria von Weber. 1786 – 1826. Sein Leben in Bildern*, Leipzig 1936; Günter Hausswald (Hg.), *Carl Maria von Weber. Eine Gedenkschrift*, Dresden 1951.

6 Renate Paczkowski, *Carl Maria von Weber in zeitgenössischen Bildnissen*, in: *Carl Maria von Weber. Werk und Wirkung im 19. Jahrhundert. Ausstellung der Schleswig-Holsteinischen Landesbibliothek* [Katalog], Kiel 1986, S. 72 – 83.

7 Walter Schwarz [d. i. Wanda von Dallwitz], *Jugendleben der Malerin Caroline Bardua. Nach einem Manuscript ihrer Schwester Wilhelmine Bardua*, Breslau 1874, S. 266.

8 Caroline Pichler, *Denkwürdigkeiten aus meinem Leben*, Bd. 3, Wien 1844, S. 162.

9 Marie Börner-Sandrini, *Erinnerungen einer alten Dresdnerin*, Dresden 1876, S. 75f.

10 Frances Ann Kemble, *Record of a Girlhood*, Bd. 1, London 1879, S. 158.

11 Manuskript: Berlin SBB, Weberiana Cl. V [Mappe XVIII], Abt. 4 B, Nr. 14 H, S. 10; mit Änderungen gedruckt in: Friedrich Baser, *Mannheim-Heidelberger Freundschaft zur Zeit der Romantik. Karl Maria von Weber und Freiherr Alexander von Dusch*, in: *Die Musik* (Berlin), Jg. 26, Nr. 4 (Januar 1934), S. 278f.

12 Carl Gustav Carus, *Denkwürdigkeiten aus Europa*, hg. von Manfred Schlösser, Hamburg 1963, S. 251.

13 Vgl. Heinrich Heine, *Werke und Briefe in zehn Bänden*, hg. von Hans Kaufmann, Berlin 1961, Bd. 3 (*Reisebilder*), S. 519.

14 MMW II, S. 48.

15 Ein J. A. von Arand – möglicherweise ein Mitglied der Familie – trug sich am 5. April 1803 in Augsburg zweimal in Webers Stammbuch ein (Staatsbibliothek zu Berlin, Mus. ms. theor. C. M. v. Weber WFN 5; auf Bl. 97r/v ein scherzhaftes *Arioso*, auf Bl. 113v ein »Sinnspruch«), eine weitere Begegnung mit einem Herrn von Arand dokumentiert Webers Tagebuch für den 15. Oktober 1811.

16 [Joseph Lange,] *Biographie des Joseph Lange. K. K. Hofschauspieler*, Wien 1808, S. 207.

17 Ernst Ludwig Gerber, *Neues historisch-biographisches Lexikon der Tonkünstler*, 4. Teil, Leipzig 1814, Sp. 731.

18 Vgl. *Verzeichniss der im Jahre 1881 erschienenen Musikalien* […], Leipzig: Hofmeister, S. 298.

19 Katalog-Manuskript: Berlin SBB, Mus. ms. theor. Kat. 840, S. 160. Im Ausstellungskatalog *Musik in Heidelberg 1777 – 1885* [Ausstellung des Kurpfälzischen Museums der Stadt Heidelberg], Heidelberg 1985, S. 291 (Nr. 117) stellt Ursula Reichert die Übergabe des Medaillons an Gottfried Weber in Verbindung mit Webers Darmstädter Konzert am 6. Februar 1811 (S. 82), leider ohne Quellenbeleg, wogegen die Katalogbeschreibung (S. 291) davon ausgeht, Gottfried Weber habe das Bild bereits 1810 erhalten.

20 Erwin Kroll (1936), a. a. O., Tafel 18 (rechts); Theodor Zenker, *Carl Maria von Weber. Zu seinem 150. Geburtstag am 18. Dezember 1936*, in: *Skizzen*, Jg. 10, Heft 12 (Dezember 1936), S. 7.

21 Miniatur von 1809 (Dresden-Hosterwitz, Weber-Museum, Inv.-Nr. 1986/k 263); zugeschrieben Johann Leonhard Knauscher, vgl. *Musik in Heidelberg 1777 – 1885*, a. a. O., Nr. 118, Abb. S. 75, Text S. 291.

22 MMW I, S. 191f.

23 *Berlinische Nachrichten von Staats- und gelehrten Sachen*, 1816, Beilage zu Nr. 145 (3. Dezember).

24 *Handbuch der musikalischen Litteratur* […] *Erster Nachtrag*, Leipzig: Meysel, 1818, S. 70.

25 Leo von Lütgendorff, a. a. O., S. 13.

26 MMW I, S. 50; danach wurde die Ende des Jahres 1798 in München geschlossene Verlobung um den Jahreswechsel 1799/1800 wieder gelöst. Vermutlich wollte Franz Anton von Weber nach dem Tod seiner zweiten Frau Genovefa am 13. März 1798 seine jüngste Tochter, die erst am 14. Juni 1797 geborene Maria-Adelheid-Antonette, versorgt wissen und ging daher die Verlobung mit der Witwe ein. Nach dem Tod des Kindes im Dezember 1798 waren die pragmatischen Gründe für eine Versorgungsgemeinschaft nicht mehr gegeben.

27 Nachweis vgl. Anm. 15, Eintragungen auf Bl. 67r (Ferdinand von Lütgendorff, dazu eine Zeichnung auf Bl. 66v) und Bl. 73r (Karl Friedrich August von Lütgendorff).

28 Vgl. bei Paczkowski, a. a. O., S. 73.

29 Vgl. die Anzeige in: *Berlinische Nachrichten von Staats- und gelehrten Sachen*, 1826, Nr. 186 (11. August).

30 Vgl. Subskriptionsaufruf in: *Musikalisch-literarischer Monatsbericht neuer Musikalien, musikalischer Schriften und Abbildungen für das Jahr 1838*, Leipzig: Fr. Hofmeister, Nr. 11, S. 159.

31 Mit Angabe: *Published Nov.r 1. 1824 for La Belle Assamblée N.° 194.*

32 31. Auflage, hg. von F. A. Rüder, Bd. 4, Leipzig: Gleditsch, 1828, Einlage nach S. 886.

33 Bd. 11, hg. von Wilhelm Hennings, Verlag Hennings, Gotha 1831, Einlage vor S. 31. Laut Notiz auf der letzten Seite des vorhergehenden Bandes war die Biographie mit Porträt ursprünglich für Bd. 10

von 1829 vorgesehen; erstaunlicherweise ist sie in diesem Jahr auch bereits angezeigt in: *Musikalisch-literarischer Monatsbericht neuer Musikalien, musikalischer Schriften und Abbildungen für das Jahr 1829*, Leipzig: Whistling, Nr. 11/12, S. 98.

34 Beilage zu: *The Harmonicon. A Journal of Music*, Jg. 2, Nr. 14 (Februar 1824), Verlag Samuel Leigh, London.

35 Vgl. Paczkowski, a. a. O., S. 74, Abb. 36.

36 Verlag Kunike, Wien; Vertrieb über Steiner und Comp., Wien; angezeigt in: *Handbuch der musikalischen Literatur* [...] *Sechster Nachtrag*, Leipzig: Hofmeister, 1823, S. 82.

37 Frontispiz zu: *Carl Maria von Weber. Ein Lebensbild*, Leipzig: Röhl, 1876 [ohne Verfasserangabe].

38 Angezeigt in: *Handbuch der musikalischen Literatur* [...], Leipzig: Whistling, 1828, S. 1158.

39 Bd. 3, Leipzig: Fest, 1829, Einlage vor S. 79.

40 *Handbuch der musikalischen Literatur* [...] *Sechster Nachtrag*, Leipzig: Hofmeister, 1823, S. 82.

41 Walter Schwarz, a. a. O., S. 265f.

42 Leopold Schmidt, *Meister der Tonkunst im neunzehnten Jahrhundert. Biographische Skizzen*, Berlin 1908, Tafel nach S. 48; Max Maria von Weber, *Carl Maria v. Weber. Ein Lebensbild*, hg. von Rudolf Pechel, Berlin 1912, Tafel 1 = Frontispiz; Ernst Bücken, *Die Musik des 19. Jahrhunderts bis zur Moderne* (*Handbuch der Musikwissenschaft*), Potsdam 1929, Tafel IV (erstmals in Farbe).

43 Laux, a. a. O., Nr. 112.

44 *Artistisches Notizenblatt* (Beilage zur Dresdner *Abend-Zeitung*), Nr. 2 (31. Januar 1823), S. 5f.

45 a. a. O., S. 5. Versehentlich ist hier der Jügel-Stich mit dem Bardua-Gemälde verwechselt, die Anmerkung beginnt: *Schon vor 4 Jahren erschien ein Kupferstich nach Maria von Webers Porträt, von der Demois. Bardua in Berlin*; allerdings war zum einen vier Jahre zuvor (1819) die Entstehung des Gemäldes noch nicht einmal geplant, zum anderen erschien zu Webers Lebzeiten keinerlei graphische Neufassung des Bardua-Porträts.

46 Es existieren sowohl Exemplare des Stichs mit Faksimile des Namenszuges und des Weber-Spruches *Wie Gott will*! sowie mit Widmung an Maria Pavlovna, Erb-Großherzogin von Sachsen-Weimar, als auch Exemplare des Porträts ohne diese Zusätze.

47 *Artistisches Notizenblatt* (Beilage zur Dresdner *Abend-Zeitung*), Nr. 13 (24. Juli 1823), S. 52.

48 a. a. O., S. 52.

49 Jg. 23, Intelligenzblatt 11.

50 Vgl. Paczkowski, a. a. O., S. 75f. sowie Frank Ziegler, *... in schmucklosester Wahrheit vorgetragen. Christian Hornemans Weber-Porträt von 1820*, in: *Weberiana* 6 (1997), S. 58 – 63.

51 Laux, a. a. O., Nr. 87; angezeigt in: *Musikalisch-literarischer Monatsbericht neuer Musikalien, musikalischer Schriften und Abbildungen für das Jahr 1848*, Berlin: Trautwein, Nr. 2, S. 35. Die mit [18]47 datierte Lithographie erschien später auch als Frontispiz zur Partitur-Erstausgabe des *Freischütz* bei Schlesinger in Berlin (VN: S. 3512) im Juli 1849.

52 Laux, a. a. O., Nr. 84.

53 Angezeigt in: *Handbuch der musikalischen Literatur* [...] *Neunter Nachtrag*, Leipzig: Whistling, 1826, S. 63.

54 Als Illustration in: *Die Illustrirte Welt*, Heft 6 (1861), Stuttgart: Hallberger, S. 172; nochmals als Frontispiz zu: Heinrich Adolf Köstlin, *Carl Maria von Weber. Friedrich Silcher*, Stuttgart: Levy & Müller, 1877.

55 Angezeigt in: *Musikalisch-literarischer Monatsbericht neuer Musikalien, musikalischer Schriften und Abbildungen für das Jahr 1851*, Leipzig: Hofmeister, Nr. 3, S. 54.

56 Zuerst in: *Denkmal den berühmten musikalischen Künstlern Mozart, Beethoven, Hummel, Kalkbrenner, Field, Weber, Ries, Moscheles, Czerny geweiht*, Leipzig, Hamburg, Itzehoe: Schuberth & Niemeyer

[um 1830], Einlage vor S. 25; nochmals erschienen als Beilage zu August Gathy (Hg.), *Musikalisches Conversations-Lexikon*, 2. Aufl., Hamburg: Niemeyer, 1840 (vor S. 501); vertrieben auch als Einzelblatt vom Verlag Schuberth & Niemeyer, Hamburg und Itzehoe.

57 In der Klavierauszug-Ausgabe der *Oberon*-Ouvertüre des Verlags C. Müller, Stockholm (ohne VN, ca. 1830, hier angegeben: F. Verner).

58 Auf dem Titelblatt der *Allgemeinen Musikalischen Zeitung*, Jg. 29 (1827), Leipzig: Breitkopf & Härtel.

59 Aus: *Gallerie berühmter Tonkünstler alter und neuer Zeit*, 2. Lieferung; Jähns bezeichnete sein Exemplar (Weberiana Cl. VIII, H. 1, Nr. 28) als *Wohl das Schlimmste!* unter den Weber-Porträts seiner Sammlung.

60 Subskribenten-Beilage zur sogenannten Weber-*Gesammtausgabe*, herausgegeben von H. W. Stolze (zu Bd. 2 sowie zu Bd. 3, Heft 1, 3 und 4).

61 Auf dem Blatt unter dem Porträt die Zählung »II. 15.« (links) sowie »B. I.« (rechts).

62 Vgl. Laux, a. a. O., Nr. 48 und Paczkowski, a. a. O., S. 79.

63 Auktions-Katalog Sammlung Fritz Donebauer, Nr. 1016 mit falscher Angabe der Signatur »J. St.«, Abb. auf Tafel 3; in der Signatur steht das »S« zwischen den Vertikalstrichen des »H«.

64 *The Complete (23) Piano solo works by C. M. von Weber*, hg. von Ernst Pauer, London: Augener & C° (3. Ausgabe, VN: 9).

65 Frontispiz zu: *C. M. von Weber. Eine Biographie*, Kassel: Balde, 1855 [ohne Verfasserangabe]; nochmals verwendet als Frontispiz zu: *C. M. von Weber* (*Meister der Tonkunst in Biographien geschildert*), Leipzig: Pfeil, 1879 [ohne Verfasserangabe].

66 [Carl Friedrich Rungenhagen,] *Nachrichten aus dem Leben und über die Musik-Werke Carl Maria von Weber's*, Berlin: T. Trautwein, 1826; das Blatt wurde vom selben Verlag auch als Einzelblatt angeboten, vgl. die Anzeige in: *Handbuch der musikalischen Literatur* [...] *Zehnter Nachtrag*, Leipzig: Whistling, 1827, S. 68.

67 *Allgemeine Musikalische Zeitung*, Jg. 28, *Intelligenzblatt* XI (Juli 1826), Sp. 49.

68 Erschienen als Frontispiz zum Bd. 1 der sogenannten *OEUVRES COMPLETS* von Weber aus dem Verlag M. J. Leidesdorf, Wien (VN: 1050 – 1063), 1828.

69 Auf dem Titelblatt von: *Vierundzwanzigstes Neujahrsstück der allgemeinen Musik-Gesellschaft in Zürich 1836*.

70 Angezeigt in: *Musikalisch-literarischer Monatsbericht neuer Musikalien, musikalischer Schriften und Abbildungen für das Jahr 1851*, Leipzig: Hofmeister, Nr. 9, S. 178.

71 Angaben auf dem Blatt: *Zoelner del.* | *Imp. Lith. de Bove dirigée par Noel ainé & C°* | *Publié par Franck, peintre éditeur* [...].

72 Vgl. *Erinnerungen an Maria v. Weber* [ungezeichnet], in: *Beilage zur* [Augsburger] *Allgemeinen Zeitung*, 1827, Nr. 28, S. 110; dort wird das Bild fälschlich als authentisch beschrieben: *Kurz vor Weber's Abreise nach London zeichnete ihn noch ein junger talentvoller Dresdner Künstler, Zöllner, und nahm die Zeichnung nach Paris, wo sie nun von Noel mit der höchsten Vollendung des französischen Steindruks herausgegeben worden ist. Es ist bei weitem das sprechendste Bild des Meisters, das vorzüglich den begeisterten Blick, doch ohne alle Manier wiedergiebt. Er blikt aus einem ihn umfließenden Gewölk zu uns herab. Sieh Mutter, rief Max, der ältere Sohn Webers, als es die Mutter aus Paris zugeschickt erhalten und aufgehangen hatte, der Vater sieht aus dem Himmel auf uns!*

73 Vermutlich auch schon zur Erstausgabe dieser Sammlung, Paris: Maurice Schlesinger, 1829.

74 Erschienen als Einlage zur Ausgabe *30 Mélodies et Duetti* [...] *de Ch.-M. de Weber* in Paris bei Ménestrel sowie Heugel & Fils (VN: H. 5032; nach 1880).

75 Laux, a. a. O., Nr. 145.

76 Vgl. *Verzeichniss der im Jahre 1878 erschienenen Musikalien* [...], Leipzig: Hofmeister, S. 349.

77 Dresden 1953, Tafel nach S. 4.

78 Smarts einzige Tochter, Margaret Rose Smart, übereignete das Gemälde im Mai 1888 dem Royal College of Music.

79 Vgl. auch die Londoner Zeichnung von 1826 (Paczkowski, a. a. O., S. 82) und die gezeigte Karikatur vor 1810 (VI/7).

80 Frontispiz zum *Album Deutscher Componisten*, Jg. 1, 12. Lieferung (September 1872), Berlin: Selbstverlag Hermann Mohr.

81 Beilage zu: *Sachsen Sonst und Jetzt. Historisches Werk für alle Vaterlands-Freunde*, Bd. 1 [mehr nicht erschienen], Dresden [1848], 6. Lief., nach S. 62.

82 Auf dem Titel von: John Goss, *The Song of the Dying Bard*, London: Cramer, Addison & Beale (ca. 1826).

83 Vermutlich vom Dresdner Schauspieler Ferdinand Heine (1798 – 1872), der gelegentlich auch als Lithograph hervortrat; zur Datierung und zum Verlag vgl. *Allgemeine Musikalische Zeitung*, Jg. 41, Nr. 37 (11. September 1839), Sp. 732 (dort Heine als Zeichner und Lithograph bezeichnet).

84 H. K., *Aus London. Den 6. Juni, Abends*, in: *Der Freimüthige oder Unterhaltungsblatt für gebildete, unbefangene Leser*, hg. von August Kuhn, Jg. 23, Nr. 122 (20. Juni 1826), S. 487.

85 M. Jähns, *Familiengemälde*, S. 230.

86 Vgl. Adolph Hofmeister, *Verzeichniss sämmtlicher im Jahre 1860* [...] *erschienenen Musikalien* [...], Leipzig: Hofmeister, S. 194.

87 *Illustrirte Zeitung*, Bd. 35, Nr. 904 (27. Oktober 1860), S. 288.

88 Vgl. M. Jähns, *Familiengemälde*, S. 281.

89 Vgl. M. Jähns, *Familiengemälde*, S. 230, Anm. 1.

90 Vgl. MMW II, S. 719; das Bild ist abgebildet in Rudolf Pechels Neuausgabe der Weber-Biographie von Max Maria von Weber, Berlin 1912, Tafel 17; ein Holzschnitt von Adolf Neumann (1825 – 1884) nach de Keyser in: *Die Gartenlaube*, 1864, Nr. 43, S. 677.

91 Originale Gipsbüste: London, Royal College of Music, Department of Portraits ans Performance History (Laux, a. a. O., Nr. 134); 2. Exemplar in Terrakotta in Londoner Privatbesitz.

92 *The Times*, N° 13, 028 (July 25, 1826). Diese frühe Erwähnung der Totenmaske führt spätere Äußerungen ad absurdum, nach denen erst 1844 beim Öffnen des Sargs in London eine Totenmaske abgenommen wurde. So berichtet etwa der Berliner *Figaro*, 1844, Nr. 258 (2. November), S. 1031: *Als der Sarg* [...] *geöffnet wurde, ergab sich, daß der Körper* [...] *sich vollkommen gut erhalten hatte. Es wurde ein Abdruck vom Gesichte genommen und nach Dresden gesandt.*

93 Vgl. Rupert Gunnis, *Dictionary of British sculptors 1660 – 1851*, London 1953, S. 226.

94 Vgl. Laux, a. a. O., Nr. 147 sowie Britta Spranger, *Anmerkungen zu Ernst Rietschels Weber-Denkmal in Dresden*, in: *Weberiana* 4 (1995), S. 50 – 54.

95 M. Jähns, *Familiengemälde*, S. 604.

96 Das Exemplar der Staatsbibliothek zu Berlin ist mit 1865 datiert, allerdings boten die Gebrüder Micheli bereits 1861 eine Weber-Büste (vermutlich jene von Haagen) an; vgl. Adolph Hofmeister, *Verzeichniss sämmtlicher im Jahre 1861* [...] *erschienenen Musikalien* [...], Leipzig: Hofmeister, S. 217.

97 Laux, a. a. O., Nr. 117.

Katalog

IV/5 Fragment der *Rübezahl*-Ouvertüre mit späteren Entwürfen

VI/7 C. M. von Weber, anonyme Federzeichnung

Agathe im Hauskleid
in der Oper: Der Freischütz

VIII/15 Figurinen zur *Freischütz*-Uraufführung

IX/2 *Die drei Pintos*, autographer Entwurf zu Nr. 4

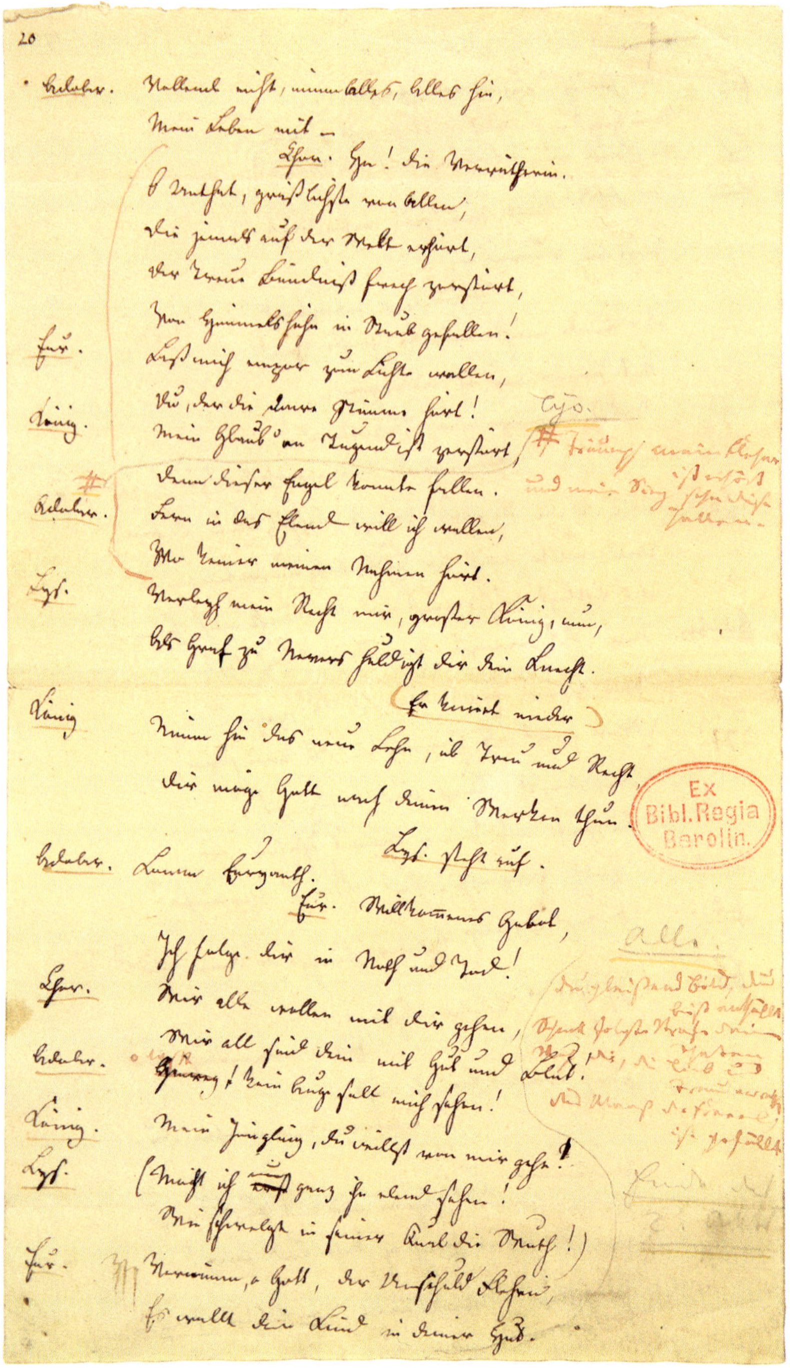

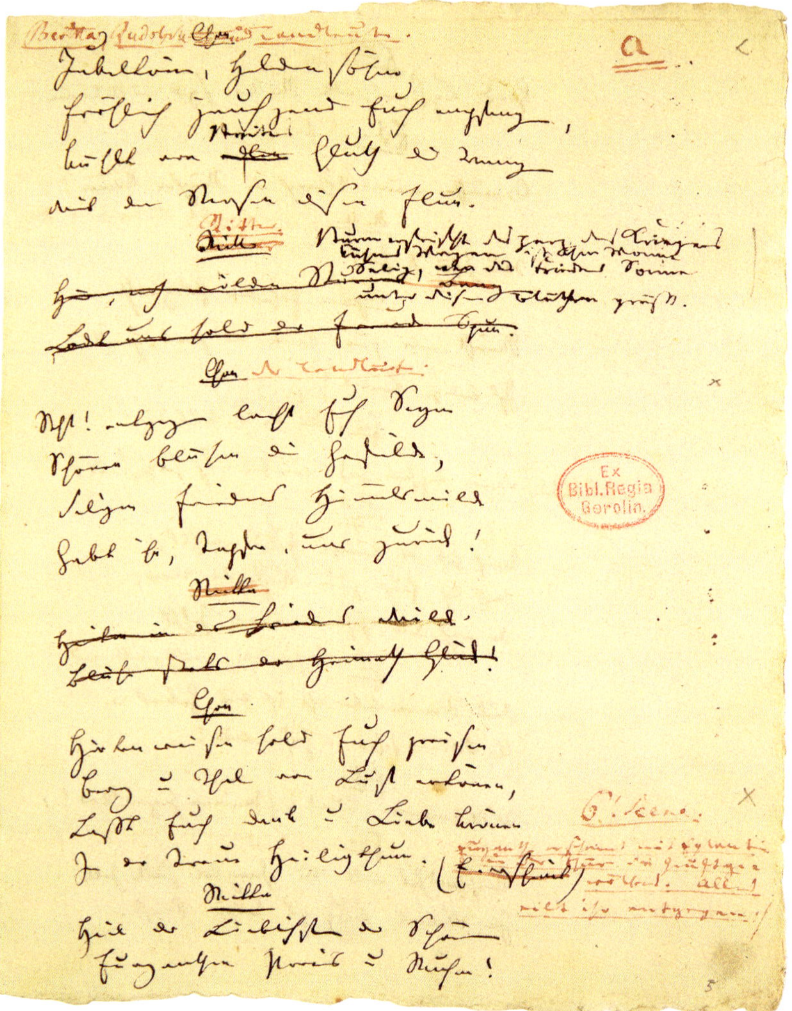

X/7 *Euryanthe*, Libretto-Manuskript

X/6 *Euryanthe*, Libretto-Manuskript

I. Erste Opernversuche

Die Macht der Liebe und des Weins (WeV C. 1 = JV Anh. 6)

Weber verbrachte seine frühe Kindheit in der Welt der wandernden Schauspielergesellschaften, stand selbst bereits als gerade Fünfjähriger auf der Bühne. Was lag also näher für den musisch begabten Knaben, als seine Alltagserfahrungen in Musik umzusetzen. In Webers eigenen Worten: *Die Vorliebe zum Dramatischen fing an, sich bestimmt auszusprechen* (Winkler, *Schriften*, Bd. 1, S. VII). Weiter heißt es in den autobiographischen Notizen aus dem Jahr 1818: *Ich schrieb unter den Augen des Lehrers eine Oper: Die Macht der Liebe und des Weins; eine große Messe; mehrere Klaviersonaten, Variationen, Violin-Trio's, Lieder, u. s. w., die später alle ein Raub der Flammen wurden* (a. a. O.). Eine ähnliche Übersicht über seine frühen, im Unterricht bei Johann Nepomuk Kalcher in München 1799 entstandenen Kompositionen gab Weber in seinem eigenhändigen, heute verschollenen Werkverzeichnis, das Karl Gottfried Theodor Winkler 1828 im 3. Band seiner Weber-Schriftenausgabe veröffentlichte (vgl. I/1). Auch hier steht die Oper *Die Macht der Liebe und des Weins* an erster Stelle der Münchner Werke. Von der Oper zeugen heute nurmehr diese beiden Quellen; Libretto und Musik sind verloren, wie – mit Ausnahme der Messe – alle anderen genannten Kompositionen des Jahres 1799. Vielleicht war der Brand, den Weber in seiner Autobiographie erwähnt, wie schon Robert Musiol vermutete (*Neue Berliner Musikzeitung*, Jg. 33, S. 2f., 10f., 19f., 26f., 43), ein selbstkritisches Autodafé, bei dem die Musik vom gereiften Komponisten »gewogen und zu leicht befunden« wurde?

Die Oper scheint bereits Anfang 1799 entstanden zu sein; von der tatsächlichen Macht der Liebe und des Weins wußte der zwölfjährige Komponist sicher noch nicht allzuviel. Franz Anton von Weber berichtete im Brief vom 19. Januar 1799 an Franz Kirms mit etwas dick auftragendem Vaterstolz über den Sohn: *ein Talent Gottlob! der ersten Gattung, da er schon die erste oper Componirt, ein schüler von Michel Haydn. und schon in der Zeichnung und Mahlerey sehr avancirt ist, da er schon die besten Portraits verfertiget. Gott sey es gedankt! er hat das Glük, daß man Ihn hier nicht anderst als der kleine Mozardt heißt.*

Eine Arie des Opern-Erstlings verwendete der junge Weber als Thema einer Variationenreihe. Am 8. März 1799 offerierte Franz Anton von Weber dem Verleger Gottfried Härtel Variationen des Sohnes über die Ariette »Wer Weiberherzen führen will« aus dessen neuer Oper; ohne Erfolg. Oskar von Hase, der erstmals über Franz Anton von Webers Brief im Verlagsarchiv von Breitkopf & Härtel berichtete (Hase, *Breitkopf*, S. 187), glaubte, bei den genannten Variationen handele es sich um Webers 1800 in München entstandenes Opus 2 (JV 7), das vom Komponisten noch im selben Jahr mit einer Widmung an Kalcher im Selbstverlag publiziert wurde. Tatsächlich scheint der Textbeginn aber weder metrisch noch stilistisch mit dem Thema von op. 2 zu harmonieren. Vielmehr dürften auch die Variationen über das Opernthema verloren sein, vermutlich sind sie identisch mit den Klaviervariationen, die Weber in den Jahren 1800 und 1801 vergeblich den Verlagen Artaria in Wien und André in Offenbach zur Veröffentlichung anbot (JV Anh. 14 und 15).

FZ

I/1 Theodor Hell (d.i. Karl Gottfried Theodor Winkler; Hg.), *Hinterlassene Schriften von Carl Maria von Weber*
Dresden, Leipzig: Arnoldische Buchhandlung, 1828
gezeigt: Bd. 3, S. 158f., *K. M. v. Weber's eigenes Verzeichniß seiner musikalischen Kompositionen bis zum Jahre 1823*, Übersicht 1798 – 1807
Berlin SBB, Signatur: Mus. Hb 945[a]

I/2 Albumblatt von C. M. v. Weber (1. September 1799) aus dem Stammbuch von Fridolin von Weber
gezeigt: Bl. 20v mit Federzeichnung
Provenienz: 1923 bei Karl Ernst Henrici, Berlin (Auktions-Katalog 83, Nr. 144); erworben 1938 bei Stargardt (Kat. 388, Nr. 93)
Berlin SBB, Signatur: Mus. ms. autogr. S. 7
vgl. Abb. auf S. 66

Autographe Webers aus den Jahren vor 1800 sind äußerst rar, aus der Zeit des Unterrichts bei Kalcher in München ist bislang nur dieses eine Blatt bekannt, datiert *München d 1ten Sept: 1799.* Es stammt aus dem Album seines Stiefbruders Fridolin von Weber, dem der Dreizehnjährige folgende Worte auf den Weg gab: *Nur nicht die Redlichkeit, | sonst mag mir alles fehlen. | lieber Bruder! | erinere dich bey lesung dieser Worte deines dich | liebenden Bruders. | C: M: von Weber.* Die Rückseite ziert eine Federzeichnung des jungen Weber, signiert *C: M: v W:* und datiert *1799.*

In seiner autobiographischen Skizze schrieb der Komponist am 26. März 1818 über seine Kindheit und frühe Jugend: *Malerei und Musik theilten sich hauptsächlich in meine Zeit. Von ersterer versuchte ich mit Glück mehrere Zweige zu pflegen, ich malte in Oel, Miniatur, Pastell, und wußte auch die Radirnadel zu führen. Doch unwillkürlich entschlummerte diese Beschäftigung, und die Musik verdrängte, meiner selbst unbewußt, die Schwester endlich gänzlich* (Winkler, *Schriften*, Bd. 1, S. VI). Von den wenigen überlieferten zeichnerischen Versuchen des Komponisten zeigt dieses Blatt wohl den gelungensten, obgleich das Talent zur Musik auch schon in diesen Jahren überwogen zu haben scheint.

Fridolin von Weber seinerseits bedachte den Bruder erst eineinhalb Jahre später, bei einem Treffen in Nürnberg am 23. Mai 1801, mit einem Eintrag in dessen Stammbuch (s. V/3). Darin heißt es: *Drum lieber Bruder nütze die Zeit, das Leben ist ein Schauspiel; wen[n] der Vorhang fällt, ist nicht die Frage, wie lang, sondern wie gut du spieltest* (Bl. 63v). Diese Notiz zeigt aufs Schönste, welch' zentralen Stellenwert im Denken der Webers das Theater einnahm – es war Lebensinhalt. Und geradezu prophetisch scheinen uns die Worte des Bruders in Anbetracht von Webers knapp bemessener, aber an Ertrag so reicher Lebenszeit.

FZ

Das Waldmädchen, eine komische Oper in zwei Aufzügen, Text von Karl Franz Guolfinger Ritter von Steinsberg (WeV C. 2 = JV Anh. 1)

Während die erste Oper *Die Macht der Liebe und des Weins* ein reines Unterrichtswerk gewesen sein dürfte, entstand das nächste Bühnenwerk direkt im Hinblick auf eine Aufführung. Vater und Sohn Weber trafen auf ihrem Weg von München nach dem sächsischen Freiberg den Theaterunternehmer Karl Ritter von Steinsberg (1757 – 1806); laut Max Maria von Weber fand eine erste Begegnung bereits 1799 in Karlsbad statt (MMW I, S. 50f.). Ob dort, wie der Weber-Biograph vermutet, schon Vereinbarungen zu einer gemeinsamen Theaterarbeit getroffen wurden, bleibt ungewiß. Sicher ist nur, daß Webers zweiaktige Oper *Das Waldmädchen* nach einem Libretto von Steinsberg am 24. November 1800 durch dessen Truppe in Freiberg uraufgeführt wurde, die Entstehungszeit dürfte mit Herbst 1800 zu datieren sein. Weber berichtet in seiner Autobiographie über eine äußerst kurze Dauer der Kompositionsarbeiten, namentlich den II. Akt hatte er angeblich *in 10 Tagen geschrieben* (Winkler, *Schriften*, Bd. 1, S. VIII).

Das *Waldmädchen* erlebte in Freiberg kaum mehr als einen Achtungserfolg, und auch der war wohl eher dem im Vorfeld der Aufführung geschickt »vermarkteten« Alter des Komponisten zuzuschreiben als der Qualität von Text und Musik. Die erstaunliche Verbreitung des Werks resultierte überwiegend aus den Wanderungen des Librettisten: Steinsberg wiederholte die Oper mit seiner Truppe am 5. Dezember 1800 in Chemnitz mit dem abweichenden Titel *Das stumme Waldmädchen*; eine für den 2. Januar 1801 ebd. geplante zweite Wiederholung unterblieb aus unbekannten Gründen. Auch die Einstudierung durch die Petersburger deutsche Theatertruppe, der Steinsberg 1802 – 1804 als Schauspieler angehörte, dürfte er angeregt haben; die Vorstellung im Februar 1804 fand kaum größere Beachtung, sie wird in der Petersburger Zeitung *Nordisches Archiv* (1804, Bd. 2, S. 62) nur beiläufig erwähnt. Franz Anton von Webers Empfehlung der Oper an das Theater in Weimar blieb ohne Resonanz; ebenso scheinen die Bemühungen, das Werk 1802 in Salzburg zur Aufführung zu bringen, erfolglos geblieben zu sein. Carl Maria von Weber berichtet zudem von einer für Prag entstandenen tschechischen Übersetzung – Vorstellungen in der böhmischen Metropole konnten bislang allerdings nicht nachgewiesen werden.

Den größten Erfolg hatte die Oper in Wien, wo sie unter dem Titel *Das Mädchen im Spessarterwalde* aufgeführt wurde. Joseph Carl Rosenbaum, ein Wiener Privatier und großer Theaterliebhaber, erlebte die Premiere am 4. Dezember 1804 und vertraute seinem Tagebuch (Wien, Österreichische Nationalbibliothek) an: *Abends mit ins L:*[*eopoldstädter*] *Theater Mädchen im Spessarter Walde, das Waldmädchen als oper mit Mus.*[*ik*] *v*[*on*] *Weber. Elendes Machwerk. Ich enuyrte mich sehr.* Die Entrüstung und Langeweile des Theaterkenners scheint das breite Publikum allerdings nicht geteilt zu haben. Der Erstaufführung folgten, wie dem von Wenzel Müller geführten Bühnentagebuch des Theaters in der Leopoldstadt (Wien, Stadt- und Landesbibliothek) zu entnehmen ist, immerhin sieben Wiederholungen im Dezember 1804 sowie zwei weitere Vorstellungen am 4. Mai und 8. Juni 1805 – eine für damalige Verhältnisse durchaus respektable Aufführungsserie. Bei der dritten Vorstellung am 6. Dezember 1804 erschien nach Müllers Notizen sogar das Kaiserpaar in dem Vorstadt-Theater.

Den Grund für die Umbenennung des *Waldmädchens* in *Das Mädchen im Spessarterwalde* deutet Rosenbaums Formulierung *Waldmädchen als oper* an: Man scheute die Namensgleichheit mit dem 1796 am Wiener Kärntnertor-Theater aufgeführten, sehr beliebten Ballett *Das Waldmädchen* von Giuseppe Trafieri mit Musik von Paul Wranitzky. Trafieris Libretto hatte Steinsberg als Vorlage für seinen Operntext gedient; erst als das Ballett nach der 130. Vorstellung am 4. Juli 1804 vom Spielplan der Hoftheater verschwand, wagte man, die thematisch verwandte Oper auf die Bühne zu bringen. Durch den veränderten Titel wollte man das Stück eindeutig als Neuheit präsentieren. Die Tatsache, daß das Libretto auf einem Ballett-Sujet basiert, erklärt im übrigen die für eine Oper ungewöhnliche Idee der stummen Hauptpartie.

Die Aufführungen in Petersburg und Wien scheinen die letzten des *Waldmädchens* gewesen zu sein, denn bald galt das Werk, abgesehen von zwei Fragmenten (vgl. I/2), als verschollen. Erst Anfang des Jahres 2000 berichtete Natalja Gubkina in der *Musikforschung* (Jg. 53, Nr. 1, S. 57 – 59) über einen erstaunlichen Fund: im Petersburger Mariinski-Theater hatte sie die Partitur-Abschrift und das komplette Stimmenmaterial der Oper aus Steinsbergs Besitz entdeckt. Der Komponist selbst fällte 1818 ein unbarmherziges Urteil über sein erstes an die Öffentlichkeit gelangtes Bühnenwerk: *ein höchst unreifes, nur vielleicht hin und wieder nicht ganz von Erfindung leeres Produkt* (Winkler, *Schriften*, Bd. 1, S. VIII).

FZ

I/3 C. M. v. Weber, *Das Waldmädchen*, autographes Fragment

gezeigt: Ende der Arie Nr. 16 (Mathilde) »Ich will durch mein ganzes Leben«, Beginn des Terzetts Nr. 17 »Diese Frechheit, dieser Trug«

Provenienz: Weber-Familiennachlaß; Schenkung 1986

Berlin SBB, Signatur: Mus. ms. autogr. C. M. v. Weber WFN 5 (3)

vgl. Abb. auf S. 65

In den vorliegenden Blättern begegnet man dem ältesten erhaltenen Werk-Autograph Webers. Im Nachlaß des Komponisten fanden sich nach seinem Tod gerade noch vierzehn Blätter aus der *Waldmädchen*-Oper: 6 Blatt mit dem Ende einer Sopranarie sowie 8 Blatt mit dem Beginn eines Terzetts. Das letzte Blatt dieses Fragments verschenkte Caroline von Weber an F. W. Jähns.

Die am Terzett Nr. 17 beteiligten Personen sind Fürst Arbander, seine Tochter Mathilde und der Diener Krips. Nach dem Text zu schließen, hat Arbander einen Liebesbrief des Fürsten Hartor an seine Tochter entdeckt, den Krips überbracht hatte. Arbander hat allerdings einen anderen Bräutigam für Mathilde ausersehen und ist über ihren Ungehorsam verärgert.

Während die Arie Mathildes mit ihren ungeschickten und überladenen Koloratur-Passagen, die im Nachhinein an vielen Stellen vereinfacht bzw. gekürzt wurden (vgl. die gestrichenen Takte zu Beginn der linken Seite), Webers eigenes Negativ-Urteil über sein Frühwerk zu bestätigen scheint, hat die Unisono-Passage der Streicher im *fortissimo* zu Beginn des Terzetts durchaus Energie, freilich gelingt es dem unerfahrenen Tonsetzer noch nicht, die unterschiedlichen Gefühle der drei beteiligten Personen, die Wut Arbanders über die Unnachgiebigkeit der Tochter, die Verzweiflung Mathildes, die sich um ihre Liebe betrogen fühlt, und die Furcht des Dieners Krips, von seinem Herrn als Überbringer des Liebesbriefes entdeckt und bestraft zu werden, auch musikalisch schlüssig zu charakterisieren. Die melodische Erfindung erschöpft sich weitgehend in musikalischen Banalitäten.

Bei der Instrumentierung orientierte sich Weber sicherlich an den Möglichkeiten des Freiberger Orchesters: neben den Streichern sind hier nur Flöten, Oboen und Hörner sowie Trompeten und Pauken besetzt. Der Zusatz *Hiezu Fagotts* am oberen Rand unterstreicht die eher konservative Anlage; die Fagotte werden nicht obligat geführt, sondern ausschließlich als Verstärkung der Streicherbässe verwendet.

Etliche Bleistiftzusätze auf den gezeigten Seiten stammen von fremder Hand. Die Taktzählung nach dem Schlußstrich der Arie ergänzte F. W. Jähns. Die 7 am Kopf der rechten Seite bezeichnet das erste Blatt des Terzetts als Bl. 7 des Fragments; der Vermerk *8 ½ bog* besagt, daß diese Nummer im Fragment nur 8 halbe Bogen (d. h. 8 Blätter) umfaßte. Die Tintenzählung 78. dürfte hingegen von Weber stammen, der in seiner Partitur offenbar die Doppelblätter durchnumeriert hatte: nach dieser Zählung umfaßt das gesamte erhaltene Fragment die Doppelblätter 75 bis 81. Da die Doppelblätter 75 bis 77 zusätzlich mit *b*, *c* und *d* bezeichnet sind, ist anzunehmen, daß von der Arie der Mathilde nur das erste Doppelblatt (74 = a) fehlt.

FZ

I/4 C. M. v. Weber, *Das Waldmädchen*, Partitur-Manuskript

gezeigt: Bd. 1 (Akt I), S. 104/105, Beginn der *Marcia* Nr. 3

Provenienz: Karl Ritter von Steinsberg, ab 1824 im Besitz des Petersburger Sängers Adolf Stein

St. Petersburg, Zentrale Musikbibliothek des Mariinski-Theaters, Signatur: 1. 1. W. 373.

Die Auffindung der Petersburger *Waldmädchen*-Partitur durch die russische Musikwissenschaftlerin Natalja Gubkina war fraglos die aufsehenerregendste Weber-Entdeckung der letzten Jahre. Bis zum Beginn der Ausstellung hatte erst ein äußerst kleiner Kreis von Forschern die Möglichkeit, die Handschrift der lange Zeit verloren geglaubten Oper in Augenschein zu nehmen. Die nachfolgenden Notizen stützen sich daher ausschließlich auf Informationen, die Natalja Gubkina in ihren Veröffentlichungen (*Musikforschung* 53, s. o. und *Weberiana* 11, S. 32 – 51) vorlegte.

Die Überlieferung des Werks verdanken wir seinem Librettisten Karl von Steinsberg, der die Opernpartitur wohl im November 1802 im Reisegepäck hatte, als er in die russische Hauptstadt fuhr, um dort ein Engagement als Schauspieler am deutschen Theater anzutreten. Auch die Petersburger Aufführung vom Februar 1804 ist ausschließlich mit Steinsbergs Bemühungen um seine Schöpfung zu erklären. Leider verfügen wir trotz der Entdeckung der musikalischen Quellen noch immer nicht über das gesamte Werk: die Partitur enthält ausschließlich den gesungenen Text, nicht aber die Dialog-Texte.

Von besonderem Interesse ist im I. Akt u. a. die *Marcia* Nr. 3 innerhalb der Jagdszene. Diese Nummer hielt Weber offenbar für so gelungen, daß er das musikalische Material später in zwei anderen Kompositionen erneut aufgriff: in der Nr. 5 der *Six petites Pièces faciles* für Klavier zu vier Händen von 1801 (JV 13), die 1803 im Augsburger Verlag Gombart et Comp. als Opus 3 erschienen, und schließlich auch in seiner vorletzten Komposition, dem Marsch für Harmoniemusik (JV 307), den er in London anläßlich der Zusammenkunft der Royal Society of Musicians am 13. Mai 1826, drei Wochen vor seinem Tod, notierte.

FZ

I/5 C. M. v. Weber, *Das Waldmädchen*, Partitur-Manuskript

gezeigt: Bd. 2 (Akt II), S. 44/45, Beginn der *Aria* Nr. 14 (Prinz Sigmund) »Sprich o Mädchen, liebst du mich«

Provenienz und Fundort s. I/4

Eine zentrale Nummer im *Waldmädchen* ist die *Aria* Nr. 14 des Prinzen Sigmund. Sie entspricht sowohl hinsichtlich der dramaturgischen Anlage als auch der musikalischen Konzeption der Arie Nr. 13 des Rudolph in der *Silvana*. Bei seiner Neubearbeitung des *Waldmädchen*-Sujets unter dem Titel *Silvana* in den Jahren 1808 – 1810 (vgl. Kap. V) scheint Weber – soweit der Vergleich mit den bei Gubkina mitgeteilten Incipits eine solche Schlußfolgerung zuläßt – abgesehen von der Ouvertüre, die im *Silvana*-Autograph (vgl. V/1) ausdrücklich als *renovata*, also überarbeitet, bezeichnet ist, keine ältere Musik direkt in seine neue Oper übernommen zu haben; er griff allerdings konzeptionelle Ideen des Bühnenerstlings wieder auf, die er in ein neues musikalisches Gewand kleidete. So sind beide Arien eigentlich verkappte Duette, denn mit dem Prinzen (Sigmund bzw. Rudolph) tritt die stumme Silvana in einen Dialog – die Solo-Oboe verleiht ihr eine »Stimme«. Die gestisch-beredte Tonsprache untermalt Silvanas pantomimische Aktionen und läßt an ihrer Zuneigung zum Prinzen keinen Zweifel aufkommen.

Gerade in dieser Arie finden sich in der Petersburger Partitur zahlreiche Änderungen: Kürzungen durch Striche und Neufassungen auf ausgetauschten Seiten bzw. eingehefteten Zetteln. Unklar ist, ob diese Umarbeitungen noch auf Weber selbst zurückgehen, also während der Proben für die Uraufführung in Freiberg oder als Reaktion auf diese Vorstellung vorgenommen wurden, oder ob es sich um spätere Eingriffe handelt. Zu vermuten ist, daß Steinsberg einige dieser Eingriffe anregte, denn zumindest für eine der *Waldmädchen*-Aufführungen, jene am 5. Dezember 1801 in Chemnitz, ist sicher, daß der Librettist selbst die Tenor-Partie des Prinzen sang.

FZ

I/6 *Prospect der Stadt Freyberg in Meis[s]en*

Stich von Schitterlau, ca. 1780

Berlin SBB, Kartenabt., Signatur: Y 21319[a]

II. *Peter Schmoll und seine Nachbarn,* eine Oper in zwei Aufzügen, Text von Joseph Türk (WeV C. 3 = JV 8)

Während Webers Vater im Frühsommer 1802 in Salzburg noch versuchte, das in Freiberg und Chemnitz nicht gerade freundlich aufgenommene *Waldmädchen* seines fünfzehnjährigen Sohnes auf die Bühne zu bringen, hatte dieser schon ein neues Singspiel zu Papier gebracht: *Peter Schmoll und Seine Nachbarn. eine Oper in zwey Aufzügen, nach Cramer bearbeitet von Joseph Türk* [...] (Titelblatt zu II/5). In dem Zeugnis, das Michael Haydn dem jugendlichen Komponisten am 2. Juni 1802 darüber ausstellte, heißt es, daß *diese Oper mannhaft und vollkommen nach den wahren Regeln des Kontrapunkts bearbeitet, mit vielem Feuer und mit Delikatesse, und dem Texte ganz angemessen von ihm komponirt* sei. Das Zitat dieses sicherlich von Franz Anton von Weber erbetenen Lobs im 4. Teil von Gerbers Tonkünstlerlexikon (vgl. II/7; dort ist auch ein zweites Zeugnis von Joseph Otter abgedruckt) erweckt den Eindruck, die Oper sei Frucht des neuerlichen Unterrichts bei dem Bruder Joseph Haydns in Salzburg gewesen. Den Kontrapunkt nach dem System Fuxens hatte Carl Maria von Weber bei Michael Haydn aber Ende 1797/Anfang 1798 studiert – mit wenig Erfolg, wie Weber in seiner autobiographischen Skizze bemerkt und durch sein Opus 1, die *Sechs Fughetten*, auch unter Beweis stellt. Von nochmaligem Unterricht bei dem späteren Aufenthalt in Salzburg ist weder in der Autobiographie noch an anderer Stelle die Rede. Weber bemerkt lediglich, daß er in Salzburg seinen *neuen Plänen gemäß* die Oper schrieb, die *meinen alten, durch manches Neue darin höchlich erfreuten, Lehrer, Michael Haydn, bewog, mir ein ungemein gütiges Zeugniß darüber zu ertheilen.* Er sieht dieses Urteil also selbst im Nachhinein kritisch und schreibt weiter: *Sie* [die Oper] *wurde in Augsburg aufgeführt ohne sonderlichen Erfolg, wie natürlich* (Winkler, *Schriften*, Bd. 1, S. IX).

Die neuen Pläne, die er in der Beschreibung erwähnt, sind wenige Zeilen vorher charakterisiert. Dort schiebt er die allzu rasche Produktion des als höchst unreif bezeichneten *Waldmädchens* den *unseligen Folgen der auf ein junges Gemüth so lebhaft einwirkenden Wunder-Anekdoten von hochverehrten Meistern, denen man nachstrebt*, zu und schreibt weiter: *Auf eben diese Art weckte ein Artikel der Musik. Zeitung die Idee in mir, auf ganz andere Weise zu schreiben, ältere, vergessene Instrumente wieder in Gebrauch zu bringen u.s.w.* (a. a. O., S. VIIIf.) – Derart »neue Ideen« begegnen in dieser Zeit häufig; so plante Weber mit seinem Jugendfreund Thaddäus Susan ernsthaft die Gründung einer eigenen Musikzeitschrift, lieferte schon damals Beiträge zu Gerbers Lexikon und sammelte eifrig *theoretische Werke* (die z. T. in einer Liste von später in Stuttgart zurückgelassenen Büchern enthalten sein dürften). Es war also eine Zeit des Gärens, und dazu paßt auch, daß Weber sich inhaltlich auf eine Geschichte stützte, die in den Wirren der französischen Revolution spielt und deren parodistische Handlung von aufklärerischem Gedankengut durchdrungen ist. Welcher Artikel der *Allgemeinen Musikalischen Zeitung* ihn aber zu der Komposition angeregt hat, bleibt unklar, möglicherweise handelt es sich um den Aufsatz *Einige Bemerkungen über den zweckmässigen Gebrauch des Waldhorns. Von Philipp Dornaus, churfürstl. trierschen Kammermusikus.* (Jg. III, Sp. 308 – 313), in dem Komponisten Hinweise erhalten, *unter welchen Bedingungen und Einschränkungen, sie mehr, und Anderes, als gewöhnlich, für dies Instrument setzen können* (a. a. O., Sp. 309).

Selbst wenn man diesem Singspiel im Hinblick auf Satztechnik und Stimmführung noch die Unerfahrenheit des jungen Komponisten anmerkt, das Bemühen um Originalität insbesondere der Instrumentation hat deutliche Spuren hinterlassen und läßt durchaus »aufhorchen«. In fast jeder Nummer finden sich reichhaltige *Soli* der Bläser oder Streicher, dazu kommt der Einsatz von in diesem Kontext eher ungewöhnlichen Instrumenten, wie Bassethörnern und *Flauti dolci* im Terzett Nr. 14, sowie die häufige solistische Verwendung der Piccolo-Flöten, z. B. in Terzenketten in der Aria Nr. 7 oder wechselnd mit Posaunensoli(!) in der Aria Nr. 15. Bemerkenswerte Klangkombinationen gelingen Weber darüber hinaus besonders in der großen »Liebes«-Arie des Oberbereiters Nr. 8 (die auch das Bläser-Thema der Ouvertüre enthält) und im Duett Nr. 10 mit Solo-Klarinette im Chalumeau-Register und Solo-Horn. Ein wenig von Haydns Lob kann man also nachvollziehen, auch in bezug auf die Ensembles, wobei sich Weber im Quartett Nr. 17 offensichtlich sogar einen Scherz erlaubt: Dort verwendet er in T. 25ff. die erste seiner im Anschluß an den Unterricht bei Michael Haydn 1798 veröffentlichten *Fughetten*, allerdings in veränderter Stimmfolge, und unterlegt dabei den Text: »Ey, Herr Patron, sie mißverstehn, | Ich weiß nicht, was ich denken soll, | es ist ein Irrthum blos [...]« – nach einer Generalpause wird das Terzett dann in T. 33ff. ohne kontrapunktische Künste fortgeführt.

Nur wenige Wochen nach der in Haydns Gutachten erwähnten Probe des Singspiels verließen die Webers Salzburg und begaben sich auf eine Reise nach Norddeutschland. Franz Anton von Weber, stets auf Reklame für sein »Wunderkind« bedacht, ließ am 26. August 1802 in der *Zeitung für die elegante Welt* (Jg. 2, Sp. 816) eine (ungezeichnete) Notiz über den Aufenthalt seines Sohnes in München erscheinen, in der es u. a. heißt:

> »Nächst dem, daß er auf dem Klaviere alle Erfordernisse befriedigt, hat er es durch Unterricht des Hrn. Michael Haydn in der Komposizion so weit gebracht, daß er eine Oper nach Cramer: „Peter Schmoll und seine Nachbarn" in Musik setzte, worüber man ihm überall die ungeheucheltesten Zeugnisse eines Talents ertheilt hat, das große Dinge verspricht. Er gedenkt diese Oper der ansehnlichen Kaufmannschaft in Hamburg zu dediziren, die es gewiß nicht unterlassen wird, dieses emporstrebende Genie durch Aufmunterung und Theilnahme sich anzueignen.«

Über die Ausführung dieses Plans ist nichts bekannt, lediglich die Aufführung eines Terzetts aus dem *Schmoll* in Webers Hamburger Konzert vom 30. Oktober 1802 ist belegt. Die Uraufführung des Singspiels fand – wie Weber auch in der autobiographischen Skizze angibt – auf der Rückreise von Hamburg in Augsburg statt, wo angeblich Webers Stiefbruder Edmund zu dieser Zeit Musikdirektor war. Das genaue Datum läßt sich nicht mehr ermitteln, die lokalgeschichtliche Literatur nennt Anfang 1803 bzw. März 1803.

Weber selbst scheint das Singspiel später nicht mehr für aufführenswert gehalten zu haben. Zwar arbeitete er im Jahr 1807 die Ouvertüre um und publizierte sie bei dem Augsburger Verleger Gombart, viele der übrigen Nummern wurden aber für andere Werke »geplündert« (vgl. die detaillierten Angaben bei Jähns, *Werke*, S. 44f.).

JV

II/1 Joseph Türk / C. M. v. Weber, *Peter Schmoll und seine Nachbarn*, Libretto

Erstdruck (nur Gesangstexte), München 1802
gezeigt: Titelblatt

Provenienz: 1879 von Hans Michael Schletterer an F. W. Jähns verschenkt; Schenkung 1881
Berlin SBB, Signatur: Weberiana Cl. VI [Kasten 1] Nr. 1
vgl. Abb. auf S. 66

Eine Aufführung des Singspiels in München ist nicht nachzuweisen und fand vermutlich auch nicht statt. Vielmehr ist anzunehmen, daß Webers Vater, der von dort aus auch seine oben erwähnte Anzeige in die *Zeitung für die elegante Welt* setzte, die Gesangstexte des *Schmoll* bereits zum Druck gab, um damit Werbung für seinen Sohn zu machen – möglicherweise wurde der Druck Anfang 1803 für die Uraufführung im benachbarten Augsburg benutzt.

JV

II/2 C. M. v. Weber, *Peter Schmoll und seine Nachbarn*, autographe Reinschrift

gezeigt: Bd. 2 (Akt II), S. 92/93, Ende der *Arietta* Nr. 16 (Hans Bast) »Ein Lügner ist ein großer Mann« und Beginn des *Quartetto* Nr. 17 »Fort von hier«

Provenienz: 1859 von Max Maria von Weber verkauft an Otto Gössel; 1879 erworben für die Königliche Privatmusikaliensammlung in Dresden; 1896 Übergabe an die Königliche Öffentliche Bibliothek Dresden

Sächsische Landesbibliothek – Staats- und Universitätsbibliothek Dresden, Signatur: Mus. 4689-F-1

vgl. Abb. der S. 93 auf S. 67

Zur Zeit der Publikation des Jähnsschen Werkverzeichnisses befand sich diese Partitur noch im Besitz von Max Maria von Weber. Dieser hatte 1859 – offensichtlich versehentlich – mit dem Verlagsrecht an der Oper auch das Autograph an den Londoner Musikalienhändler Otto Gössel verkauft, der sich in einem Prozeß 1878 auch den Besitz der Partitur erstritt, sie danach aber dem sächsischen König für dessen Privatmusikaliensammlung anbot, an die die Partitur 1879 überging (vgl. dazu *Weberiana* 8, 1999, S. 54).

Die Reinschrift zeigt einige Merkmale, die für Webers spätere Partituren völlig untypisch sind. So sind die Akkoladenklammern und die Taktstriche mit Lineal gezogen, die räumliche Disposition ist ungewöhnlich großzügig und völlig regelmäßig (durchgehend entweder 5 oder 6 Takte pro Seite, bei der Anfangsseite 1 Takt weniger), der Vorsatz ist sehr sorgfältig geschrieben. Ein Charakteristikum, das Weber später beibehielt, findet sich aber schon hier: die Angabe zweier Schlüssel zur Anzeige der doppelten Bläserbesetzung (hier sogar in den Pauken verwendet). Ebenfalls schon hier zu beobachten ist eine Tendenz zu unpräziser Angabe von Artikulations- bzw. Phrasierungsbögen. Eigenartigerweise hat Weber den Text in dieser Reinschrift nicht selbst unterlegt; von wessen Hand er stammt, konnte bislang nicht ermittelt werden. Vom Komponisten stammen einige Korrekturen und Nachträge in der Textunterlegung sowie die vollständige Textunterlegung in den Nummern 18 und 20. Für eine nochmalige Durchsicht der Partitur nach Fertigstellung der Abschrift sprechen Zusätze in anderer Tinte, etwa das *Vivace* zu Beginn der Nr. 17 über dem System der Flöten. In anderen Nummern, speziell im Terzett Nr. 14, hat Weber zu einem späteren Zeitpunkt auch Korrekturen und Nachträge im Notentext vorgenommen.

JV

II/3 [Carl Gottlob Cramer,] *Peter Schmoll und seine Nachbarn*

Rudolstadt: Langbein und Klüger, 1798/99

gezeigt: Titelblätter beider Teile mit Frontispizen von Georg Christian Schule

Berlin SBB, Signatur: Yw 933 R

vgl. Abb. auf S. 63

Der Prolog zu dem in zwei Teilen veröffentlichten satirisch-parodistischen Roman *Peter Schmoll und seine Nachbarn* des seit 1795 Herzoglich Sächsisch-Coburg-Meiningischen Forstrats Carl Gottlob Cramer (1758 – 1817) ist datiert: *Meiningen am 4ten Februar 1798.* Vermutlich hatten Vater und Sohn Weber Cramer schon während des Aufenthalts in Sachsen-Hildburghausen 1797/98 kennengelernt, jedenfalls trug er sich später während ihrer Durchreise durch Meiningen am 27. August 1802 als *aufrichtiger Freund* in Carl Marias *Album amicorum* ein. – Cramers Roman

II/3 Frontispiz zu Bd. 1 von Cramers *Peter Schmoll*

erfreute sich aber ohnehin großer Beliebtheit: zwischen 1798 und 1800 erschienen mehrere Auflagen. Über den Bearbeiter des Opern-Textes, Joseph Türk, geb. um 1780, ließ sich bislang nichts ermitteln, ebensowenig ein vollständiges Libretto auffinden. Die Texte der musikalischen Nummern zeigen aber, daß er sich eng an die Vorlage Cramers hielt, ja sogar etliche der dort enthaltenen Verse (z. B. für die Nummern 4, 5, 7, 12 und 13, vgl. Bd. 1, S. 120, 193, 265 sowie Bd. 2, S. 5 und 130) – allerdings eher ungeschickt – adaptiert hat. Die beiden Titelkupfer stellen Szenen aus dem Stück dar: Das erste schildert die erste Begegnung Minettes mit ihrem zukünftigen Geliebten, dem Oberbereiter Carl, in einer Felsengegend in der Nähe ihrer im Hintergrund sichtbaren Burg; Mißmut hatte sie ergriffen, sie setzte sich auf einen abgerissenen Stein, *stüzt' ihren Kopf, in dem es so wirbelte, auf die Hand, und schien den Sand vor sich zu zählen.* [...] *»Bin ich denn allein in der Welt?« – rief sie endlich, laut seufzend;* [....] *Sie sas lang' in dieser traurigen gedankenvollen Stellung* [...] (Bd. 1, S. 165f.). Das zweite Kupfer gehört zu Bd. 2, S. 235f. Nettchen hat in dem Einsiedler, dem sie mit Carl im Walde begegnete, ihren verschollen geglaubten alten Lehrer, Abbé Saurin (den Vater Carls), wiedererkannt; sie ist zu seinen Füßen niedergesunken und blickt sprachlos zu ihm auf; er *war außer sich gewesen, dieser Anblick bracht' ihn auf einmal wieder zu sich selbst. – »O, Gott! rief er, mit zum Himmel gestreckten Händen; Gott! – das ist die Morgenröthe deiner Seeligkeit!«*

JV

II/4 [Carl Gottlob Cramer,] *Peter Schmoll und seine Nachbarn*

2.[?] Auflage, Rudolstadt, 1799 (2 Teile in 1 Bd.)
gezeigt: Titelblatt Teil 2
Privatbesitz

In der vermutlich zweiten, weniger aufwendig gestalteten Ausgabe sind die Frontispize durch Titelvignetten ersetzt. Dabei wurde für den ersten Band das Motiv der Erstausgabe übernommen, die Vignette zu Band 2 ist dagegen neu. Sie zeigt am Tisch sitzend Peter Schmoll, der mit dem Perspektiv die Welt beobachtet, daneben sind Minette und Hans Bast dargestellt. Hier geht es um die Situation in Kapitel VII (Abschnitt 2) des 2. Teils, *Die Knöpfchen* (S. 84–91) – dem Vorspiel zum folgenden Kapitel, in dem Schmoll seine Gäste von ferne an der Zahl der Knöpfe ihrer Anzüge erkennt.

JV

II/5 C. M. v. Weber, *Peter Schmoll und seine Nachbarn*, Teilautograph

gezeigt: S. 60/61, Ende des *Terzetto* Nr. 2 »Spiele alter Esel du« und Beginn der Nr. 3 (Minette) »Im R[h]einland eine Dirne war« (Handschrift von Franz Anton von Weber)

Provenienz: von Ignaz Lachner um 1845 bei einem Stuttgarter Antiquar erworben; 1865 an F. W. Jähns verkauft; Schenkung 1881
Berlin SBB, Signatur: Weberiana Cl. I, 2
vgl. Abb. der S. 61 auf S. 68

Die heute in Berlin befindliche teilautographe Partiturabschrift des *Peter Schmoll* wurde von Vater und Sohn Weber gemeinsam hergestellt: Franz Anton von Weber schrieb den ersten, Carl Maria den zweiten Akt und außerdem den Titel des Bandes: *Peter Schmoll | und | Seine Nachbarn. | eine Oper in zwey Aufzügen, | nach Cramer bearbeitet von Joseph Türk | in Musik gesezt | von | Carl Marie von Weber. | Erster Act.* Die Abschrift entspricht dem Notentext der Dresdner Partitur, die dort nachträglich vorgenommenen Korrekturen sind in die Berliner Partitur nicht übernommen. Letztere ist außerdem wesentlich engräumiger als die Dresdner Handschrift, und die Taktverteilung richtet sich nach den jeweiligen Bedürfnissen, wechselt also frei und entspricht darin Webers späteren Gepflogenheiten. Außer geringfügigen Veränderungen in Webers Handschrift spricht auch die Anlage der Partitur dafür, sie als Abschrift (vermutlich von der Dresdner Partitur) anzusehen, zumal hier sehr viel mehr Kürzelschreibweisen verwendet wurden.

Die *Romanza* der Minette Nr. 3, hier in der Handschrift Franz Anton von Webers, gehört zu den Stücken mit einer auffallend eigenwilligen Instrumentierung: Die Streicher sind nur mit geteilten Violen, Violoncello und Kontrabaß besetzt, dazu kommen Hörner und Fagott sowie eine Solo-Flöte; Cello und Fagott werden im weiteren Verlauf ebenfalls solistisch verwendet. Weber schien diese Nummer immerhin so gelungen, daß er sie 1810 im ersten Teil der Arie der Fatime (Nr. 5) im *Abu Hassan* in leicht veränderter Form wieder aufgriff (vgl. VI/1). Eine weitere Fassung fand sich in der Partitur des *Abu Hassan* aus Familienbesitz und in den in Gotha verwendeten Stimmen (vgl. VI/2).

JV

II/6 *Ansicht von Augsburg*

Stahlstich von Emil Höfer nach einer Zeichnung von Julius Lange, Darmstadt 1837

Berlin SBB, Kartenabt., Signatur: Y 13279

II/7 Ernst Ludwig Gerber, *Neues historisch-biographisches Lexikon der Tonkünstler*

4. Teil, Leipzig: A. Kühnel, 1814
gezeigt: Sp. 525f.: Artikel *von Weber (Carl Maria)*

Provenienz: Nachlaß Ludwig Erk, erworben 1902
Berlin SBB, Signatur: Mus. D 591[a], Bd. 4

II/8 Johann Michael Haydn (1737-1806), Porträt

Lithographie von Franz Eybl (möglicherweise nach einem Gemälde von Franz Xaver Hornöck), Wien: Ant. Diabelli und Comp. (1830)

Berlin SBB, Signatur: Mus. P Haydn, J. M. I/1

I/3 *Das Waldmädchen*, Autograph

I/2 C. M. von Weber, Albumblatt

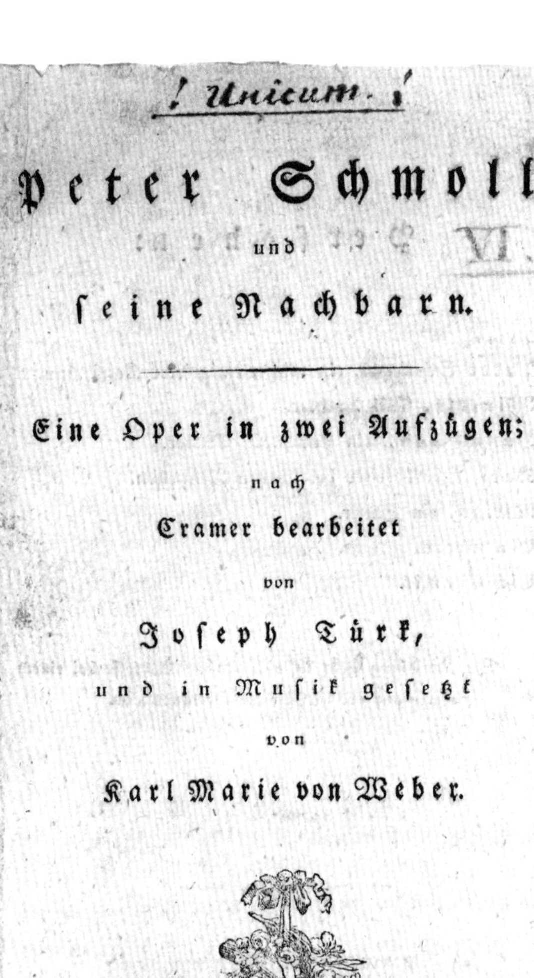

! Unicum !

VI. 1.

Peter Schmoll

und

seine Nachbarn.

Eine Oper in zwei Aufzügen;

nach

Cramer bearbeitet

von

Joseph Türk,

und in Musik gesetzt

von

Karl Marie von Weber.

München 1802.

II/1 *Peter Schmoll*, Libretto-Erstdruck

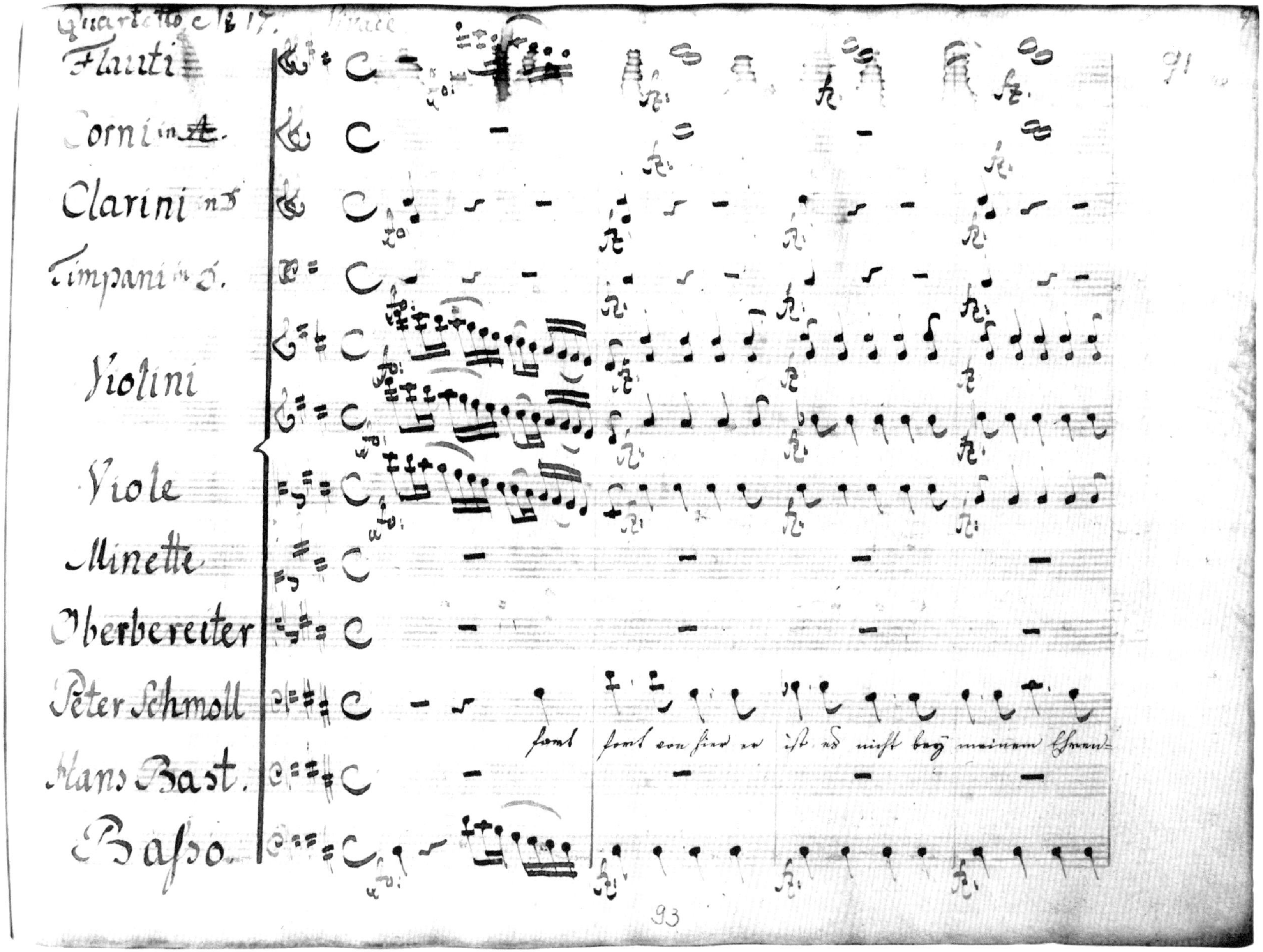

Flauti
Corni in A
Clarini in D
Timpani in D.
Violini
Viole
Minette
Oberbereiter
Peter Schmoll
Hans Bast.
Basso.
91
93

II/2 *Peter Schmoll*, Autograph

II/5 *Peter Schmoll*, Teilautograph (hier Kopie Franz Anton von Webers)

III. *Samori*, Klavierauszug zu G. J. Voglers Oper von Weber (JV 39)

Ich habe das Glück gehabt, den Abt V o g l e r kennen zu lernen, der nun mein bester Freund ist, und bey dem ich nun sein vortreffliches System studiere. Ich bin täglich vier bis fünf Stunden bey ihm [...] – so berichtet Weber wenige Wochen nach seiner Ankunft in Wien am 8. Oktober 1803 an seinen Jugendfreund Thaddäus Susan in Salzburg. Für zehn Monate gehörte Weber zum Kreis der Wiener Schüler des skurrilen Abbé und widmete sich eigenen Angaben zufolge in dieser Zeit vornehmlich dem *emsigsten Studium der verschiedenartigsten Werke großer Meister* (Winkler, *Schriften*, Bd. 1, S. XI), zu denen vor allem die Werke Voglers selbst gehörten. Vogler war nach Wien gekommen, um dort (wie gleichzeitig auch Beethoven) für Schikaneders Theater an der Wien eine Oper zu schreiben, Webers Aufenthalt in Wien endete nur knapp zwei Wochen nach der (immer wieder verzögerten) Uraufführung dieser Oper am 17. Mai 1804. Man könnte die Monate in Wien als Webers »*Samori*-Zeit« bezeichnen, denn Voglers *große heroische Oper* auf einen Text von Franz Xaver Huber (dem Verfasser des Textes zu Beethovens *Christus am Ölberge*) war offensichtlich der Hauptgegenstand seiner Beschäftigung. In dem erwähnten Brief an Susan berichtet Weber von einem abendlichen Besuch bei Vogler mit allerlei Geheimniskrämereien und erzählt:

> »[...] auf einmal läuft er [Vogler] ins dritte Zimmer hinaus, verschließt die Thüre, macht die Fensterläden zu, und thut so geschäftig daß uns Niemand überraschen soll, daß ich gar nicht weiß, was das Alles bedeutet, endlich bringt er einen Pack Noten, setzt sich ans Klavier, und spielt mir nachdem ich ihm heiliges Stillschweigen angelobt hatte, die Overture und einige andere Stücke der Oper vor. Es ist ganz göttliche Musik, und dann, – was meinst du – gibt er mir sogar seine eigenhändige Partitur der Ouverture mit, um so nach und nach die Oper in Klavierauszug zu setzen. – nun sitze ich darüber und studiere, und freue mich, daß ich oft des Teufels werden möchte – vor Freude.«

[...] *du wirst wohl wissen, daß ein Klavierauszug von einer so großen Oper keine Kleinigkeit ist*, heißt es einige Tage später (Brief vom 18. Oktober 1803). Hinzu kamen reichliche äußere Schwierigkeiten, die das Unternehmen behinderten: Im Februar 1804 wurde das Theater an der Wien an Baron Peter von Braun verkauft, wobei etliche Sänger das Theater verließen, so daß Vogler einige Rollen neu disponieren mußte. Der enorme Aufwand, den Vogler schließlich bei der Einstudierung selbst betrieb (der Korrespondent der *AMZ* VI, Sp. 581, spricht – sicherlich übertreibend – von *über funfzig Proben*), dürfte Weber immerhin ausführlich Gelegenheit gegeben haben, die Wirkungen der vielgerühmten Instrumentationskunst des Abbé bis in kleinste Details kennenzulernen.

Obwohl Weber sich in der autobiographischen Skizze ausdrücklich als Autor des Klavierauszugs bezeichnet, erschien der dem Fürsten Franz Joseph Maximilian Lobkowitz gewidmete Druck ohne Nennung seines Namens – ein durchaus gängiges Verfahren, das Weber später beim *Euryanthe*-Klavierauszug auch anwandte, denn die Beteiligung seines Schülers Julius Benedict ist dort ebenfalls nicht erwähnt (vgl. X/15). Unter seinem eigenen Namen aber erschienen Variationen über das Thema der Arie der

Naga Nr. 5 »Woher mag dieses kommen? mir fehlt die Essenslust«. Weitere Variationsreihen über in der Oper *befindliche Themata* sollten nach der Erstaufführung des *Samori* erscheinen. Dazu kam es aber durch Webers Dienstantritt in Breslau nicht mehr. Vogler übersandte die Stichvorlage der Variationen JV 43 am 21. August 1804 an den Verlag, die Widmung auf dem Titelblatt *à l'auteur, Monsieur l'abbé Vogler, Directeur de l'academie royale de musique en Suède, par son élève, Charles Marie de Weber, Directeur de la musique du théatre royal de Breslau* stammt von Voglers Hand.

JV

III/1 Georg Joseph Vogler, *Samori*, Klavierauszug von C. M. v. Weber

Erstdruck, Wien: Artaria u. Comp. (VN: 1715), ca. 1805
gezeigt: S. 48 – 49, Beginn der *Aria* Nr. 5 (Naga; hier falsch »Naha«) »Woher mag dieses kommen«
Provenienz: F. W. Jähns; Schenkung 1881
Berlin SBB, Signatur: Weberiana Cl. IV A, Bd. 72, Nr. 605

Während der Korrespondent der *AMZ* (VI, Sp. 583) diese Arie als ein *ganz verfehltes Stück* bezeichnete, schrieb Weber nach der Uraufführung der Oper an Thaddäus Susan: *Nr 5 Naive Arie von der N a g a, der Geliebten T a m b u r a n s aus B-dur (worüber meine Variationen), welche im Anfange nicht ganz mit der ihr gebührenden Wärme aufgenommen wurde, sie ist zu fein und delicat behandelt, um gleich vom großen Publicum gefaßt und verstanden werden zu können. Madm.* [Louise] *M ü l l e r führte sie mit der ihr eigenen Naivität und Leichtigkeit aus* (Brief vom 12./14. Juni 1804). Die humorvolle kleine Arie ist nur von Streichern begleitet und gehört zu den Kabinettstückchen der *Samori*-Partitur.

JV

III/2 Georg Joseph Vogler, *Samori*, *Aria* Nr. 5 (Naga) »Woher mag dieses kommen«

Klavierauszug von Anton Fischer, Autograph
gezeigt: S. 1
Provenienz: Sammlung Aloys Fuchs; 1879 aus dem Nachlaß von Friedrich August Grasnick erworben
Berlin SBB, Signatur: Mus. ms. autogr. A. Fischer 1 N

Anton Fischer (1778 – 1808) war (zur Zeit der Uraufführung des *Samori*) Kapellmeister des Theaters an der Wien. Sein handschriftlicher Klavierauszug dieser Nummer (der möglicherweise zur Einstudierung diente) weicht in vielen Details von Webers Auszug ab, obwohl nur ein reiner Streicher-Begleitsatz auf das Klavier zu übertragen war. Diese Differenzen zeigen aber zugleich, daß Weber (unterstützt durch seinen Lehrer) einen Klavierauszug geschaffen hat, der sehr viel stärker die spezifischen klanglichen Möglichkeiten des Tasteninstruments ausschöpft, obwohl der Satz bei Weber an einigen Stellen deutlich schlichter ist, da er häufiger auf eine Verdoppelung der Singstimmen verzichtet. Im Unterschied zu Fischer gibt Weber die veränderte Streicherbegleitung in der zweiten Strophe durch einen vergleichbaren Effekt auf dem Klavier wieder; den Registerwechsel der zwischen Violine und Violoncello wechselnden Skalenausschnitte im *Allegro*-Teil vollzieht er mittels Übergreifen der rechten Hand nach. Das Stocken der lautmalerischen Pulsschlag-Figur zur textausdeutenden Chromatik der Gesangslinie an der Stelle »ich armes Mädchen fühle, daß ich recht krank muß seyn« gibt die Voglerschen Intentionen präziser wieder als Fischers Version. Webers Klavierauszug behält also sehr viel mehr von den spezifischen musikalischen Inhalten dieser Arie bei – er ist damit aber auch pianistisch anspruchsvoller.

JV

III/3 C. M. v. Weber, *Six Variations pour le Piano-Forté avec accompagnement d'un Violon et Violoncelle ad libitum, sur l'air de Naga: Woher mag dieß wohl kommen? de l'Opera: Samori* (JV 43)
Erstdruck, Wien: Magasin de l'imprimerie chymique (VN: 68), 1804, gezeigt: Titelblatt
Berlin SBB, Signatur: DMS O. 86 594

Webers Variationen gehören in eine Serie von fünf weiteren Variationsreihen über Themen aus *Samori*, die Vogler unter den Verlagsnummern 63 – 67, ebenfalls mit *ad-libitum*-Begleitung einer Violine und eines Violoncellos, im gleichen Verlag herausgab. Wie der Vergleich mit dem Klavierauszug zeigt, hat Weber das Thema nicht wörtlich übernommen, sondern aus den Motiven ein regelmäßig gegliedertes neues Gebilde geformt. Im weiteren Verlauf greift er mehrfach Abschnitte aus Voglers Arie auf, insbesondere übernimmt er größere Teile des abschließenden *Allegros* als *Coda* seiner Variationen.

JV

III/4 Georg Joseph Vogler (1749 – 1814), Porträt
Stich von Franz Valentin Durmer nach dem Gemälde von Friedrich Oelenhainz (1795)
Provenienz: F. W. Jähns; Schenkung 1881
Berlin SBB, Signatur: Weberiana Cl. VIII, H. 2, Nr. 73

III/4 Georg Joseph Vogler, Stich von F. V. Durmer

IV. *Rübezahl*, eine romantische Oper in zwei Aufzügen, Text von Johann Gottlieb Rhode

(WeV C. 4 = JV 44 – 46, JV Anh. 2, JV Anh. 27)

Ein Ruf zur Musikdirektorstelle nach Breslau eröffnete mir ein neues Feld zur Erweiterung der Effektkenntnisse. Ich schuf da ein neues Orchester und Chor, überarbeitete manche frühere Arbeiten, und komponirte die Oper Rübezahl, vom Prof. Rhode, größtentheils. Diese Bemerkung in Webers autobiographischer Skizze (Winkler, *Schriften*, Bd. 1, S. XI) ist der einzige Hinweis darauf, daß außer den uns erhaltenen Bruchstücken dieses Werkes – Geisterchor Nr. 3, Quintett Nr. 10, Rezitativ mit anschließender, unvollständiger Arietta des Kurt (unnumeriert) – sowie der später umgearbeiteten Ouvertüre mehr komponiert gewesen sein muß. Da Weber einzelne Teile bzw. Motive des Quintetts in der *Jubelkantate*, in *L'Accoglienza* und im *Oberon* wiederverwendete (Einzelnachweise vgl. Jähns, *Werke*, S. 60), kann man annehmen, daß auch in anderen Werken Spuren dieser nicht vollendeten Oper stecken.

Die Wahl des *Rübezahl*-Stoffes ist insofern bemerkenswert, als gerade in Breslau wenige Jahre zuvor ein *Rübezahl*-Libretto des geheimen Kammersekretärs Samuel Gottlieb Bürde erschienen und von Webers Lehrer Vogler vertont worden war (*Der Koppen-Geist auf Reisen*, Druck der Gesänge Breslau 1802). Während eine Aufführung dieser Voglerschen Fassung nicht nachzuweisen ist (die Musik scheint ebenfalls verloren), ging Bürdes *Koppengeist* am 27. Januar 1801 in der Vertonung des Breslauer Musikdirektors Vincenz Tuczek über die Bühne. Johann Gottlieb Rhode (1762 – 1827) verweist im Vorwort zur Veröffentlichung der Szenen 1 – 12 des I. Aufzugs seines eigenen Librettos in der von ihm herausgegebenen Wochenschrift *Der Breslauische Erzähler*, Jg. 5 (1804), auf den Text von Bürde und einen weiteren von August von Kotzebue (*Rübezahl. Ein Schauspiel in einem Aufzug*), denen jedoch eine völlig andere Handlung zugrunde liegt, bei der die komischen Elemente im Vordergrund stehen.

Rhode hatte bei seinem Libretto auf die erste der *Rübezahl*-Legenden in Johann Karl August Musäus' *Volksmärchen der Deutschen* (vgl. IV/1) zurückgegriffen, diese aber in der Umsetzung frei ausgeschmückt und dabei offensichtlich aus seinen reichen Theatererfahrungen geschöpft. Sein Buch liest sich streckenweise wie eine Zusammenstellung wirkungsvoller Szenen aus anderen Singspielen der Zeit, deren Vorbilder oft noch deutlich durchschimmern: Der in Breslau häufig gegebene *Oberon, König der Elfen* von Paul Wranitzky z. B. hat offensichtlich sowohl bei der Szene der Erscheinung des Schutzgeists (I/12) als auch bei der Wiedersehensszene von Prinzeßin, Ratibor und König (II/3), hier sogar bis in die Wortwahl, Pate gestanden. Wenn Rhode in der Vorrede seiner Publikation darum bittet, ihm nicht zu verübeln, daß der *Geist selbst als eine Art von Oberon erscheint* (ebd., S. 60), so ist dies auch insofern eigenartig, als in seinen Geisterchören einige Elemente vorkommen, die eine Verwandtschaft zur Nr. 12 in Webers (und Planchés) *Oberon* aufweisen. Ob dies ein Indiz dafür sein könnte, daß dort auch musikalisch auf den *Rübezahl* zurückgegriffen wurde, muß allerdings bezweifelt werden, denn ähnliche Bilder finden sich z. B. auch in den Geisterchören des Librettos zu *Der Berggeist oder Schicksal und Treue* von Karl von Lohbauer, das Webers *väterlicher Freund* der Stuttgarter Jahre, Franz Danzi, 1813 in Karlsruhe vertonte – Sprache und Bilder der Libretti der Zeit waren offensichtlich in einem hohen Maße von Konventionen geprägt.

Trotz mancher, auch sprachlicher Unbeholfenheit des Rhodeschen Textbuchs muß ihm eines bestätigt werden: Es ist voll theaterwirksamer Szenen und hat einen erheblichen Anteil musikalisch ausgestaltbarer Situationen. In der Anlage folgt es dem Vorbild der »romantischen« Wiener Zaubersingspiele, die musikalisch über den einfachen Singspielton hinausgehen. So hat Rhode neben viel pantomimischer Instrumentalmusik auch einzelne Rezitative vorgesehen und besonders den Ensembles und Chören ein reichhaltiges Betätigungsfeld zugewiesen. Das nur gesprochene Wort ist so sehr in den Hintergrund gedrängt, daß größere musikalische Komplexe entstehen: Im I. Aufzug folgt z. B. auf eine Romanze des Rübezahl (Szene I/4) sogleich ein Duett, danach ein Terzett (I/5) und unmittelbar anschließend Rezitativ und Ariette des Kurt (I/6), und nur ein kurzer Auftritt trennt diese vom Chor der Geister in Szene I/8. Auffallend ist auch, daß gegenüber der gedruckten Veröffentlichung der Szenen I/1 – 12 im zeitlich späteren handschriftlichen Libretto für Weber einige Dialogabschnitte in Gesangsnummern verändert wurden (vgl. in I/5, I/6 und I/10, im letzteren Fall nachträglich wieder gestrichen). Die im Textbuch nur in Akt I (von Weber?) mit Rötel ergänzte Zählung der Musiknummern deutet darauf hin, daß folgende Nummern vorgesehen und möglicherweise auch schon entworfen oder sogar komponiert waren:

Nr. 1: *Recitativ* und *Arie* Rübezahl (»So will ich mich ihr zeigen« / »Ja nur Liebe ist der Zauber«) (I/1)
Nr. 2: [Chor der] Geister: »Erhabner Gebieter | Befiehl deinen Sklaven« (I/2)
Nr. 3: *aus der Ferne eine sanfte Music, und eine Stimme die singt*: »Süß lacht die Liebe« [= *Geister-Chor hinter der Scene*] (I/2)
Nr. 4: [Rübezahl, verborgen singend:] »Reizendes Mädchen | Wie bist du so schön« (I/3)
Nr. 5: [Romanze, Rübezahl]: »Ich wars, der oft im Walde« (I/4)
ungezählt: [Duett Prinzeßin, Rübezahl] »Ha – wer bist du?« (I/4)
Terzett Klärchen, Kunigunde, Elsbeth: »Ach – wo ist sie?« (I/5)
Recitativ und *Arie* Kurt: »Vernahm ich hier nicht ihre Stimmen?« / »Wie Bienchen im Frühling« (I/6 – 7)
Nr. 6: [Chor der] Geister: »Ha! Ha! Wie schön der Fang« (I/8)
Nr. 7: *Eine freundliche Musik kündigt Rübezahls Ankunft an* (I/9)
ungezählt: Chor der Geister: »Sey uns willkommen« (I/10) mit Duett Hirt/Hirtin: »Ich bin geliebt« [Chor und Duett mit der gesamten Szene I/10 nachträglich gestrichen, daher wohl unnumeriert]
Nr. 8: *eine freundliche Music* und *Recitativ* [Prinzeßin / Stimme]: »Wie? Wach ich?« (I/12)
Nr. 9: Schutzgeist: »Sey ohne Furcht« (I/12)
Nr. 10: *Quintett*: »Prinzeßin! – O wie bange | war uns um dich!« (I/13 – 14)
Nr. 11: [Finale] (I/15)

Die Ouvertüre und einen Geisterchor (wohl Nr. 3) führte Weber am 3. April 1806 in seinem eigenen Breslauer Konzert auf. Dieser Chor erklang nochmals am 31. Dezember 1810 im Mannheimer Museum. Louis Spohr erwähnt in seinen Erinnerungen, daß Weber ihm in Stuttgart (d. h. 1807) Nummern aus der Oper *der Beherrscher der Geister* vorgespielt habe, die ihm aber *so unbedeutend und dilettantenmäßig* vorkamen, daß er *nicht im entferntesten ahnte, es werde Weber einst gelingen, mit irgendeiner Oper Aufsehen zu erregen* (Spohr, *Lebenserinnerungen*, Bd. 1, S. 109). Es kann sich hier kaum um eine Verwechslung mit der in Stuttgart entstandenen *Silvana* handeln, denn zum Zeitpunkt der Begegnung mit Spohr war noch keine Nummer der *Silvana* komponiert und offensichtlich war tatsächlich eine Überarbeitung des *Rübezahl* mit dem Stuttgarter Theaterdichter Franz Carl Hiemer geplant (vgl. Einführung zu Kap. VI). Dieser Plan scheiterte jedoch, lediglich die Ouvertüre hat Weber im November 1811 in München zu einer effektvollen Glanznummer umgearbeitet, die unter dem von Spohr erwähnten Titel *Der Beherrscher der Geister* im Bureau de Musique in Leipzig im Druck erschien. Zur Beurteilung von Webers Entwicklung wäre die *Rübezahl*-Oper fraglos eines der aufschlußreichsten Werke, so daß sehr zu bedauern ist, daß nur so wenige Fragmente erhalten blieben.

JV

IV/1 [Johann Karl August Musäus,]
Volksmährchen der Deutschen
Bd. 2, Gotha: Carl Wilhelm Ettinger, 1783
gezeigt: Titelblatt
Berlin SBB, Signatur: 323 527 R, Bd. 2

IV/2 Johann Gottlieb Rhode (Hg.),
Der Breslauische Erzähler. Eine Wochenschrift
Breslau: Carl Friedrich Barth, Jg. 5 (1804; hier falsch 1805)
gezeigt: S. 60/61, Erstdruck von Teilen des Librettos, hier: Personenverzeichnis und Beginn I. Aufzug
Berlin SBB, Signatur: Ac 6738[a], Jg. 5, 1.2

IV/3 Johann Gottlieb Rhode / C. M. v. Weber,
Rübezahl, Libretto-Handschrift
gezeigt: S. 30/31 Textbeginn Quintett Nr. 10 »Prinzessin!«
Provenienz: Weber-Familiennachlaß; Schenkung 1986
Berlin SBB, Signatur: Mus. ms. autogr. C. M. v. Weber WFN 6 (3)
vgl. Abb. auf S. 77

Wie genau die Verwendung der Musik schon in Rhodes Libretto festgelegt ist, zeigt der Übergang zu Szene 14 im I. Akt. Die Prinzeßin pflanzt die drei Rüben, die sich in ihre Gespielinnen verwandeln sollen, bereits zur Musik ein. Wenn Rübezahl die Rüben berührt, soll diese Musik lebhafter werden. Schließlich sind auch die Gruppierungen im anschließenden Quintett bereits im Textbuch angezeigt. Weber, von dessen Hand möglicherweise die mit Rötel nachgetragene *No: 10.* am oberen Rand der Seite 30 stammt, hat sich eng an die Vorgaben gehalten, kleine Abweichungen belegen aber sein Gespür für musikalische Wirkungen. So läßt er z.B. Klärchens Wiedererkennungsruf »Prinzeßin!« (zu Beginn von Szene I/14) unmittelbar von allen drei Freundinnen wiederholen oder überläßt den Ausdruck der Wiedersehensfreude (»O wie durchströhmt meinen Busen | Der Seeligkeit Fülle ...«) nicht der Prinzeßin, sondern setzt an dieser Stelle unvermittelt mit dem Quintett der Singstimmen im *Tutti* ein – er gestaltet also den Ausbruch der Freude und verleiht ihm dramatische Wirkung.

Der frühere Beginn der Nummer ist auf S. 31 des Textbuchs vermerkt: von fremder Hand ist die ursprüngliche Angabe *Quintett* gestrichen und mit Bleistift drei Zeilen höher versetzt worden. Gegen Ende des Quintetts hat Weber im übrigen aus musikalischen Gründen nochmals stärker in die Disposition Rhodes eingegriffen und damit ein erstaunlich wirkungsvolles Ensemble geschaffen.

JV

IV/4 C. M. v. Weber, *Rübezahl*, *Quintetto* Nr. 10 »Prinzessin!« (JV 46), Autograph
gezeigt: S. 1
Provenienz: Weber-Familiennachlaß; Schenkung 1986
Berlin SBB, Signatur: Mus. ms. autogr. C. M. v. Weber WFN 6 (2)
vgl. Abb. auf S. 78

Der Beginn des *Rübezahl*-Quintetts zeigt bereits die klare Diktion, die für Webers Partitur-Reinschriften typisch blieb. – Über dem System der Flöten sind die Textstichworte und die Szenenanweisung notiert: *die Prinzeßin Pflanzt die 3 Rüben, und nennt die Nahmen.* Weitere, in Musik umgesetzte Szenenanweisungen werden danach stets in Systeme von pausierenden Instrumenten geschrieben, so hier in den Takten 7ff.: *Rübezahl berührt die*

Rüben mit seinem Stabe, die 3 Mädchen steigen schnell aus dem Boden in die Höhe und eilen auf die erschrokene Prinzeßin zu. Typisch für Webers Empfinden der Dynamik der Handlung scheint, daß er mit der zweiten Wiederholung der Eingangsfloskel im Violoncello T. 7ff. bereits die in Sechzehntelrepetitionen umgesetzte Figur der Oberstimme verbindet und damit musikalisch die Wirkung von Rübezahls Zauberstab in Gang setzt, darüber hinaus aber auch die Nennung des Namens »Elsbeth« vor dem Verklingen des dreitaktigen Motivs eintreten läßt, um darin die innere Verfassung der Prinzeßin, die voller Neugier auf das Ergebnis des Experiments ist, widerzuspiegeln. In solchen Details zeigt sich, wie viel er dem vorherigen Unterricht bei Vogler im Hinblick auf die »Dramatisierung« der Musik zu danken hatte.

Der am oberen rechten Rand sichtbare Rötel-Zusatz *N: 13* muß mit einer älteren Zählung des Nachlasses in Verbindung stehen.

JV

IV/5 C. M. v. Weber, *Rübezahl*, Ouvertüre (JV Anh. 27)

fragmentarische Kopie der Stimme der Violine 1, später verwendet als Makulatur-Papier für Entwürfe zum Trio für Flöte, Violoncello und Klavier g-Moll (JV 259)

Provenienz: 1843 von Caroline von Weber an F. W. Jähns verschenkt; Schenkung 1881
Berlin SBB, Signatur: Weberiana Cl. I, 22 [S. D]
vgl. Abb. auf S. 51

Am 21. August 1843 erhielt Jähns in Dresden von Webers Witwe einige Blätter mit autographen Skizzen Webers zur *Aufforderung zum Tanze* op. 65, den vierhändigen Klavierstücken op. 60 und dem Trio g-Moll op. 63 zum Geschenk. Auf einem dieser Blätter findet sich über den Skizzen zum Finalsatz des g-Moll-Trios das von Kopistenhand notierte Ende einer Violin- oder Flötenstimme. Hierbei handelt es sich offensichtlich um die letzten 11 Takte der Ouvertüre zu *Rübezahl* in der ursprünglichen Gestalt, denn die Fassung weicht von jener der Umarbeitung aus dem Jahre 1811 ab (schließt auch noch in Moll statt Dur), und das Papier dieses Blattes entspricht dem des Quintetts und der letzten beiden Blätter der Kurt-Ariette in den übrigen erhaltenen autographen Fragmenten des *Rübezahl* (WZ: SCHWEIDNITZ). Die Tatsache, daß Weber dieses Blatt 1818 bzw. 1819 in Dresden als Makulatur-Papier verwendete, zeigt, daß er die alte Fassung für nicht mehr aufbewahrenswert ansah.

JV

IV/6 *Carl Marie B. v. Weber*, Porträt

Stich von Johann Neidl nach Joseph Lange (1804), Wien: Jos. Eder, Augsburg: Gombart

Provenienz: möglicherweise aus der Sammlung Aloys Fuchs, die 1879 aus dem Nachlaß von Friedrich August Grasnick erworben wurde
Berlin SBB, Signatur: Mus. P Weber, K. M. v. I/1
vgl. Text und Abb. auf S. 32f.

IV/7 Stadtansicht von Breslau

anonyme Lithographie um 1830

Berlin SBB, Kartenabt., Signatur: Y 14873/10

IV/8 C. M. v. Weber, *Rübezahl*, Quintett Nr. 10 »Prinzessin!« (JV 46)

Erstdruck des Klavierauszuges von Friedrich Wilhelm Jähns, Berlin: Schlesingersche Buch- und Musikhandlung (VN: 2323), 1839, gezeigt: Titelblatt

Provenienz: F. W. Jähns; Schenkung 1881
Berlin SBB, Signatur: Weberiana Cl. IV B [Mappe VI], Nr. 927

Nachdem Friedrich Wilhelm Jähns sich Anfang April 1838 mit Webers Witwe über die Drucklegung einiger unpublizierter Werke ihres Gatten geeinigt hatte (vgl. IV/9), konnten zwischen Ende 1838 und 1840 bei Schlesinger in Berlin als *Nachgelassene Werke* vornehmlich Kompositionen der Breslauer und frühen Stuttgarter Zeit erscheinen: als Nr. 1 ein Stimmendruck der 2. Sinfonie JV 51, als Nr. 2 die *Romanza siciliana* JV 47, als Nr. 3 und 5 ein Duett und ein Rondo zum *Freybrief* (JV 78 und 77), als Nr. 6 das *Grablied* JV 37 und als Nr. 4 der hier gezeigte Klavierauszug des Quintetts aus *Rübezahl* JV 46. Jähns widmete den Druck Webers Berliner Freund, dem Zoologen Martin Hinrich Lichtenstein, der sich auch als treuer Freund und Berater der Witwe Webers erwiesen hatte.

JV

IV/9 Caroline von Weber, eigenhändiges Schreiben an den Verlag Schlesinger, 2. April 1838

Provenienz: von F.W. Jähns bei Wilhelm Küntzel, Leipzig, erworben; Schenkung 1881

Berlin SBB, Signatur: Weberiana Cl. V [Mappe I A], Abt. 3, Nr. 13b

Caroline von Weber setzte die Vollmacht für Jähns, mit Schlesinger über die Herausgabe ungedruckter Werke Webers zu verhandeln, zweimal auf: am 25. März und 2. April 1838. Darauf bezieht sich Jähns' Bleistift-Ergänzung am Kopf des Briefes: *Doublette* [...] *von Lina v. Weber's Briefen an F. W. Jähns.* Der in einigen Formulierungen von der Erstfassung abweichende Text der 2. Niederschrift lautet:

> »Ich ertheile Herrn Friedrich Wilhelm *Jähns* die Vollmacht den Kauf, der von uns in seiner Hand befindlichen eigenhändigen Musikstücke Webers, in gleichlautenden Abschrieften, unter den mir mitgetheilten Bedingungen, mit Herrn Musikhändler Schlesinger abzuschließen. Erbitte mir aber einen spezifizierten Empfangschein des Herrn Käufers, mit der benennung der von ihm für die Musikstüke bezahlten Summe, zu meiner Legitimation bey dem Vormund meiner Kinder.
>
> Carolina von Weber
>
> Dresden den 2t Aprill 1838.«

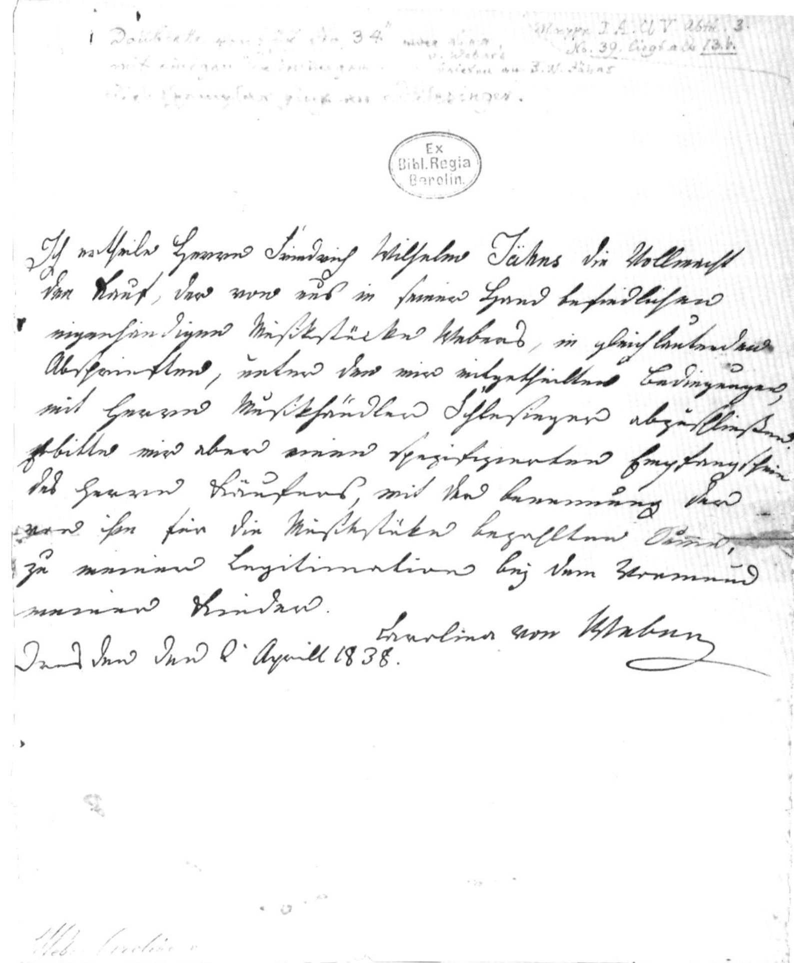

IV/9 Caroline von Weber, Vollmacht für F. W. Jähns

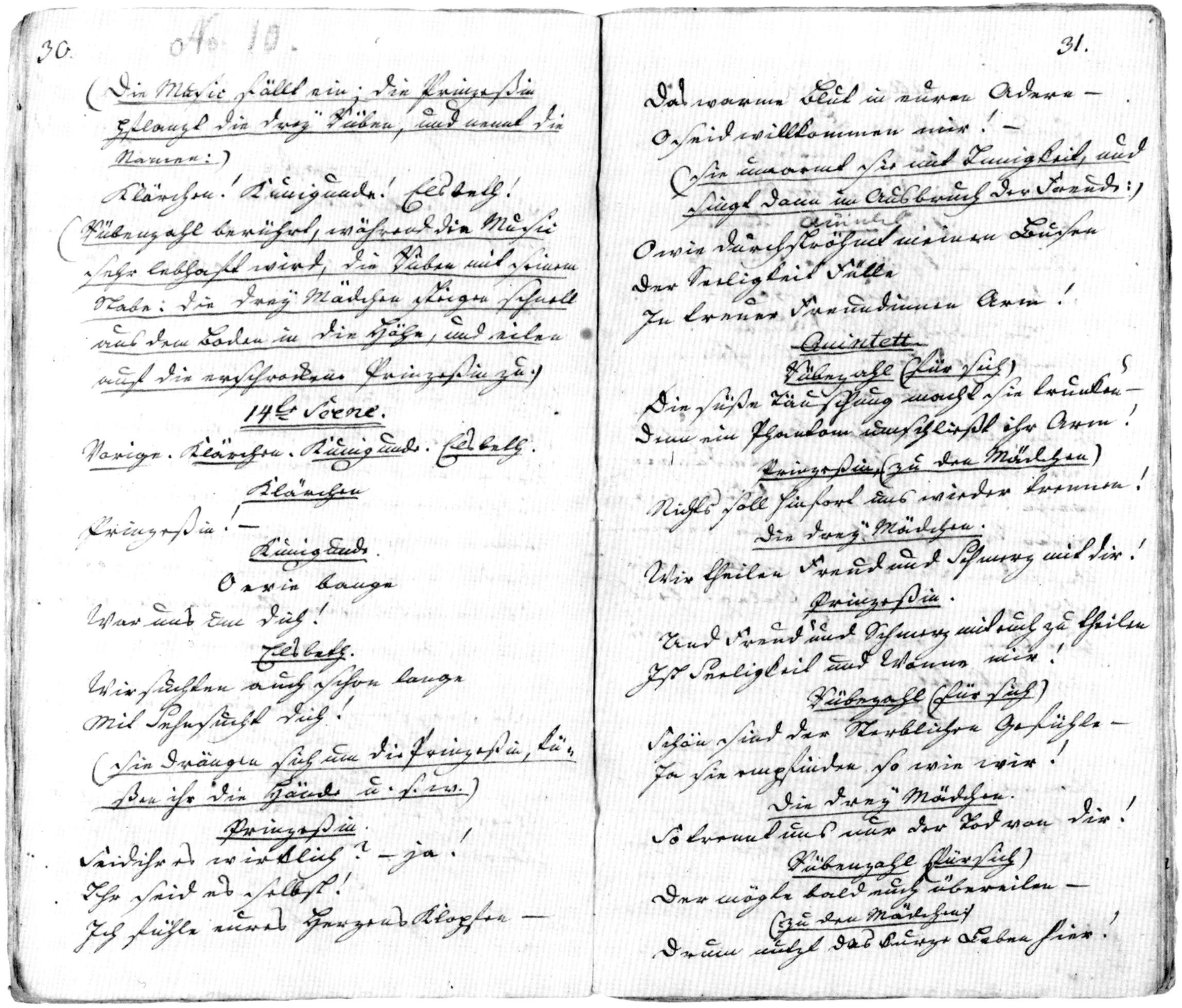

(Die Music fällt ein; die Prinzeßin erblickt die drey Buben, und nennt die Namen:)

Klärchen! Kunigunde! Adelheid!

(Rübezahl verschwindet, während die Music sehr lebhaft wird, die Buben mit seinem Stab: die drey Mädchen springen schnell aus dem Boden in die Höhe, und eilen auf die entschwundene Prinzeßin zu.)

14te Scene.

Vorige. Klärchen. Kunigunde. Adelheid.

Klärchen

Prinzeßin! —

Kunigunde.

O wie lange
War uns um dich!

Adelheid.

Wir suchten auch schon lange
Mit Sehnsucht dich!

(Sie drängen sich um die Prinzeßin, küßen ihr die Hände u. s. w.)

Prinzeßin.

Seid ihrs wirklich? — ja!
Ihr seid es selbst!
Ich fühle euer Herzen klopfen —

Das warme Blut in euren Adern —
O seid willkommen mir! —

(sie umarmt sie mit Innigkeit, und singt dann im Ausbruch der Freude:)

O wie durchströmt meinen Busen
Der Seligkeit Fülle
In eurer Freundinnen Arm!

Quintett

Rübezahl (für sich)

Die süße Täuschung macht sie brennen —
Denn ein Phantom umschließt ihr Arm!

Prinzeßin (zu den Mädchen)

Nichts soll hinfort uns wieder trennen!

Die drey Mädchen.

Wir theilen Freud und Schmerz mit dir!

Prinzeßin.

Und Freud und Schmerz mit euch zu theilen
Ist Seligkeit und Wonne mir!

Rübezahl (für sich)

Schön sind der Herzlichen Gefühle —
Ja sie empfinden so wie wir!

Die drey Mädchen.

So trennt uns nur der Tod von dir!

Rübezahl (für sich)

Der möge bald euch übereilen —
(zu den Mädchen)
Drum nutzt das kurze Leben hier!

IV/3 *Rübezahl*, Libretto-Manuskript

IV/4 *Rübezahl*, Autograph

V. *Silvana*, romantische Oper in drei Aufzügen, Text von Franz Carl Hiemer (WeV C. 5 = JV 87)

In der Partitur der *Silvana* begegnet uns Weber auf der Suche: er ist sich über die gültige Form einer »romantischen Oper« noch nicht restlos im klaren und bedient sich heterogener Versatzstücke aus verschiedensten Opern-Modellen. So ist es nicht verwunderlich, daß die Zeitgenossen Schwierigkeiten mit der Einordnung des Werks hatten; in frühen Quellen werden diesem Singspiel die Attribute *romantisch*, *heroisch* oder *heroisch-komisch* zugeordnet. Die »Buntheit« der *Silvana* wird sicherlich durch das Libretto begünstigt, ist aber auch Folge ihrer Entstehungsgeschichte.

Thematische Grundlage des Werks war das knapp zehn Jahre ältere *Waldmädchen*. Diesen frühen Opernversuch hatte Weber inzwischen als bühnenuntauglich verworfen, noch immer schienen dem Komponisten jedoch die dem Stoff innewohnenden Möglichkeiten, insbesondere die Konzeption der Titelfigur, reizvoll: Silvana ist stumm, um sie »sprechen« zu lassen, bedarf es der Sprache der Instrumente, einer romantischen »Klangrede«. So bat Weber seinen Freund Franz Carl Hiemer (1767/68 – 1822), das *Waldmädchen*-Libretto von Steinsberg umzuarbeiten. Allerdings wurde nicht nur das Steinsbergsche Libretto einer »Wiederverwertung« zugeführt, auch Musik, die Weber für gelungen hielt, sollte Eingang in das neue Werk finden. Bislang war man hinsichtlich des Umfangs musikalischer Übernahmen aus dem *Waldmädchen* in die *Silvana* auf Vermutungen angewiesen, lediglich die Datierung der Ouvertüre mit *renovata il 23 Marzo 1809* sprach für eine Umarbeitung der älteren Vorlage. Die überraschende Auffindung der vollständigen Partitur von Webers Bühnen-Erstling in St. Petersburg eröffnet der Forschung auch in dieser Hinsicht neue Möglichkeiten.

Hiemers Lebenswandel – der Pfarrerssohn hatte sich bereits als Offizier, Schauspieler und Maler versucht – verrät kaum einen steten Charakter, und so ließ sich der Beamte im Stuttgarter General-Finanzdirektorium auch bei der Neufassung des Operntextes Zeit. Die Arbeiten an der Vertonung dauerten von Sommer 1808 bis Februar 1810, und nicht selten mußte Weber den Freund zur Arbeit drängen, etwa am 19. Juni 1809 mit einem gereimten Brief, dem er einige »Anweisungen zur Dichtung« beigab (vgl. V/2):

»Reim Herz und Schmerz
und Wonn und Sonn
laß Herzen brechen
und Freunde rächen,
Sieh Sturm und Graus
Fluch wie ein Haus
laß ringen, streben, Toben, dräu'n
und endlich selbst dem Feind verzeihn –
Ich weiß[,] wenn du nur willst, du kannst!
mann kennet dich, du fauler Wanst«

Zu einer ernstlichen Verstimmung scheint es zwischen beiden trotz der Verzögerung nicht gekommen zu sein. Auch der Text zu Webers nächster Oper *Abu Hassan* stammt aus der Feder Hiemers, und der Eintrag des Dichters in das Freundschaftsalbum des Komponisten vom 25. Februar 1810 (vgl. V/3) läßt zusätzlich auf eine geplante Umarbeitung der Fragment gebliebenen Oper *Rübezahl* schließen.

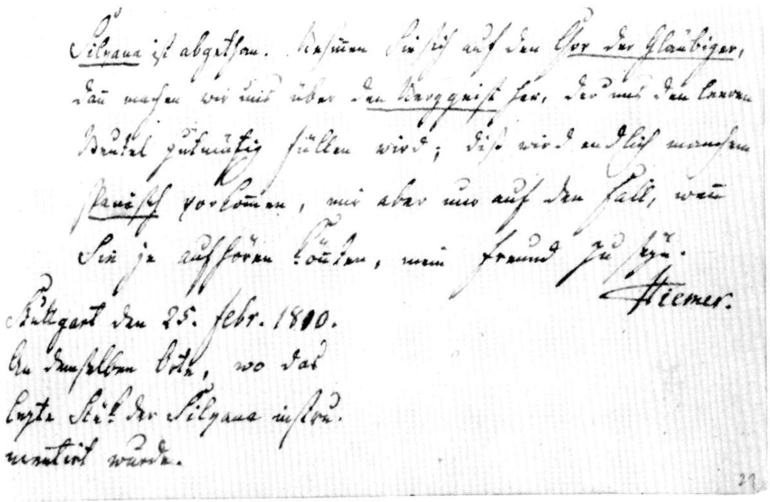

V/3 Hiemers Eintrag in Webers Stammbuch

Zu dieser dritten Zusammenarbeit sollte es allerdings nicht mehr kommen. Weber, bei Herzog Ludwig Friedrich Alexander von Württemberg als Geheimer Sekretär angestellt, wurde der Veruntreuung von Geldern seines Dienstherren bezichtigt und in Haft genommen. Hinzu kamen ein Bestechungsverdacht und private Schulden. Der Prozeß verlief zwar im Sande, doch Weber wurde des Landes verwiesen. Damit war auch die geplante Uraufführung der *Silvana*, deren Komposition erst im Arrest fertiggestellt wurde, in Stuttgart unmöglich geworden.

Neue Hoffnung brachte ein Angebot aus Frankfurt. Der Direktor des dortigen Nationaltheaters Johann Jakob Ihlée nahm das Stück zur Aufführung an. Weber reiste Ende August 1810 zu den Proben in die Messestadt. Die Generalprobe wurde am 13. September abgehalten, drei Tage später fand die Premiere statt, deren Gelingen allerdings durch die terminliche Überschneidung mit einer spektakulären Ballonfahrt der Madame Blanchard am selben Tag beeinträchtigt wurde (vgl. V/4). Volle Genugtuung brachte Weber erst die zweite Vorstellung zehn Tage später. *Vortrefflich executirt*, notierte er in seinem Tagebuch. Für die Beliebtheit des Werks, besonders der heiteren Gesänge des Dieners Krips (Nr. 6 und 14), sprechen die Separatausgaben, die der Offenbacher Verlag André wenige Monate nach der Uraufführung veröffentlichte (vgl. V/6). Die Darstellerin der Titelfigur war in den Frankfurter Aufführungen die sechzehnjährige Schauspielerin Caroline Brandt – sie sollte sieben Jahre später Webers Ehefrau werden. Neben ihr gab Margarethe Lang, Webers »Muse« aus der Stuttgarter Zeit, die Mechtilde; sie war von Weber wohl bereits bei der Komposition des Werks als Ideal-Besetzung dieser Partie favorisiert worden.

Weitaus stärkere Widerstände als bei der Uraufführung waren im Vorfeld der zweiten Produktion der Oper in Berlin zu überwinden. Der dortige Kapellmeister Bernhard Anselm Weber hatte im Februar 1811 an Hiemer gemeldet: *es freut mich, Ihnen nunmehr sagen zu können, daß die von Ihnen überschikte Oper »Silvana« angenommen ist, und noch dieses Frühjahr aufgeführt werden soll. ich habe sie schon zum ausschreiben gegeben, und werde die Proben mit der Liebe und dem Fleiße halten lassen, als wenn sie mein eigenes Werk wäre.* Dann übernahm allerdings Vincenzo Righini die Orchesterproben und erklärte das Stück schlicht für unausführbar. Webers anfängliche Enttäuschung wandelte sich in Ärger, und so reiste er selbst nach Berlin, um sich für die Aufführung einzusetzen. Am 16. Mai 1812 konnte er seinem Freund Johann Gänsbacher berichten: *ich glaube dir schon früher geschrieben zu haben daß Rhigini Kabalen macht, weil er damals die Oper liegen ließ, und erklärte man könnte sie nicht aufführen. d: 11t dieses* [*Monats*] *war endlich eine große Probe die ich selbst dirigirte, das Orchester liebt mich sehr, und alles gieng so vortrefflich als ob wir es schon 10 mal probirt hätten, alle waren erstaunt, erkannten die Musik nicht wieder, und nun hoffe ich soll nichts mehr der Aufführung entgegen stehen.*

Doch damit nicht genug, eine Aussprache mit dem befreundeten Komponisten Friedrich von Drieberg, der Kritik an der Oper äußerte, stürzte Weber in tiefe Selbstzweifel (vgl. V/7). Stärker als alle Kabalen verunsicherte Weber dessen negatives Urteil. Er hatte bereits vorher Streichungen für die Berliner Aufführung vorgenommen, nun aber war er von der Unzulänglichkeit zweier Arien überzeugt. Kurzerhand verzichtete er auf diese beiden Nummern und ersetzte sie durch neue Kompositionen, zu denen der Referendar im Justiz-Ministerium F. G. Toll die Texte lieferte (vgl. V/8 – 12). Toll wohnte im selben Hause wie der mit Weber befreundete Justiz-Kommissar Friedrich Gottlieb Türke (Hausvogteiplatz 12) – dort dürfte die Bekanntschaft vermittelt worden sein. In der überarbeiteten Form ging die Oper am 10. Juli 1812 in Szene und erntete jubelnden Beifall.

Mit *Silvana* gelang Weber sein erster Erfolg als Bühnenkomponist, der mehr als nur lokal begrenzte Wirkung erzielte. Aufführungen in Weimar (1814), Dresden und Leipzig (1816), Prag (1817), Graz (1818), Preßburg und Baden (1819/20) sowie Pest (1820) folgten. Neue Einstudierungen wurden durch den Sensationserfolg des *Freischütz* begünstigt (1821 Königsberg, 1821/22 Linz, 1823 Riga, 1824 Salzburg und Petersburg, 1825 Dessau), und schließlich war Webers Tod Auslöser einer letzten Aufführungsserie (1827 Bremen, Breslau, Mainz, Trier, 1828 London, 1829 Danzig, Görlitz, 1830 Moskau), dann wurde es jedoch still um das Werk. Weber selbst hatte in den ersten Jahren nach der Entstehung im Freundeskreis gerne aus der Oper musiziert und deren Verbreitung nach Kräften gefördert. Die 1817 vorbereitete Einstudierung unter Webers Leitung in Dresden, für die der Komponist noch einige Änderungen, speziell das 2. Finale betreffend, vornahm, wurde allerdings abgesetzt. Ab 1819 spielt das Werk in Webers Briefen und Tagebuchnotizen kaum mehr eine Rolle; im Bewußtsein des Komponisten dürfte der formal geschlossenere *Freischütz* die musikalisch buntere *Silvana* verdrängt haben.

FZ

V/1 C. M. v. Weber, *Silvana*, autographe Reinschrift

gezeigt: Bd. 1 (Akt I), Bl. 36v/37r, Ende des *Coro* Nr. 3 »Halloh! Halloh« und Beginn der Arie Nr. 4[a] (Rudolph) »Arme Mathilde«

Provenienz: durchgängig in Familienbesitz
Privatbesitz Hans-Jürgen Freiherr von Weber, Hamburg
vgl. Abb. des Bl. 37r auf S. 87

Durch den Verlust des Autographs des II. Akts der *Silvana* ist nur zu 11 der insgesamt 20 Musiknummern die genaue Entstehungszeit bekannt. Die Arie des Rudolph, von Weber *d: 13t December 1808* datiert (Bl. 37r, oben rechts), stand fast am Beginn der Beschäftigung des Komponisten mit dem Werk. Nur zu einer Nummer, dem Jägerchor Nr. 3, ist eine frühere Datierung überliefert (*d: 18t Juli 1808. Ludwigsb:*[*urg*] *comp:*), die sich allerdings lediglich auf den Entwurf bezieht; *notirt*, d. h. vollendet, wurde der Chor erst *d: 13t März 1809* (vgl. Bl. 36v nach dem Schlußstrich). Dieses frühe Arbeitsstadium mag auch einen Fehler Webers in der Auftrittsarie Rudolphs erklären, er benutzte im Gesangstext den Rollen-Namen »Mathilde« aus dem *Waldmädchen* von 1800. Bei der Umarbeitung des Librettos durch Hiemer wurde die Partie jedoch aus Mathilde in Mechtilde umbenannt. Möglicherweise resultierte der Fehler aus der Tatsache, daß Weber zum Zeitpunkt der Komposition dieser Arie erst der Text zum I. Akt vorlag. Die Entscheidung zur Änderung des Rollen-Namens könnte erst bei der Umarbeitung der Akte II und III getroffen worden sein, da Mechtilde erstmals in Szene II/1 auftritt. Der falsche Name »Mathilde« findet sich übrigens auch auf dem Theaterzettel zur Frankfurter Uraufführung.

Die nachträgliche autographe Notiz *Vide 2t Partitur* bezieht sich auf die Umarbeitung der Oper für die Berliner Erstaufführung 1812. Im Rahmen der Aufführungs-Vorbereitungen wurde die vorliegende Arie gegen eine neue Komposition (vgl. V/8) ausgetauscht. Der Strich-Vermerk sollte Kopisten, die nach Webers

Autograph Partitur-Kopien auszuschreiben hatten, signalisieren, daß an dieser Stelle die dem Autograph lose beiliegende Partitur der neuen Szene Nr. 4[b] die ältere Arie zu ersetzen hatte. Den Reinschrift-Charakter der vorliegenden Partitur unterstreicht u. a. ein Fehler: Weber vergaß im 1. Takt den Tenorschlüssel für das Fagott, dieser wurde erst später nachgetragen, allerdings ohne die Rückkehr zum Baßschlüssel in T. 11 zu vermerken. Solch ein Versehen könnte aus dem eher mechanischen Übertragen des Notentextes von einer Arbeitspartitur bzw. einem Particell in die Reinschrift resultieren.

FZ

V/2 C. M. v. Weber, Entwurf eines Briefes an Franz Carl Hiemer, 19. Juni 1809
gezeigt: S. 1
Provenienz: Weber-Familiennachlaß; Schenkung 1986
Berlin SBB, Signatur: Mus. ep. C. M. v. Weber 38

V/3 *Denkmal meiner Freunde und Freundin[n]en für Carl Maria von Weber 1799*
gezeigt: Bl. 21r, Eintrag von Franz Carl Hiemer vom 25. Februar 1810
Provenienz: Weber-Familiennachlaß; Schenkung 1986
Berlin SBB, Signatur: Mus. ms. theor. C. M. v. Weber WFN 5
vgl. Abb. auf S. 80 und Text S. 90

V/4 C. M. v. Weber, *Tagebuch der Reise vom Jahr 1810*, Autograph
gezeigt: Bl. 21v, Eintragungen vom 16. – 17. September 1810
Provenienz: Weber-Familiennachlaß; Schenkung 1986
Berlin SBB, Signatur: Mus. ms. autogr. theor. C. M. v. Weber WFN 1

Zur Uraufführung der *Silvana* am 16. September 1810 in Frankfurt a. M. notierte Weber in seinem Tagebuch:

»d: 16t Probe. *Vogler* und Beer, Hoffmann, und *Dahm*, *Dahl pp Duroi*, Hertling, *Roek*: angekommen. Mittag bey Schmitt.

Nachmitt[a]gs die verdammte Luftfahrt der Mad: Blanchard, weswegen das Theater erst um 7 Uhr anfing. Abends zum Erstenmal meine Oper *Silvana*, mit vielem Beyfall, troz der Zerstreu[u]ng des Publikums, und troz dem daß es nicht gut gieng. das *rumbidiwid.*[*ibum*] *da Capo* gerufen, und ich und die Mlle [Caroline Brandt] Herausgerufen, ich kam nicht aber Sie. wegen dem späteren Anf[a]ng blieb Rudolpfs[sic], Mecht: und Adelh: Arie weg.«

Unter den Besuchern der Aufführung am Frankfurter Nationaltheater unter Leitung des dortigen Kapellmeisters Carl Joseph Schmitt befanden sich u. a. Webers Lehrer Georg Joseph Vogler und der damals neunzehnjährige Giacomo Meyerbeer. Am selben Tag veranstaltete die französische Ballonfahrerin Marie Madelaine Sophie Blanchard anläßlich der Frankfurter Herbstmesse eine Luftfahrt, die den Beginn der Aufführung verzögerte und für Unruhe im Publikum sorgte. Daher entfielen an diesem Abend aus Zeitgründen die Arien des Rudolph Nr. 4[a] und der Mechtilde Nr. 10[a] sowie die Arie des Adelhart Nr. 17. Besonderen Beifall fand die Ariette des Krips Nr. 14 mit dem *rumbidiwidibum*-Refrain, die wiederholt werden mußte. In einer Rezension für das *Morgenblatt für gebildete Stände* (Jg. 4, Nr. 237 vom 3. Oktober 1810, S. 948) beschreibt Meyerbeer die durch die äußeren Beeinträchtigungen dieser Aufführung hervorgerufene Reaktion des Publikums: *Die meisten der Zuhörer kamen erst zum Ende des ersten Akts. Daher die vielen Klagen über Mangel an Verständlichkeit und Zusammenhang, wie auch über manche nicht genug motivirt scheinende Scene.* Trotzdem wurde die Oper mit Begeisterung aufgenommen, die laut Meyerbeer *sich am Schlusse des Stückes durch ein jauchzendes Hervorrufen des Komponisten und der Dlle. B r a n d äußerte, welche letztere die S i l v a n a auf eine sehr ausgezeichnete Weise dargestellt hatte. – Der Komponist, dem wahr-*

scheinlich das beseligende Bewußtseyn genügte, das Publikum fast wider seinen Willen, blos durch den innern Gehalt der Musik, zur Aufmerksamkeit und Bewunderung hingerissen zu haben, zog sich bescheiden zurück, und erschien nicht, sondern überließ der Dlle. B r a n d allein den Glanz des Abends [...].

DB

V/5 Carl Maria von Weber, Porträt-Silhouette (1809)
Provenienz: Gottfried Weber, von dessen Tochter Antonie Weber 1874 an Jähns verschenkt; Schenkung 1881
Berlin SBB, Signatur: Weberiana Cl. VIII, H. 1, Nr. 86
vgl. Text und Abb. auf S. 33f.

V/6 *Favorit Gesänge aus der Oper: SILVANA von Carl Maria von Weber. K[l]avierauszug. N° 2*, Offenbach: Joh. André (VN: 2987), enthält Ariette Nr. 14 (Krips) »Sah ich sonst ein Mädchen« (1810/11), gezeigt: Titelblatt
Provenienz: F. W. Jähns; Schenkung 1881
Berlin SBB, Signatur: Weberiana Cl. IV B [Mappe VI], Nr. 929

V/7 C. M. v. Weber, *Tagebuch der Reise vom Jahr 1812*, Autograph
gezeigt: Bl. 1r Titelseite und Bl. 16v/17r mit Eintragungen vom 8.–14. Mai 1812
Provenienz: Weber-Familiennachlaß; Schenkung 1986
Berlin SBB, Signatur: Mus. ms. autogr. theor. C. M. v. Weber WFN 1
vgl. Abb. von Bl. 16v und 17r auf S. 88

Im Vorfeld der Berliner Erstaufführung der *Silvana* notierte Weber am 13. Mai in seinem Tagebuch:

»d: 13t früh zu *Dryberg* gegangen. Er sagte mir daß alles mit meiner Oper gut gehen würde. und machte mir verschiedene Bemerkungen. ich hasche nach Effekten, das Instrumentale sey dies [vielmehr: die] Brillanteste Seite, die Singstimmen zuweilen vernachläßigt, und ein Stükk sähe dem anderen ziemlich ähnlich, so daß eine gewiße Eintönigkeit sich über das Ganze verbreite. an den ersten Bemerkungen finde ich viel wahres, mein Abu Haßan, ist bey weitem klarer und gediegener, und eine neue Oper die ich schreibe wird gewiß höchst einfach, und mit weniger Aufwande Effektuirt. manche Stükke, die erste Arie des *Rudolpt* [sic] und die der Mechtilde haben durch das Streichen derselben ihren ursprünglichen Musikalischen zusammenhang verlohren, und sind nun bunt geworden, *pp* die Instrumentation ist freylich stärker als ich sie jezt machen würde, aber doch um nichts mehr als eine Mozartsche *pp* beladen.

die lezte Bemerkung, machte mich sehr traurig, weil ich ihre Wahr oder Unwahrheit nicht beurtheilen kann. Sollte ich keine Mannigfaltigkeit der Ideen besizzen, so fehlt mir offenbar *Genie*, und sollte ich mein ganzes Leben hindurch alle [sic] mein Streben allen meinen Fleiß alle meine glühende Liebe einer Kunst geopfert haben, zu welcher Gott nicht den ächten Beruf in meine Seele gelegt hätte? – diese Ungewißheit macht mich höchst unglüklich. um keinen Preiß möchte ich in der Mittelklaße von den 1000 und 1000 *Compositeur*leins stehen, kann ich nicht eine hohe, eigne Stuffe erklimmen, möchte ich lieber gar nicht leben, oder als Klavier Profeßionist mein Brod mit *Lectionen* zusammen betteln. –

doch ich will meinem Wahlspruch keine Schande machen, Beharrlichkeit führt zum Ziel – ich werde streng über mir wachen, und die Zeit wird mich und die Welt belehren ob ich mit Nuzzen diese ächte aufrichtige Meinung benuzt habe. – – – «

Diese ausführlichen Selbstbetrachtungen Webers weichen im Charakter wesentlich von den sonst üblichen, knapp gehaltenen Notizen seines Tagebuchs ab und offenbaren Zweifel und Betroffenheit angesichts der Kritik des preußischen Kammerherrn und dilettierenden Komponisten Friedrich von Drieberg (1780 – 1856). Wieweit diese aus ehrlicher Überzeugung oder aber als Reaktion auf kritische Bemerkungen Webers geäußert wurde, muß offenbleiben. Weber hatte am 15. April 1812 die Uraufführung von Driebergs Oper *Don Tacagno* besucht und Drieberg gegenüber eine ähnlichlautende Kritik geäußert. In seiner am 24. April geschriebenen, überwiegend positiven Rezension des Werkes, die in der Leipziger *Allgemeinen Musikalischen Zeitung* allerdings erst am 20. Mai – eine Woche nach seinen Tagebuchnotizen – veröffentlicht wurde, heißt es u. a., die Arien seien *nicht von so abwechselndem Colorit als nötig* [...] *auch in der Wahl der Melodieen hätte etwas mehr Sorgfalt seyn können.* Trotzdem führte das Gespräch mit Drieberg zu einer kritischen Auseinandersetzung Webers mit seinem bisherigen Opernschaffen, mit dem Ergebnis, daß er anstelle der Arien Nr. 4[a] und 10[a], die ursprünglich nur gekürzt werden sollten, neue Nummern komponierte (vgl. V/8 und 9). Der Erfolg der von Weber geleiteten Berliner Aufführung vom 10. Juli 1812 schlug sich in einer positiven Bestandsaufnahme vom selben Tag in seinem Tagebuch nieder:

> »durch die neuen Arien hat die Oper sehr gewonnen. erst hier ist mir die wahre Ansicht über Arien Form erschienen. die alten waren zu lang, dann gestrichen verlohren sie den ächten Zusammenhang und wurden zu bunt. ich habe auch bemerkt daß ich sehr über meiner Manier wachen muß um nicht Monoton zu werden: in meinen MelodieFormen sind die Vorhalte zu oft und zu vorherrschend. auch in Hinsicht der Tempos und des Rythmus muß ich künftig mehr Abwechslung suchen. hingegen fand ich Instrumentation gut. alles machte Effekt, ganz anders wie in Frankf. und die Singstimmen traten schön hervor. Selbst meine Feinde gestehen mir *Genie* zu, und so will ich denn bey Anerkennung meiner Fehler doch mein Selbstvertrauen nicht verliehren, und muthig und vorsichtig über mir wachend fortschreiten auf der Bühne der Kunst.«

DB

V/8 C. M. v. Weber, *Silvana*, Autograph der nachkomponierten *Scena* Nr. 4[b] (Rudolph) »So soll denn dieses Herz nie Liebe finden?«

gezeigt: Bl. 1r

Provenienz: durchgängig in Familienbesitz

Privatbesitz Hans-Jürgen Freiherr von Weber, Hamburg

Die vorliegende Szene komponierte Weber anläßlich der Berliner Erstaufführung als Ersatz für die vormalige Arie Nr. 4[a] des Rudolph »Arme Mathilde!« (vgl. V/1). Webers Datierung auf der ersten Seite des Autographs *Zur Oper Silvana comp: in Berlin d: 30t Juny 1812* widerspricht seinen eigenen Tagebuchaufzeichnungen. Dort hatte er bereits am 27. Juni notiert: *die Scene für Eunike vollendet.* Möglicherweise bezieht sich die Angabe im Tagebuch nur auf den Entwurf der Arie für den Tenor Friedrich Eunicke, die Aufschrift auf dem Autograph auf die Fertigstellung der Partitur. Im Gegensatz zur »Normal«-Besetzung der 1. Fassung veränderte Weber die Instrumentierung: er verzichtete auf die Oboen und integrierte statt dessen ein zweites Paar Hörner in B. Bereits in der Introduktion Nr. 1 und dem Chor Nr. 3 hatte der Komponist vier Hörner verwendet, in der neuen Arie schließt er allerdings nicht an die Jagdmotivik dieser Nummern an; die Verstärkung des Blechs dient hier vielmehr der Illustration der abschließenden Textpassage Rudolphs: »Wo die Schlachtdrommeten schallen, | wo des Kampfes Stürme hallen, | dort eil' ich hin, dort find ich Ruh.«

Im Autograph der Oper aus Webers Besitz verblieb die ältere Komposition von Rudolphs Auftrittsarie Nr. 4[a] zwar an ihrem Platz im I. Akt, wurde aber mit dem Hinweis auf die Neukomposition für ungültig erklärt. Das gezeigte Manuskript der in Berlin neu entstandenen Szene Nr. 4[b] legte Weber der vollständigen Opern-Partitur bei.

FZ

V/9 C. M. v. Weber, *Silvana*, Autograph der nachkomponierten *Scena* Nr. 10[b] (Mechtilde) »Er geht, Er hört mich nicht«

gezeigt: Bl. 1r

Provenienz: durchgängig in Familienbesitz

Privatbesitz Hans-Jürgen Freiherr von Weber, Hamburg

An Fülle thematischer Gedanken und Beherrschung des Orchesterklangs muß die *Silvana* den Vergleich mit späteren Opern Webers nicht scheuen, und besonders der II. Akt läßt den kommenden Bühnendramatiker mehr als nur ahnen. Hier konzentriert sich die stärkste Musik des Werks, zu den Höhepunkten gehört sicherlich die 1812 in Berlin nachkomponierte dramatische Szene der Mechtilde Nr. 10[b].

Das Autograph dieser Nummer liegt wie die nachkomponierte Nr. 4[b] der Partitur-Reinschrift der Oper aus Webers persönlichem Werkarchiv lose bei. Da der Komponist die Arie nicht datierte, ergänzte Jähns am oberen Rand der ersten Seite nach Webers Tagebuchaufzeichnungen die Entstehungsdaten: 29. Juni und 1. Juli 1812. Außerdem fügte er eine Erklärung zur Erstfassung Nr. 10[a] bei, die der Forscher in der Uraufführungspartitur im Frankfurter Opernarchiv aufgefunden hatte. Diese Erstfassung bildete die thematische Grundlage für zwei Kammermusikwerke Webers: eine Klarinettenphrase der Arie (T. 33ff.) verwandte er als Thema der Variationen im ersten Satz der Sonate Nr. 5 aus den *Six Sonates progressives* für Klavier und Violine op. 10 (JV 103) vom Herbst 1810 sowie in den sogenannten *Silvana-Variationen* op. 33 für Klarinette und Klavier (JV 128) vom Dezember 1811.

FZ

V/10 C. M. v. Weber, *Silvana*, Partitur-Kopie mit autographen Zusätzen für die Berliner Erstaufführung

gezeigt: Bd. 2 (Akt II), S. 30 Beginn der ursprünglichen Nr. 10[a] (Mechtilde) »Weh mir! es ist gescheh'n« und S. 31 Beginn der nachkomponierten Nr. 10[b] (Mechtilde) »Er geht, er hört mich nicht«

Provenienz: Königliche Schauspiele Berlin (Theaterbibliothek); ab 1866 Depositum, 1878 Schenkung an die Bibliothek

Berlin SBB, Signatur: Mus. ms. 22725

vgl. Abb. der S. 31 auf S. 89

Die vorliegende Partitur-Kopie vermittelt mit den vielen Nachträgen unterschiedlicher Schreiber einen lebhaften Eindruck von der Theaterpraxis des frühen 19. Jahrhunderts. Die Abschrift wurde vermutlich, wie aus einem Dankbrief des Berliner Kapellmeisters Bernhard Anselm Weber an den Textdichter vom Februar 1811 hervorgeht, bereits im Jahr 1810 von Hiemer an das Berliner Theater übersandt, sie enthielt die Oper ursprünglich in der vollständigen Fassung der Frankfurter Uraufführung. Nach der Neuvertonung der Arien Nr. 4 und 10 wurden die ungültigen älteren Fassungen aus der Partitur herausgetrennt und durch neue Einlagen ersetzt. An der aufgeschlagenen Stelle blieb der Beginn der ursprünglichen Nr. 10[a] (S. 30) stehen, wurde aber mit Rötel gestrichen, die rechte Seite (S. 31) zeigt den Beginn der neuen Komposition Nr. 10[b] – deutlich ist der Wechsel vom ursprünglichen Kopisten zum Berliner Schreiber erkennbar. Zur besseren Orientierung wurden die Dialog-Stichworte des Adelhart *Dann wirst du nicht mehr den Vater, sondern den Gebieter in mir erblikken* am oberen Rand ergänzt. Die Rötel-Notiz *H. Gern* bezieht sich allerdings nicht auf die Berliner Erstaufführung; Johann Georg Gern übernahm erst 1814 diese Partie.

Die neue Arie erklang im Berliner Theater nicht nur – wie von Weber vorgesehen – innerhalb der *Silvana*, sie fand auch als Ergänzung zu Webers Einakter *Abu Hassan* Verwendung, wie der Bleistift-Nachtrag (oben links) *In Abu Hassan eingelegt* erkennen läßt. Der Rötel-Vermerk *Zwischen No 1 und 2* und der neu unterlegte Text »Nein, nein ich sterbe nicht« weisen die Nummer innerhalb dieser Oper als zusätzliche Arie der Fatime zwischen dem Duett Hassan/Fatime Nr. 1 und der Arie des Hassan Nr. 2 gegen Ende der 1. Szene aus. Diese Ergänzung steht nicht in Zusammenhang mit der Berliner Erstaufführung des *Abu Hassan* von 1813, sie fehlt in den gedruckten Textbüchern der *Arien und Gesänge* aus diesem Jahr. Erst bei der Neueinstudierung 1825 wurde das Stück – sicher ohne Zutun Webers – eingefügt; zu diesem Zeitpunkt war die *Silvana* längst aus dem Repertoire verschwunden (letzte Aufführung 14. Januar 1816).

Die Rötel-Anmerkung *bleibt weg* zeigt an, daß der Rezitativ-Beginn der Nummer (T. 1 – 16) trotz der eigens zu diesem Zweck unterlegten Neutextierung im *Abu Hassan* nicht gespielt wurde. Diesen Strich bestätigt das gedruckte Textbuch von 1825, in dem die als Nr. 2 abgedruckte Einlage mit dem Text der eigentlichen Arie »Wie war ich so heiter« (T. 17 mit Auftakt) beginnt.

Jähns entdeckte die Arie bei seinen Recherchen im Berliner Opernarchiv im Oktober 1864 innerhalb der heute verschollenen Partitur des *Abu Hassan*. Er notierte mit Tinte in den Pausentakten der Bläser längere Erläuterungen zur Herkunft der Nummer; auch die Anmerkungen, die die Gesangstexte den einzelnen Aufführungsschichten zuordnen (Original-Text zu *Silvana*, Einlage-Text zu *Abu Hassan*), stammen von Jähns. Vermutlich im Anschluß an seine Zuordnung wurde die Arie aus dem *Hassan*-Material entnommen und wieder in die Partitur der *Silvana* eingeordnet.

FZ

V/11 Franz Carl Hiemer / C. M. v. Weber, *Silvana*, Libretto-Kopie

gezeigt: Bl. 16v/17r, Text der Arie Nr. 10[a] (Mechtilde) »Weh mir! Es ist geschehen!« (Szene II/2) und Beginn der Szene II/3

Provenienz: Königliche Schauspiele Berlin (Theaterbibliothek); ab 1866 Depositum, 1878 Schenkung an die Bibliothek
Berlin SBB, Signatur: Mus. ms. TO 174, 1

V/12 Franz Carl Hiemer (und Ergänzungen von F. G. Toll) / C. M. v. Weber, *Silvana*, Libretto-Kopie

gezeigt: Bl. 22v/23r, Ende der Szene II/1 und Text-Beginn der Arie Nr. 10[b] (Mechtilde) »Er geht, Er hört mich nicht!« (Szene II/2)

Provenienz: Königliche Schauspiele Berlin (Theaterbibliothek); ab 1866 Depositum, 1878 Schenkung an die Bibliothek
Berlin SBB, Signatur: Mus. ms. TO 174, 1[a]

Auch in den handschriftlichen Textbüchern aus der Berliner Theaterbibliothek hat die Umarbeitung der *Silvana* von 1812 Spuren hinterlassen. Das 1. Exemplar (V/11), das weitgehend der Fassung von 1810 entspricht, wurde für die Berliner Einstudierung neu eingerichtet. Neben Besetzungsvorschlägen im Rollenverzeichnis und der nachträglichen Zählung der Musiknummern (mit Bleistift) sind etliche Korrekturen vermerkt. Überwiegend handelt es sich um Kürzungen der Dialoge durch Streichungen bzw. Überklebungen, nur eine Kürzung betrifft auch eine musikalische Nummer (Nr. 15 Finale II). Unverändert beibehalten ist der Text der Arien Nr. 4[a] und Nr. 10[a] in der Form der Frankfurter Uraufführung – vermutlich lagen zum Zeitpunkt der Einrichtung dieses Manuskripts die neuen Texte von Toll nicht vor. Lediglich der Nachtrag *Anderer Text* zu Beginn der beiden Nummern macht auf die Neufassung aufmerksam.

Im 2. Exemplar (V/12) ist der überwiegende Teil der in V/11 vermerkten Korrekturen ausgeführt. Zudem sind auch die Texte der für Berlin neu komponierten Arien an die Stelle der gestrichenen Nummern getreten. Das Buch zeigt keinerlei Benutzungsspuren, es dürfte sich um ein reines Archivexemplar handeln, nach dem weitere Aufführungsmaterialien (Souffleurbuch und Regiebuch) ausgeschrieben wurden.

FZ

V/1 *Silvana*, Autograph

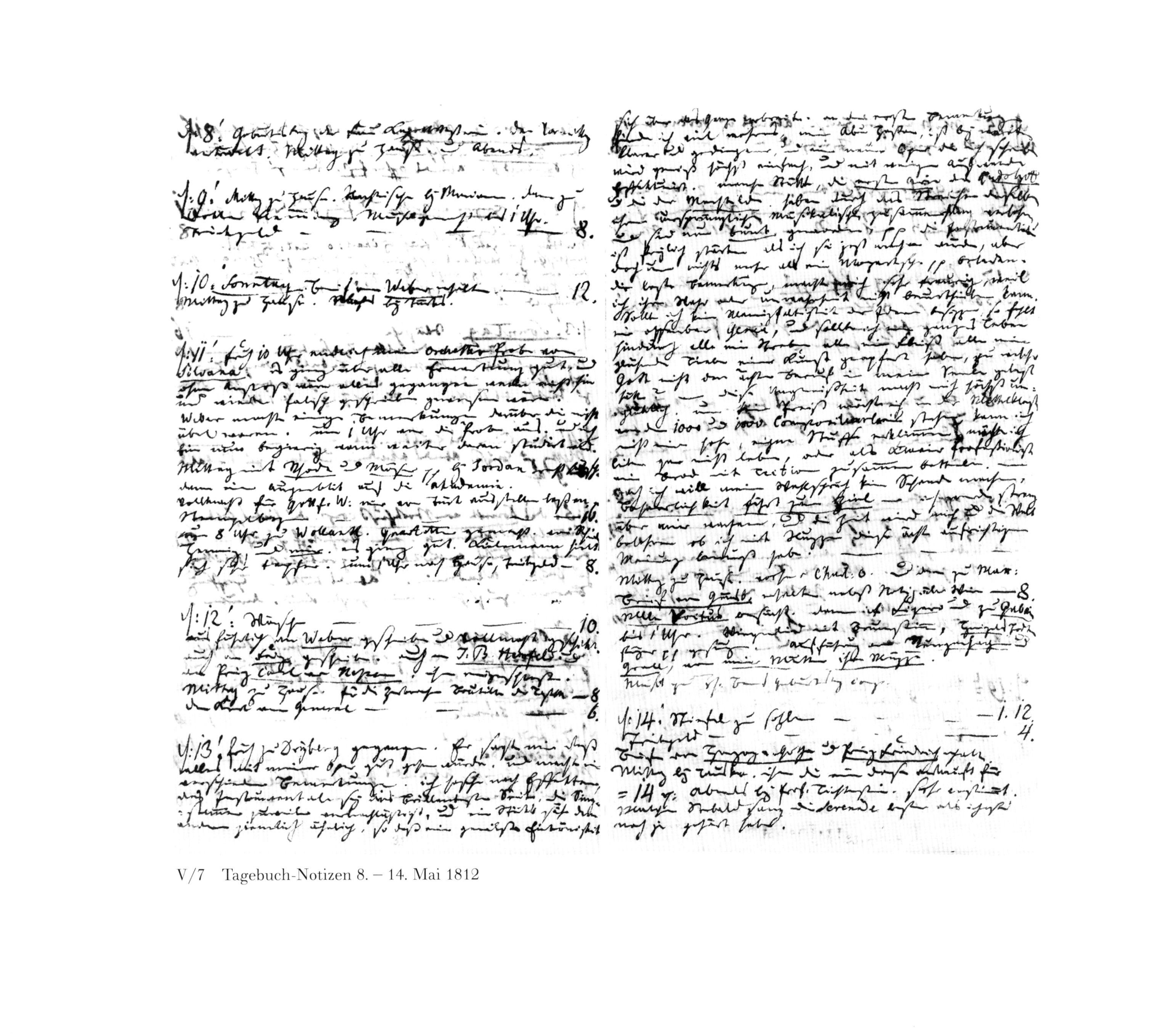

V/7 Tagebuch-Notizen 8. – 14. Mai 1812

V/10 *Silvana*, Partitur-Kopie

VI. *Abu Hassan*, Singspiel in einem Aufzug, Text von Franz Carl Hiemer (WeV C. 6 = JV 106)

Am letzten Tag seiner Inhaftierung im Stuttgarter Stadtoberamt, dem 25. Februar 1810, erhielt Weber Besuch von Franz Carl Hiemer, der dabei folgende, etwas rätselhafte Eintragung in Webers *Album amicorum* hinterließ: *Silvana ist abgethan. Besinnen Sie sich auf den Chor der Gläubiger, dann machen wir uns über den Berggeist her, der uns den leeren Beutel gutmütig füllen wird; diß wird endlich manchem spanisch vorkommen, mir aber nur auf den Fall, wenn Sie je aufhören könnten, mein Freund zu seyn.* (vgl. V/3 und Abb. S. 80). Nach der Fertigstellung der *Silvana* planten die Freunde also offensichtlich eine Umarbeitung der früheren *Rübezahl*-Oper Webers, und die Erwähnung des *Chors der Gläubiger* bezieht sich wohl nicht auf die zahlreichen leibhaftigen Gläubiger Webers in Stuttgart, sondern bereits auf den geplanten *Abu Hassan.* Deutlich wird dabei, wie sich bei diesem Opernplan Realität und Fiktion berühren: Daß Textdichter und Komponist es wagten, nach Webers unrühmlicher Verwicklung in eine Finanzaffäre seines Dienstherrn Herzog Ludwig Friedrich Alexander von Württemberg, dessen chaotisches Finanzgebaren Vater und Sohn Weber zu eigenem Vorteil genutzt hatten, eine Schuldengeschichte auf die Bühne zu bringen, war mehr als pikant. Die zweifelhaften Methoden, mit denen Abu Hassan und seine Gattin Fatime an Geld zu kommen suchen, scheinen somit eine versteckte Anspielung auf die illegalen Versuche des Herzogs, mit Befreiungen vom Militärdienst Gelder zu erwirtschaften – vielleicht aber auch auf Webers eigenen Versuch, in diesen korrupten Verhältnissen zu überleben.

Nach der Ausweisung aus Württemberg am 26. Februar 1810 fand Weber zunächst Aufnahme bei Ludwig Berger in Mannheim, wo bereits am 29. März im Tagebuch der Empfang des *Abu Hassan* vermerkt ist. Demnach war das Textbuch, das auf der *Geschichte von Abu el-Hasan oder dem erwachten Schläfer* in den Erzählungen aus *Tausendundeiner Nacht* basiert (die Hiemer vermutlich aus der französischen Übertragung von Antoine Galland, *Les mille et une nuit*, Ausgabe Paris 1773, Bd. 6, S. 112 – 297 kannte), bei der Ausweisung aus Württemberg zumindest angefangen oder sogar schon zu großen Teilen fertig. Der Kontakt mit den gleichgesinnten Mannheimer Freunden scheint dann Weber zur erneuten Beschäftigung mit dem Stoff angeregt zu haben: Am 20. Mai bat er seinen Darmstädter Mitschüler bei Abbé Vogler, Johann Gänsbacher, ihm den *Text zu der kleinen Oper Abu Haßan*, der *in einer der Schubladen* liegen müsse, mit nach Mannheim zu bringen. Ebendort, im Hause Gottfried Webers, ist am 11. August, nur wenige Tage nach dem erneuten Empfang eines Briefes von Hiemer, vermerkt: *früh Chor componirt* – vermutlich handelte es sich bereits um den Chor Nr. 3 des *Abu Hassan* »Geld! Geld! Geld!«, denn in einem Brief an Gänsbacher schreibt Weber am 24. September rückblickend zum Monat August: *ich wohnte dießmal bey Weber, und fieng an, an meiner Oper Abu Haßan zu arbeiten.* Aber erst nach der erfolgreichen Uraufführung seiner *Silvana* in Frankfurt entstanden dann in dichter Folge im November des Jahres die weiteren Nummern des Werks, teils in Mannheim, teils in Darmstadt, wo offensichtlich Giacomo Meyerbeer unter der Aufsicht Voglers parallel zu Weber ebenfalls einen *Abu-Hassan*-Stoff (später umbenannt in *Alimelek*) zu vertonen begann.

Erwähnt sind in Webers Tagebuch am 2. November 1810 die Komposition der *Introduction*, am nächsten Tag *notirte* er den

Gläubiger Chor (Nr. 3), der bereits im August *componirt* war, am 4. November entstand das *Duett, von Omar und Fatime* (Nr. 6), am 10. November folgten *Terzett mit Marsch* (Nr. 9), *SchlußChor* (Nr. 10) und *Aria der Fatime* (Nr. 5), am 12. schließlich das *Schlüßel Terzett* (Nr. 7), und bereits am 13. November konnte Weber feststellen: *Abu Haßan vollendet notirt*. Die noch fehlende Ouvertüre schrieb er zwischen dem 9. und 11. Januar 1811 in Darmstadt nieder und am 12. Januar 1811 heißt es dann im Tagebuch: *Abu Haßan ganz vollendet*. Bereits am 14. Januar übersandte Weber die Partitur an Großherzog Ludewig I. zu Hessen und bei Rhein in der Hoffnung auf reichhaltige Einkünfte zur Tilgung seiner Schulden, wie er bereits in einem Brief vom 8. Januar an Gottfried Weber bemerkte: *ich werde den Abu Haßan dem Grosherzog dediciren vielleicht speyt er da etwas ordentliches*. Tatsächlich hatte er sich nicht verkalkuliert: 440 Gulden waren ein ungewöhnlich großzügiger Lohn für diese kleine Oper und einen gleichzeitig übersandten Klavierauszug des Voglerschen *Admirals* – eine Aufführung wurde allerdings nicht zugesagt (sie folgte in Darmstadt erst vier Jahre später, am 29. Januar 1815).

Beinahe hätte die Uraufführung dann ausgerechnet in Württemberg stattgefunden, denn Weber schrieb am 30. April 1811 an Gottfried Weber: *Anfangs May wird der Abu Haßan in Ludwigsburg vor dem Hof zum erstenmale gegeben. aber – nicht unter meinem Nahmen. ist das nicht elend? und wie dumm, bald werden ja doch alle Zeitungen schreyen daß er von mir ist. item – wie Gott will. Sie können mich — l —n.* Der Plan der Freunde verzögerte sich jedoch, erst am 10. Juli 1811 kam (in Abwesenheit des Königs) die Aufführung im Anschluß an Kotzebues *Don Ranudo de Colibrados* (ebenfalls ein Stück, in dem Schulden eine Rolle spielen) am Stuttgarter Hoftheater zustande; die Hauptrolle spielte Webers Mannheimer Freund Ludwig Berger. Inzwischen war aber am 4. Juni das Werk erstmals in München über die Bühne gegangen, wenige Wochen später, am 19. August, wurde es in Frankfurt am Main gegeben.

Für eine Aufführung auf dem Liebhabertheater zur Steinmühle in Gotha am 10. Januar 1813 komponierte Weber im Dezember 1812 das Duett »Thränen sollst du nicht vergießen« (Text von dem Weimarer Hofrat Carl Bertuch), das er dann als Nr. 4 in die weiteren Partiturabschriften des Singspiels aufnahm. Erst 1823 entstand eine zusätzliche Arie für die weibliche Hauptrolle (Nr. 8 »Hier liegt, welch martervolles Los«, Textdichter bisher unbekannt) für die zweite Dresdner Einstudierung des Werkes, diesmal unter Webers Leitung. Die erste Aufführung hatte in Dresden bereits am 15. Juli 1814 durch die Secondasche Truppe stattgefunden, die Premiere der neuen Einstudierung war am 10. März 1823, Julie Haase, geb. Zucker, sang dabei die Fatime. In den Ende 1819 bei Simrock in Bonn publizierten Weberschen Klavierauszug des Werkes wurde die nachkomponierte Nr. 4 integriert, die Nr. 8 wurde in späteren Auflagen als Anhang ebenfalls mit aufgenommen, nachdem Weber die nachkomponierte Arie am 20. August 1825 an Simrock übersandt hatte (vgl. Tagebuch).

JV

VI/1 C. M. v. Weber, *Abu Hassan*, autographe Reinschrift (I)

gezeigt: S. 60, Ende der Nr. 3 (Chor der Gläubiger) »Geld! Geld! Geld!« und S. 61, Beginn der *Aria* Nr. 4 [später Nr. 5] (Fatime) »Wird Philomele trauern«

Provenienz: von Weber 1811 dem Großherzog Ludewig I. von Hessen und bei Rhein übereignet

Hessische Landes- und Hochschulbibliothek Darmstadt, Signatur: Mus. ms. 1164

vgl. Abb. der S. 61 auf S. 98

Während am Ende der Nr. 3 Abu Hassan den *sich unter demüthigen Verbeugungen* entfernenden Gläubigern »reist in Frieden!« nachruft, wiederholt das Orchester zum Abschluß mit den Tutti-Schlägen nochmals seine vorherige *Beiseite*-Anrede: »(Ihr) Schurken!« Der bildhafte musikalische Realismus dieses Chors spiegelt vielleicht am deutlichsten wider, wie sehr Weber die Stuttgarter Erlebnisse noch in den Knochen saßen. Nicht umsonst nahm die Musik dieses Singspiels von hier ihren Ausgang, auch wenn die Datierung am Ende der Nummer: *comp: d: 3t 9ber* [*November*] *1810 in Darmstadt, instrumentirt in Mannheim* den Angaben im Tagebuch widerspricht. Hier zeigen sich aber auch Unterschiede in Webers Vokabular: *componirt* kann bei ihm lediglich das Stadium der Konzeption im Kopf meinen – insofern muß bei der ersten Erwähnung im Tagebuch im August noch nichts Schriftliches existiert haben, zumal erst am 3. November im Tagebuch ausdrücklich angegeben ist, er habe den Chor *notirt*. Die Instrumentation ist in der zitierten Datierung als eigener Arbeitsgang ausgewiesen, sie muß nach der Ankunft in Mannheim am 7. November erfolgt sein.

Bei der nachfolgenden *Aria* Nr. 4 [später 5] fehlt ein solcher Kompositionsvermerk am Ende, obwohl die Arbeiten am 10. November 1810 im Tagebuch erwähnt sind. Dies hängt vermutlich damit zusammen, daß diese Nummer schon eine Vorgeschichte hatte: Der erste *Allegretto-moderato*-Teil taucht bereits in der *Romanza* Nr. 3 in Webers *Peter Schmoll* »Im Rheinland eine Dirne war« auf. (Die bei Weber eher ungewöhnliche Bezeichnung *obligato* im Vorsatz der Violoncell-Stimme könnte ein Beleg für die Abhängigkeit von der frühen Quelle sein, taucht aber im Autograph des *Schmoll* nicht auf. Die Schreibweise *Violonzello* statt *Violoncello* ist dagegen in dieser Zeit noch verbreitet, in der *Hassan*-Partitur aber nur hier zu finden.) In den kleinen Retuschen, die Weber gegenüber der ursprünglichen Vorlage vornahm, zeigen sich die Fortschritte seiner Instrumentationskunst, aber auch seiner Formgestaltung.

Bei der in rotem Saffian eingebundenen und mit Goldverzierungen versehenen Widmungspartitur an Großherzog Ludewig I. handelt es sich um die erste Partiturreinschrift Webers (auf dem von fremder Hand geschriebenen Titelbatt hat er unten selbst vermerkt: *OriginalPartitur*). Die Nähe zum Kompositionsprozeß zeigt sich u. a. in etlichen kleinen Korrekturen während der Niederschrift und in dem eher flüchtigen Duktus der Handschrift, verbunden mit einer für Webers Verhältnisse eher groben, wenig sparsamen Aufteilung des Notenblattes (ganz im Gegensatz zur zweiten Abschrift, vgl. VI/3). Ein typisches Anzeichen für die während der Niederschrift noch anhaltende kompositorische Beschäftigung mit einer Nummer ist u. a. die Pausensetzung: Während hier alle Ganztaktpausen markiert werden, weil sozusagen über das Pausieren erst noch zu entscheiden ist, hat Weber es in der späteren Abschrift oft bei bloßen Andeutungen der Pausen in einigen Stimmen belassen (typisches Kennzeichen für diese Zweitabschriften sind diagonal durch die Notensysteme verteilte Einzelpausen, z. B. in der Ouvertüre oder im Terzett Nr. 9 der Partitur-Reinschrift II). Der Komponist hat hier also eigentlich sein Kompositions-Manuskript aus der Hand gegeben – ein sicherlich ungewöhnlicher Fall, der sich später nicht noch einmal wiederholen sollte.

JV

VI/2 C. M. v. Weber, *Abu Hassan*, Kopie einer abweichenden Fassung der Arie Nr. 5 (Fatime) »Wird Philomele trauren«

gezeigt: 1. Seite
Provenienz: durchgängig in Familienbesitz
Privatbesitz Hans-Jürgen Freiherr von Weber, Hamburg
vgl. Abb. auf S. 99

Dem zweiten Autograph der *Abu-Hassan*-Partitur liegt eine alternative Fassung der Arie Nr. 5 in G- statt C-Dur von der Hand eines bisher nicht identifizierten und offensichtlich etwas ungeübten Notenschreibers bei. Die hier mit Flöten statt Oboen, aber sonst wie im *Hassan* besetzte Arie entspricht in der Anordnung der Groß- und Binnenteile bis hin zur Länge der einzelnen Phrasen oder der Verwendung einzelner Motive ganz der bekannten Nummer aus dem Singspiel, im *Allegro*-Teil wird allerdings ein *Fagotto obligato* statt des Violoncellos (mit abweichender, aber in Details wiederum verwandter Motivik) benutzt. Insgesamt wirkt die Nummer in dieser Form unbeholfener als die Original-Version, so daß man zunächst – auch vom äußeren Befund der Handschrift – eine weitere Frühfassung der Nummer annehmen könnte, die zwischen der Nr. 3 des *Peter Schmoll* (dort ist eine Flöte solo besetzt, keine Oboen) und der des *Abu Hassan* steht.

Auf der Anfangsseite der durch zwei kräftige Bänder zusammengehaltenen 6 beschriebenen Blätter findet sich am rechten oberen Rand ein Bleistiftvermerk: *Caroline Ruppius geb. Schlick*, der auch auf einer weiteren Beilage der Partitur, einem mit autographen Anmerkungen versehenen Gesangsstimmenauszug der für Gotha nachkomponierten Nr. 4 »Thränen sollst du nicht vergießen« begegnet. Caroline Schlick, die Tochter des in Gotha wirkenden Künstlerehepaars Schlick, war dort Webers Klavierschülerin und wurde noch Ende des Jahres 1812 bei Hofe als Klavierspielerin angestellt. Sie heiratete nach 1816 den Hofrat D. Ruppius.

Dieser Verweis auf Gotha ist insofern bemerkenswert, als im Rahmen der Quellen-Recherchen der Weber-Gesamtausgabe 1996 im Stimmen-Material zur *Abu-Hassan*-Aufführung des Liebhabertheaters zur Steinmühle in Gotha (Landesbibliothek Coburg) eine zusätzliche, von den übrigen Gothaer Aufführungsmaterialien abweichende Fassung dieser Nr. 5 aufgefunden wurde, die mit der hier vorliegenden Partitur übereinstimmt und offensichtlich sogar autographe Zusätze Webers enthält. Die alternative Fassung müßte demnach von Ende 1812 stammen – ob Weber die Partitur der Arie in späteren Jahren von seiner Schülerin zurückerhielt und selbst in sein Partiturautograph des Singspiels einlegte, oder ob sie erst nach seinem Tod in Familienbesitz kam, ließ sich bislang ebensowenig klären wie der wirkliche Entstehungszeitpunkt und der Stellenwert dieser alternativen Fassung.

JV

VI/3 C. M. v. Weber, *Abu Hassan*, autographe Reinschrift (II)

gezeigt: S. 74, Ende der *Aria* Nr. 5 (Fatime) »Wird Philomele trauern« und S. 75, Beginn des *Duetto* Nr. 6 (Fatime, Omar) »Siehst du diese große Menge«

Provenienz: durchgängig in Familienbesitz
Privatbesitz Hans-Jürgen Freiherr von Weber, Hamburg
vgl. Abb. der S. 74 auf S. 100

Webers eigene, undatierte Abschrift seiner *Abu-Hassan*-Partitur blieb in seinem Besitz und wurde Grundlage aller weiteren Kopien (worauf auch die zahlreichen kleinen, gewöhnlich von den Kopisten verwendeten Orientierungsziffern und Markierungen bei den oberen oder unteren Systemen hindeuten). Wie in etlichen anderen Abschriften für das eigene Archiv, so hat Weber sich auch hier um eine möglichst platzsparende Notationsweise bemüht, was vor allem an der linken Seite mit dem Ende der Nr. 5 zu erkennen ist, wo beide Violinstimmen in einem System notiert bzw. in den letzten Takten sogar Violine 2 und Viola (im Violinschlüssel) zusammengefaßt sind. Nach dem Doppelstrich hat Weber quer zum System vermerkt: *comp. d 13t Nov. 1810 in Darmstadt*; im Tagebuch ist die Nummer nur am 10. November erwähnt, in Autograph I ist sie undatiert. Die Niederschrift entspricht bis auf kleine Abweichungen dem Darmstädter Autograph I, allerdings hat Weber hier im unteren System in roter Tinte Instrumentationsretuschen vorgenommen und dabei eine neue Variante der Violoncello-Stimme im System der pausierenden Oboen notiert. Diese Änderung kann erst sehr spät erfolgt sein, denn sie ist weder in den frühen Partiturabschriften noch im gedruckten Klavierauszug von Simrock (1819) enthalten, wohl aber in einer Partiturkopie für das Kopenhagener Theater, die Weber im November 1823 anfertigen ließ (vgl. Tagebuch). Es liegt daher nahe, diese und weitere Korrekturen mit Webers Dresdner Einstudierung Anfang 1823 in Verbindung zu bringen, zumal sich am

3. März 1823 im Tagebuch die Eintragung findet: *Abu Haßan gereinigt*.

Im unteren System hat Friedrich Wilhelm Jähns unter den ersten beiden Takten der Violoncell-Stimme mit Bleistift angemerkt: *Diese Cello Stimme steht in der Berliner Partitur.* Unter dem Beginn der Nr. 6 [korrigiert aus: 5] lautet seine Eintragung: *Allegro ma non troppo, in der Berliner Partitur von fremder Hand* – beide Angaben beziehen sich auf die seit 1919 vermißte Partitur der Berliner Erstaufführung vom 28. Juli 1813 (Mus. ms. 22726).

Im Vorsatz des Duetts taucht bei der Violine die Bezeichnung *obligato* auf; das System der zunächst *col Violino primo* verlaufenden Stimme wird, da Weber ohnehin zwei Systeme des 12zeilig rastrierten Papiers nicht nutzen kann, bis zum Einsatz der Solovioline im *Allegro*-Teil weitergeführt. Weber hat dort, wo er nicht auf Sparsamkeit bedacht sein mußte, stets Leersysteme mitgeführt, so daß der Instrumentenvorsatz während einer Nummer identisch blieb und die Orientierung für den Dirigenten erheblich erleichtert wurde.

JV

VI/4 C. M. v. Weber, *Abu Hassan*, autographer Entwurf zum nachkomponierten *Duetto* Nr. 4 (Fatime, Hassan) »Thränen sollst du nicht vergießen«

gezeigt: Bl. 2v des Manuskripts mit Fortsetzung des Entwurfs, Beginn mit Auftakt zu T. 50 des Duetts

Provenienz: von Caroline von Weber an F. W. Jähns verschenkt; Schenkung 1881

Berlin SBB, Signatur: Weberiana Cl. I, 9

Im Partiturautograph zu dem für die Gothaer Aufführung nachkomponierten Duett Nr. 4 hat Weber am Ende notiert: *componirt in Gotha d:* [ohne Datum] *December 1812* | *vollendet instrumentirt in Leipzig d 2t Januar 1813 auf MusikD: Schulze seiner Stube.* An dem hier vorliegenden Entwurf läßt sich beobachten, daß beim ersten Notieren im Zusammenhang mit dem Kompositionsvorgang offensichtlich die Singstimmen bereits bis ins Kleinste festgelegt waren. Der fragmentarisch erhaltene Entwurf findet sich auf einem Doppelblatt, auf dem die mit Weber befreundete Friederike Koch das im Juni 1812 in Berlin komponierte *Turnierbankett* (JV 132) und eine vierstimmige Fassung des Lieds *Die Kerze* (JV 27) aufgeschrieben hatte. Im Anschluß an diese Kopie hat Weber Teile des Duetts skizziert (oder aus bereits vorhandenen Skizzen kopiert): In den drei unteren Notenzeilen von Blatt 2r die Takte 35 – 44 des *Andante*-Teils und die Violinstimme des *Allegro*-Beginns, dann auf Bl. 2v die hier sichtbaren Takte 50 – 83 der beiden Singstimmen, zusammen mit Stichnoten der 1. Violine (vgl. hierzu die Anmerkungen von Jähns am unteren Rand). Die beiden Einfügemarken in den unteren Systemen deuten darauf hin, daß sich diese Niederschrift auf ein anderes Manuskript bezog, das uns aber leider nicht bekannt ist.

Weber hat die hier notierten Stimmen dann als Grundgerüst seiner Partitur ausgeschrieben und davon ausgehend die restliche Instrumentierung ergänzt (dies ist in der Partitur an der unterschiedlichen Helligkeit der Tinte sehr gut zu erkennen).

Zu diesem Duett existiert in den Stimmen zur Gothaer Aufführung ebenfalls eine eng verwandte alternative Fassung, so daß auch hier unklar bleibt, ob Weber dieses Duett 1812 völlig neu komponiert und dabei sogleich eine weitere Variante für seine eigene Partitur (und die späteren Aufführungen) arrangiert hat oder u. U. teilweise auf älteres Material zurückgriff.

JV

VI/5 C. M. v. Weber, *Tagebuch der Reise vom Jahr 1811*, Autograph

gezeigt: Bl. 19v, Eintragungen 1. – 4. Juni 1811

Provenienz: Weber-Familiennachlaß; Schenkung 1986

Berlin SBB, Signatur: Mus. ms. autogr. theor. C. M. v. Weber WFN 1

Vom 14. März bis zum 8. August 1811 hielt sich Weber in München auf. In diese Zeit fällt auch die Uraufführung des *Abu Hassan* am 4. Juni 1811 am königlichen Hoftheater. Im Tagebuch heißt es:

> »Abends zum Erstenmale Abu Haßan aufgeführt.
> da immer bey mir etwas besonderes seyn muß, so entstand während dem ersten Stük, ein blinder Feuerlärm, den Diebe veranlaßt hatten. doch ging meine Oper vortrefflich, und gefiel sehr, *applaud:*[*irt*] wurde. *Overt:*[*üre*] *No:* 2. 3. 4 und 8. Mittermaier und Mad: Flerx spielten und sangen allerliebst, die Chöre gingen sehr gut, und ich mit dem Ganzen sehr zufrieden, bis auf 1 Horn H:[err] *Viat*, der bey dem Marsch *No:* 7 fehlte.«

Der von Musikdirektor Ferdinand Fränzl (1767 – 1833) in Anwesenheit des Münchner Hofes dirigierten Premiere ging das einaktige Lustspiel *Leichtsinn und gutes Herz* von Friedrich Gustav Hagemann voraus. Während dessen Aufführung sorgte ein von Dieben ausgelöster falscher Feueralarm unter den Zuschauern für Verwirrung. Nachdem sich die Aufregung gelegt hatte, wurde das anschließende Webersche Singspiel jedoch mit großem Beifall aufgenommen. Die Hauptpartieen sangen Josefa Flerx (Fatime), Georg Mittermayr (Abu Hassan) und Joseph Muck (Omar). Zu den vom Publikum besonders bevorzugten Nummern gehörten die *in einem echten Presto-Tempo von dem göttlichen Orchester* (Weber an Gottfried Weber, 6. Juni 1811) vorgetragene Ouvertüre sowie die Arie des Hassan Nr. 2, der Chor der Gläubiger Nr. 3, die Arie der Fatime Nr. 5 (früher Nr. 4) und der Schlußchor Nr. 10 (früher Nr. 8). In seinem Brief an Gottfried Weber erwähnte der Komponist unter den erfolgreichen Nummern – trotz der Fehlleistung des Hornisten Anton Vihat – noch das dem Schlußchor vorangehende Terzett mit Marsch und Chor Nr. 9 (früher Nr. 7).

DB

VI/6 Ansicht von München aus der Vogelperspektive 1825

Hg. vom Bayerischen Topographischen Bureau
Berlin SBB, Kartenabt., Signatur: Y 31523, Bl. 1

VI/7 Carl Maria von Weber, anonyme kolorierte Federzeichnung

Provenienz: Nachlaß Emilie Zumsteeg, 1870 von Rudolph Zumsteeg an F. W. Jähns verschenkt; Schenkung 1881
Berlin SBB, Signatur: Weberina Cl. VIII, H. 1, Nr. 5
vgl. Text auf S. 34 und Abb. auf S. 51

VI/8 Friederike Koch, Tagebuch (Schreib-Kalender) 1813

gezeigt: Bl. 61v/62r,
Eintragungen vom 28. bis 31. Juli 1813
Provenienz: 1937 erworben von Gustav Beckmann, Berlin
Berlin SBB, Signatur: Mus. ms. autogr. theor. F. Koch 1 (1813)

Während Webers erstem Aufenthalt in Berlin 1812, der ein halbes Jahr währte, gelang es ihm in kurzer Zeit, einen Freundeskreis um sich zu scharen, der vorwiegend aus Mitgliedern der Singakademie bestand. Dazu zählten u. a. der Zoologe Martin Hinrich Lichtenstein, der Jurist Friedrich Wollank, die Hofjuweliere Jordan, der Augenarzt Friedrich Ferdinand Flemming und dessen Verlobte Friederike Koch (1782-1857). Mit den beiden Letztgenannten war der Kontakt besonders eng und herzlich, bezeugt durch Briefe Webers an beide. Die Koch war – 15jährig – 1797 in die seit sechs Jahren bestehende Berliner Singakademie, eine Gründung Karl Friedrich Christian Faschs, eingetreten und übernahm dort auch solistische Sopran- und Alt-Partien, wie man der zeitgenössischen Berichterstattung entnehmen kann. Vom 1. Januar 1826 bis kurz vor ihrem Tode gehörte sie dem Vorstand an.

Vielleicht wurde die »Köchin« durch Weber zur Führung eines Tagebuches angeregt, er hatte das seinige 1810 als *Reise-Tagebuch* begonnen. Leider sind nur zwei Jahrgänge der Tages-Aufzeichnungen von Friederike Koch, zu denen sie Schreibkalender benutzte, überliefert: 1813 und 1818. Weber hatte Kenntnis von einem Jahrgang: *Ihrem Tagebuch bin ich so recht Schritt vor Schritt gefolgt und habe mich bey jedem der Errinnerung und der Phantasie überlassen*, schrieb er ihr am 22. April 1814; dabei ist ungewiß, ob es sich um den Kalender von 1812 oder 1813 handelte.

Weber war nach seinen Erfahrungen mit der Berliner *Silvana*-Premiere 1812 in bezug auf den *Abu Hassan* skeptisch, und so schrieb er am 29. Juli 1813 an die Familie Türke in Berlin: *daß Abu Hassan in Wien mit großem Beyfall gegeben ist, werden Sie wohl wißen; und so viel ich höre, soll er ja auch in Berlin jezt dran kommen; welches ich aber nicht eher glauben will als bis ich den Zettel gelesen habe, und dann kaum.* Als Weber diesen Brief schrieb, hatte die Erstaufführung bereits stattgefunden: einen Tag zuvor am 28. Juli 1813 gemeinsam mit dem Kotzebue-Lustspiel *Die alten Liebschaften* und der Posse *Der Lügner und sein Sohn.* Friederike Koch hatte mit Flemmings Schwester Fanny und Auguste Sebald das Ereignis im Königlichen Nationaltheater miterlebt; auch die Weber-Freunde Hinrich Lichtenstein und Otto Grell waren unter den Besuchern. Ihre Eindrücke vertraute die Koch ihrem Tagebuch (VI/8) an: *von Seiten des Orchesters herrlich, das Theaterpersonale nicht besonders. Mde Eunicke unrein.* Etwas positiver fällt die Kritik in der Spenerschen Zeitung (Nr. 92 vom 3. August 1813) aus: *Mad.* [*Therese*] *Eunicke (Fatime) zeigte überaus jugendliche liebenswerthe Laune, was um so erfreulicher wird, wenn man jetzt bei mehreren jungen Leuten, besonders bei den Männern, zuweilen Tortur-Lustigkeit bemerkt. Die geehrte Künstlerin sang auch mit achtungswerther Sorgfalt, wenn auch mit einiger Mühe.* Der Rezensent befand auch, daß die Instrumentalbegleitung sehr schwierig sei, daß aber *die Ausführung dem Dirigenten und unserm Orchester alle Ehre macht*, was wiederum mit dem Urteil der Koch übereinstimmt.

EB

VI/9 C. M. v. Weber, eigenhändiger Brief an Johann Valentin Teichmann, 14. September 1823
gezeigt: S. 1
Provenienz: F. W. Jähns; Schenkung 1881
Berlin SBB, Signatur: Weberiana Cl. II A, f, 1, Nr. 10b

VI/10 Franz Carl Hiemer / C. M. v. Weber, *Abu Hassan*, Libretto-Kopie von Friederike Koch
gezeigt: S. 2, Personen-Verzeichnis und S. 3, Beginn der 1. Szene
Provenienz: aus dem Nachlaß der Friederike Koch erworben von F. W. Jähns; Schenkung 1881
Berlin SBB, Signatur: Weberiana Cl. VII, Bd. 68

VI/11 C. M. v. Weber, *Abu Hassan*, handschriftliches Aufführungsmaterial
gezeigt: Stimme des Omar zum Duett Nr. 6 (Fatime, Omar) »Siehst du diese große Menge« von der Hand Ludwig Hellwigs, 1. Notenseite sowie Violoncello-Stimme zur Arie Nr. 5 (Fatime) »Wird Philomele trauern« von unbekannter Hand, 1. Notenseite
Provenienz: aus dem Nachlaß der Friederike Koch erworben von F. W. Jähns; Schenkung 1881
Berlin SBB, Signatur: Weberiana Cl. IV A, Bd. 29, Nr. 59 (Beilage 1 und 2)

Zehn Jahre nach dem Besuch der Berliner Erstaufführung wurde der *Abu Hassan* für Friederike Koch nochmals Beschäftigungsgegenstand. Die Berliner Freunde beabsichtigten eine Aufführung im privaten Kreise, und die Koch hatte Weber deshalb offenbar um die Übersendung eines vollständigen Librettos gebeten. Weber informierte sie daraufhin im Brief vom 15. September 1823: *Wegen Abu Hassan habe ich eben an Teichmann geschrieben daß man Ihnen das Buch verabfolgen läßt; so ist es kürzer abgetan.* Der Brief an Johann Valentin Teichmann (VI/9), in dem Weber den

Theatersekretär und Kanzlisten des Grafen Brühl bittet, der *Mlle: Koch gefälligst das Buch von Abu Hassan verabfolgen zu laßen, behufs einer Privat Aufführung*, stellt den einzigen Beleg für die geplante Einstudierung dar.

Friederike Koch kopierte den Text nach dem heute verschollenen handschriftlichen Libretto aus dem Berliner Theaterarchiv. Ihre Kopie (VI/10) sowie zwei erhaltene Fragmente aus dem Aufführungsmaterial – die Gesangs-Stimme des Omar zum Duett Nr. 6, geschrieben von Ludwig Hellwig, und die Violoncello-Stimme zur Arie Nr. 5 (Fatime), von unbekannter Hand kopiert (vgl. VI/11), – sind weitere Indizien für die beabsichtigte Aufführung, über deren Verwirklichung es leider keinerlei Berichte gibt.

Abgesehen vom obligaten Cello zur Arie der Fatime dürfte man sich zur Begleitung der Sänger wohl des Klaviers bedient haben. Auch der Ende 1819 von Simrock veröffentlichte Klavierauszug zur Oper hat übrigens eine Verbindung zur Koch: während ihres Besuches bei der Familie Weber vom 11. Juni bis 10. September 1818 in Hosterwitz und Dresden hatte sie den Komponisten u. a. mit der Vorbereitung der Stichvorlage zum Klavierauszug des *Abu Hassan* unterstützt: sie notierte die Vorsätze und die Singstimmen samt Text zu den Gesangsnummern, der Komponist hatte nur noch den Klavierpart zu ergänzen. Damit ließ er sich allerdings Zeit; die Bearbeitung des Klavierauszuges nahm er erst im folgenden Jahr in Angriff, laut Tagebuch zwischen 29. Mai und 9. Juni 1819. Am 18. Juni ging die Weber-Kochsche Stichvorlage (heute Wien, Österreichische Nationalbibliothek) an den Verleger Simrock.

EB

VI/12 Franz Carl Hiemer / C. M. v. Weber, *Abu Hassan*, Libretto-Kopie mit autographen Zusätzen und Zensurvermerk (12. März 1824)

gezeigt: S. 36/37, Ende der 6. Szene mit Arie Nr. 5 (Fatime) »Wird Philomele trauern« und Beginn der 7. Szene

Provenienz: Stadttheater-Gesellschaft Hamburg; 1999 erworben beim Antiquariat Karl Dieter Wagner, Eisenach
Berlin SBB, Signatur: 55 MS 10010

In den auf der linken Seite notierten Strophen 3 bis 5 von Fatimes Arie Nr. 5 hat der Kopist dieses *Inspections-Buchs* am Ende der vorletzten Strophe zwei Zeilen notiert, die von der vertonten Fassung abweichen (»an deiner Seite nur kann sich | mein Geist und Herz erheben«). Die Streichung und Korrektur in die Arienfassung (»du Trauter nur beseelest mich | nur du kannst mich erheben«) stammt vermutlich von der Hand Carl Maria von Webers, von dem sich einige wenige weitere Bleistiftanmerkungen in dem Textbuch finden. Gegen die Annahme, daß es sich um eine frühe, noch teilweise abweichende Fassung des Textbuchs handelt, spricht die Tatsache, daß der Text der 1812 nachkomponierten Nr. 4 bereits integriert und davor vom Kopisten auch angegeben ist, daß es sich um ein »*Duetto*« handelt. Dagegen fehlt die Anfang 1823 in Dresden nachkomponierte Fatime-Arie Nr. 8 noch, allerdings ist von späterer Hand auf die Einfügung verwiesen.

Die Durchstreichung der Strophen und der *vi=de*-Vermerk zeigen, daß in späteren Aufführungen diese Nr. 5 weggelassen wurde, nachdem zuvor schon Korrekturen im Text vorgenommen worden waren. Zu Beginn des 7. Auftritts mit Dialog ist von fremder Hand angemerkt: *Fatime etwas nach ~~hinten~~ rechts, wo sie sich am Fenster zu schaffen macht.*

Das Buch, in dem sich auch Eintragungen des Hamburger Theaterdirektors Friedrich Ludwig Schmidt finden, gehörte bis gegen 1900 zusammen mit einem weiteren Exemplar des Textbuchs, einer Partitur und komplettem Aufführungsmaterial zu den Beständen der Hamburger Stadttheater-Gesellschaft, die 1903 teilweise als Depositum an die Stadtbibliothek übergeben worden waren (laut freundlicher Auskunft von Dr. Jürgen Neubacher, Hamburg). Aufführungen des *Abu Hassan* fanden in Hamburg am 27. und 30. November 1824 statt.

JV

VI/1 *Abu Hassan*, Autograph I

VI/2 *Abu Hassan*, Alternativ-Fassung der Nr. 5, Kopie

VI/3 *Abu Hassan*, Autograph II

VII. Bearbeitungen von fremden Bühnenwerken

Webers kompositorisches Werk für die Opernbühne beschränkt sich nicht auf seine zehn eigenen Opern bzw. Opernfragmente. Als Theaterkapellmeister in Prag und Dresden war er auch mit der Einrichtung und Ergänzung fremder Kompositionen beschäftigt, wie im folgenden an fünf ausgewählten Beispielen demonstriert werden soll. Die von ihm bearbeiteten Werke repräsentieren unterschiedliche Formen: Singspiele wie die *Verwandlungen* von Anton Fischer (vgl. VII/1 – 3) und Possen oder Volkstheaterstücke mit Musik wie *Der travestirte Aeneas* von Ignaz von Seyfried und Matthäus Stegmayer (vgl. VII/4) bzw. das *Sternenmädchen im Maidlinger Walde* von Ferdinand Kauer (vgl. VII/5) stehen neben französischen Opern, die in deutscher Übersetzung gegeben wurden, wie Etienne Nicolas Méhuls *Héléna* (vgl. VII/7 – 8). Auch die Art der Bearbeitung war von Fall zu Fall unterschiedlich: teils wurden für einzelne Darsteller neue Gesangsnummern eingelegt, die Weber entweder selbst komponierte oder aber aus anderen Kompositionen übernahm und arrangierte, teils mußte die Orchestrierung den lokalen Gegebenheiten angepaßt werden. In Dresden waren zusätzlich Einlagen anläßlich von Festaufführungen des sächsischen Hofes zu ergänzen, etwa zu Gaspare Spontinis *Olympia* (vgl. VII/9 – 11). Neben solchen eher pragmatischen Zwängen spielten bei den Bearbeitungen aber sicher auch künstlerische Erwägungen eine Rolle, wollte der Kapellmeister mit seinen Instituten in Prag und später Dresden doch auch vorbildhaft in Richtung einer Etablierung der deutschen Oper wirken.

Bekannt sind Bearbeitungen fremder Opern bzw. anderer musikalischer Bühnenwerke fast ausschließlich aus Webers Kapellmeisterjahren von 1813 bis 1826 in den beiden genannten Städten. Webers Tagebuch, in dem zahlreiche solcher Arbeiten nachgewiesen sind, leistete der Forschung bei der Suche nach diesen Werken wertvolle Dienste. So konnte Friedrich Wilhelm Jähns bei Recherchen in den Theaterarchiven in Prag und Dresden in den 1860er Jahren zahlreiche bis dahin unbekannte Kompositionen entdecken. Wesentlich schlechter ist die Quellenlage für Webers frühes Wirken am Breslauer Theater 1804 – 1806. Es ist durchaus wahrscheinlich, daß Weber sich auch hier, wie in der Theaterpraxis der Zeit gang und gäbe, als Bearbeiter betätigte, dazu fehlen jedoch sowohl musikalische als auch dokumentarische Quellen. Das vom Komponisten selbst angelegte Werkverzeichnis (vgl. Winkler, *Schriften*, Bd. 3, S. 158 – 172) bietet keinerlei Unterstützung: hier notierte Weber nicht einmal alle bekannten selbstkomponierten Einlagen; die Arrangements fremder Werke sind gänzlich ausgespart.

Anton Fischer, *Die Verwandlungen*, Singspiel in einem Akt, Text von Joseph Baber

Fischers *Verwandlungen* waren am 9. Mai 1805 im Theater an der Wien uraufgeführt worden, ihre Prager Erstaufführung erlebten sie unter Webers Leitung am 12. März 1814. Weber schätzte den nur wenig älteren, jung verstorbenen Wiener Kollegen als *talentvollen* Mann, der *schöne Früchte in der Folge versprochen hätte, indem er eine Mannigfaltigkeit lieblicher Melodieen mit Laune und gründlichen Kenntnissen verband* (vgl. Winkler, *Schriften*, Bd. 3,

S. 87). Unter seinen Werken erschienen ihm neben *einer Menge von eingelegten Musikstücken in andere Opern, nach der leidigen Willkür in Wien*, besonders die Opern *Die Festung an der Elbe* und *Die Verwandlungen* hervorhebenswert.

Die sechs Musiknummern des Einakters von Fischer wurden in Prag – nach der auch dort anzutreffenden *leidigen Willkür* – um zwei Einlagen ergänzt. Die in der Abfolge der Nummern erste Einlage, eine Aria der Julie Fröhlich, entnahm Weber einer Parallelvertonung des Librettos von Julius Miller. Der Tenor Miller, den Weber aus seinen Breslauer Tagen kannte, trat mehrfach auch als Komponist hervor. Seine Version der *Verwandlungen* wurde u. a. in Breslau (EA 26. September 1807) und nach dem Wechsel des Sängers nach Dessau auch dort aufgeführt (EA 7. Mai 1809), erreichte aber nicht die Verbreitung der beliebteren Version von Fischer. Die Anregung zur Ergänzung der Arie dürfte von der Schauspielerin Caroline Brandt, Webers späterer Frau, ausgegangen sein, die die Rolle der Julie übernahm – in Fischers Fassung des Werks fehlt eine Solo-Nummer für diese Partie. Weber arrangierte daher am 24. Februar 1814 Millers Komposition.

Zeitlich vorausgegangen war die Arbeit an einer weiteren Einlage, die im Anschluß an eine Probe des Stücks am 23. Februar 1814 entstand. Weber notierte dazu im Tagebuch: *um 10 Uhr Pr:*[*obe*] *von den Verwandl:*[*ungen*] *dann das Duett notirt*; am Abend ergänzte er: *Duett instrumentirt bis ½ 12 Uhr*; gemeint ist das Duett von Anne und Julie »Ein jeder Geck sucht zu gefallen« (vgl. VII/1).

Die *Verwandlungen* wurden in Prag unter Webers Leitung eines der erfolgreichsten und am häufigsten aufgeführten Stücke, nicht zuletzt wohl wegen der Darstellung der Julie durch Caroline Brandt. Die Partie verlangt eine besondere Wandlungsfähigkeit der Darstellerin – Julie Fröhlich »verwandelt« sich, um die Familie ihres Bräutigams Eduard für sich einzunehmen, in verschiedene Gestalten: das treuherzige Bauernmädchen Röschen, die sittenstrenge Frau von Thalheim und die bezaubernde Madame de Fleurville. Die Stärken der Brandt lagen vor allem in *ihrem gewandten, natürlich lebhaften, und herzlich naiven Spiele* (vgl. *Münchner Theaterjournal*, Jg. 3, 1816, S. 544), die komödiantische Partie der Julie kam ihr also sehr entgegen; sie wurde eine ihrer Paraderollen.

FZ

VII/1 C. M. v. Weber, Bearbeitung des *Duetto* (Anne, Julie) »Ein jeder Gekk sucht zu gefallen« zu A. Fischers *Verwandlungen* (JV 162), Autograph

gezeigt: S. 1 mit vorhergehendem Dialog (Szene 13) von Kopistenhand

Provenienz: 1863 noch im Archiv des Prager Ständetheaters, danach für die Autographen-Sammlung des Direktors Thomé entnommen, später im Besitz der Familie von Weber; Schenkung 1986 (Weber-Familiennachlaß)

Berlin SBB, Signatur: Mus. ms. autogr. C. M. v. Weber WFN 5 (1)

vgl. Abb. (ohne Dialog) auf S. 114

Im Juli 1863 entdeckte Jähns im Archiv des Prager Ständetheaters in der heute verschollenen Partitur-Kopie von Fischers *Verwandlungen* die beiden von Weber arrangierten Einlagen im Autograph; seine Notizen am rechten oberen Rand der Notenseite weisen die Nummer als Originalhandschrift des Komponisten aus. Mit dem Einbinden in diese Handschrift läßt sich die Beschneidung des im Format größeren Papiers der ersten beiden Blätter des Duetts erklären – leider entstanden dadurch an mehreren Stellen empfindliche Textverluste. Nach der Auffindung durch Jähns entnahm der Theater-Direktor Thomé die beiden Bearbeitungen Webers für seine private Autographensammlung; aus seinem Besitz gelangten die Blätter später an die Familie von Weber.

Die Autorschaft des Duetts, das ursprünglich wohl nicht zum Prager Aufführungsmaterial gehörte, ist unsicher, allerdings findet sich diese Nummer als Einlage in vielen zeitgenössischen

Partituren des Werks, so etwa in der Berliner Handschrift, die die *Operette* nicht als Werk Fischers, sondern fälschlich unter dem Namen eines *Kapellmeister Weigl* überliefert (vgl. VII/3).

Webers Bearbeitung stellt gegenüber dieser Vorlage im wesentlichen eine Reduktion dar. Die Besetzung ist verkleinert: auf die im Original vorhandenen Oboen und Fagotte wurde verzichtet. Die Orchesterbegleitung des Prager Autographs ist gegenüber der Vorlage sowohl im Vorspiel als auch in den Begleitfiguren völlig eigenständig; signifikante Übereinstimmungen in den Instrumentalstimmen sind nur dann zu beobachten, wenn Gesangs- und Orchesterstimmen *colla parte* geführt werden. Dieser Befund läßt zwei Deutungen zu: entweder empfand Weber das Original als unpraktikabel und entschied sich bewußt gegen dessen unveränderte Übernahme (vgl. Huck, *Weber-Studien* 5, S. 241), oder er kannte die Originalfassung nur in Auszügen, möglicherweise sogar nur die Singstimmen. Eventuell ist die Tagebuchnotiz vom 23. Februar 1814 (*das Duett notirt*) nicht im üblichen Sinne zu verstehen, das Notieren also gleichbedeutend mit der Niederschrift eines Entwurfs, sondern vielmehr als Aufzeichnung aus dem Gedächtnis oder nach dem Gehör. Vielleicht hatte eine der Sängerinnen die Nummer an einer anderen Bühne kennengelernt und wünschte auch hier diese Einlage. Mit dieser Annahme wären gleichzeitig die zahlreichen Abweichungen in den beiden Singstimmen erklärbar: die metrischen Änderungen, versetzten Anschlüsse, Kürzungen und Eingriffe in die Motivstruktur wären demnach keine bewußten Korrekturen Webers, sondern ließen sich auf die nicht ganz fehlerfreie Repetition der Singstimmen aus dem Gedächtnis zurückführen. Der schlichtere Instrumentalsatz Webers ist jedenfalls zur Unterstützung der Sänger geeigneter, als die im Original dominierenden ornamentalen Spielfiguren.

Weber, der diese Handschrift in Prag als Dirigierpartitur benutzte, trug am Kopf der Notenseite die Zählung *No: 5* nach. Der Dialog-Text von Julie Fröhlich (in Szene 13 als vorgebliche Frau von Thalheim) und der Mutter des Bräutigams Anne Reich auf der linken Seite ist von unbekannter Hand ergänzt, ebenso der orthographisch sehr eigenwillige Rötel-Zusatz zu Ende des Dialogs: *Tukend ist tahin.*

FZ

VII/2 C. M. v. Weber, Bearbeitung der *Aria* (Julie) »Ihr holden Blumen« von Julius Miller als Einlage in A. Fischers Singspiel *Die Verwandlungen* für die Berliner Aufführung 1816 (JV 163), Autograph

gezeigt: S. 1

Provenienz: um 1845 von Caroline von Weber an F. W. Jähns verschenkt; Schenkung 1881

Berlin SBB, Signatur: Weberiana Cl. I, 11

vgl. Abb. auf S. 115

Da Caroline Brandt in der Rolle der Julie Fröhlich in den *Verwandlungen* in Prag besonderen Erfolg hatte, wollte sie sich in dieser Partie auch während ihres Berliner Gastspiels im Oktober/November 1816 zeigen. Dort wurde der Einakter allerdings in einer anderen Fassung als in Prag gespielt: statt der für die Schauspielerin in Prag eingelegten *Aria* Nr. 4 war in Berlin an anderer Stelle (als Nr. 6) ein französisches Chanson der Julie »De l'amour la rose est l'image« vorgesehen. Heikel dürften auch die Abweichungen zwischen dem Duett »Ein jeder Geck sucht zu gefallen« in der Originalfassung im Berliner Material und der von Weber bearbeiteten Prager Version gewesen sein.

Auf ihre Solonummer »Ihr holden Blumen«, die Weber nach Julius Millers Vorlage neu instrumentiert hatte, wollte die Brandt keinesfalls verzichten. Da allerdings das Prager Aufführungsmaterial nicht zur Hand war, mußte Weber, der sich ebenfalls in Berlin aufhielt, die Nummer ein zweites Mal notieren. Drei Tage vor der für den 9. November angesetzten Aufführung vermerkte er in seinem Tagebuch: *für Lina Lied in die Verwandlungen aufgesezt.* Diese Rekonstruktion ergab freilich keine »Kopie« der in

Prag entstandenen Bearbeitung, sondern eine eigenständige Fassung, wobei fraglich ist, ob die Abweichungen zwischen Prager und Berliner Version tatsächlich nur ein Resultat fehlerhafter Erinnerung sind, oder ob vielmehr bewußt Änderungen vorgenommen wurden.

Da der Brandt ihre Partie geläufig war und nach der Partitur nur die Orchesterstimmen auszuschreiben waren, beschränkte sich Weber darauf, in dieser Niederschrift die Singstimme ohne Textunterlegung zu notieren. Alle Rötel-Nachträge am Kopf der ersten Seite sind von fremder Hand ergänzt, die Tempobezeichnung und die Angabe, daß die Einlage *nach 3*, d. h. nach der *Arietta* Nr. 3 des Dieners Heinrich, zu plazieren sei, vom Berliner Kapellmeister Bernhard Anselm Weber. Die Numerierung *N 18.* könnte mit einer frühen Registrierung des Weber-Familiennachlasses zusammenhängen; die Bleistiftzählung am rechten Rand notierte Jähns als Ordnungsvermerk innerhalb seiner Sammlung Weberiana.

FZ

VII/3 A. Fischer [und C. D. Eule?], *Die Verwandlungen*, Partitur-Kopie

gezeigt: Bl. 44v/45r, Schluß der *Arietta* Nr. 3 (Heinrich) »Ein jeder trügt in dieser Welt«

Provenienz: Königliche Schauspiele Berlin (Theaterbibliothek); ab 1860 Depositum, 1878 Schenkung an die Bibliothek
Berlin SBB, Signatur: Mus. ms. 22935

Am Theater an der Wien kamen die *Verwandlungen* 1805 als Komposition des dortigen Kapellmeisters Anton Fischer erstmals auf die Bühne; unter dessen Namen wurde der Einakter u. a. in Stuttgart (EA 24. April 1808, Neueinstudierung 26. November 1823), Frankfurt a. M. (EA 16. August 1810), München (EA 2. Juni 1812), Prag (EA 12. März 1814) und Petersburg (EA 5. Februar 1818) sowie vom Ensemble des Fürstlich Lippischen Hoftheaters (Münster 2. Februar 1828, Osnabrück 5. März 1828, Pyrmont 16. Juli 1828, Detmold 12. Dezember 1828; u. a. mit Albert Lortzing als Diener Heinrich) gespielt. Allerdings gibt es hinsichtlich der Autorschaft noch eine zweite Überlieferung: bei den Einstudierungen in Hamburg (EA 29. Juli 1808) sowie in Berlin (EA 26. Februar 1810) wurde das Werk einem Kapellmeister Weigl zugeschrieben – in Frage kämen dabei sowohl Joseph als auch sein jüngerer Bruder Thaddäus Weigl, ersterer seit 1792, letzterer seit 1803 Kapellmeister an den Wiener Hoftheatern. Zur Hamburger Aufführung existieren noch dazu widersprüchliche Angaben; auf dem gedruckten Textbuch liest man *Die Musik ist vom Capellmeister Weigel*, übereinstimmend mit der Angabe in Friedrich Ludwig Schmidts *Almanach fürs Theater 1810* (Hamburg: Vollmer, 1810, S. 180): *Die Verwandlungen. O.[per] in I. A.[kt] M.[usik] von Weigel.* In August Wilhelm Ifflands *Almanach fürs Theater 1811* (Berlin: Salfeld, 1811, S. 254) heißt es dagegen zur Hamburger Erstaufführung: *die Verwandlungen, Oper in 1 Akt, mit Musik von Fischer, hat sehr gefallen, und ist 12mal wiederholt worden* – die Verwirrung ist komplett!

Eine Tagebuchnotiz von Carl Ludwig Costenoble bringt ein wenig Licht ins Dunkel. Der Schauspieler hatte bei der Hamburger Erstaufführung den Vater Reich gegeben und notierte dazu: *»Die Verwandlungen«, Singspiel in einem Akt, angeblich mit Musik von Thadäus Weigel. Aber das war eine Erfindung unseres Direktors Eule, dem der Komponist Fischer nicht berühmt genug war. Joseph Weigls Namen hatte man doch nicht das Herz zu mißbrauchen, weil jeder nur halbwegs Kundige den Genius dieses Komponisten vermißt haben würde, darum mußte der Thadäus herhalten, von dem man in Hamburg noch nie etwas gehört hatte* (Costenoble, *Tagebücher*, Bd. 2, S. 41).

Doch damit ist das Rätsel nur zum Teil gelöst. In den Hamburger und Berliner Materialien finden sich drei zusätzliche, im Originallibretto nicht vorgesehene Gesangsnummern, die in der Wiener Partitur unter Fischers Namen (Österreichische Nationalbibliothek, K. T. 461) nicht enthalten sind: neben dem Duett Anne/Julie Nr. 4, das Weber für die Prager Einstudierung umarbeitete (vgl. VII/1), ein Duett Eduard/Heinrich Nr. 5 und ein Chanson der Julie Nr. 6, die restlichen sechs Nummern stimmen mit der Fassung Fischers überein – bei der Berliner Erstaufführung fanden übrigens gerade zwei der ergänzten Nummern (Nr. 4 und 6) den besonderen Beifall des Publikums (vgl. *AMZ* XII, Sp. 393). Die Zuschreibung an Weigl dürfte tatsächlich eine »Mystifikation« des Schauspielers und Direktors des Hamburger Theaters Gottfried Eule sein, warum hätten Joseph oder Thaddäus Weigl als Hoftheater-Kapellmeister in Wien schließlich Fischers Oper einrichten und bearbeiten sollen, die doch an den dortigen Hoftheatern nie einstudiert wurde. Von wem aber stammt die Musik der drei zusätzlichen Nummern?

Am naheliegendsten ist es wohl, Eules Sohn Carl Diedrich als Urheber zu vermuten. Eule junior war bereits mehrfach als Komponist von Singspielen hervorgetreten, die jeweils in Hamburg ihre Uraufführung erlebten: *Der verliebte Werber* (UA 10. September 1799), *Obristleutnant Taps* (UA 4. November 1803) und *Fernando* (UA 3. April 1807); allerdings hatte er mit seinen Erstlingen kein Glück (vgl. Costenoble, *Tagebücher*, Bd. 1, S. 190 und Bd. 2, S. 19). Das bewog den jungen Komponisten wohl, sein nächstes Werk unter Pseudonym herauszubringen: der Einakter *Der Unsichtbare* (UA 7. Juli 1809) wurde als Komposition eines Kapellmeister Seutelmann präsentiert (vgl. Costenoble, *Tagebücher*, Bd. 2, S. 57). Erst als der Erfolg dieser kleinen Oper sicher war, gab sich der Verfasser zu erkennen (a. a. O., Bd. 2, S. 58). Ein ähnlicher Fall ist aus dem Jahr 1812 überliefert, als Eule bereits drei Jahre Hamburger Musikdirektor war. Am 8. September d. J. war der Einakter *Der Antiquitätensammler*, eine Neubearbeitung des ursprünglich von Johann André verfaßten und vertonten Librettos *Der Liebhaber als Automat*, gegeben worden, *angeblich mit Musik von* [Jean Pierre] *Solié*. Costenoble berichtet darüber: *Die Komposition, leicht, schlecht und trivial, war von Carl Eule, der sich für dieses Mal hinter Solié versteckte. Vom Franzosen war auch kein Akkord oder charakteristische Eigenart zu vernehmen – lauter Trallirumlarum gewöhnlicher Deutschwalzer und Orgelkastenmelodien* (a. a. O., Bd. 2, S. 134f.).

Bei soviel Täuschung ist die Vermutung zumindest nicht von der Hand zu weisen, daß sich hinter dem »Weigl« der *Verwandlungen* ebenso Carl Eule versteckt, die Ergänzungen zum Fischer-Singspiel also auf den jungen Hamburger zurückgehen. Für die Entstehung der Einlagen in Hamburg spricht noch ein zusätzliches Indiz: im Originallibretto fehlt der Text zu den drei erstmals in der Hansestadt gegebenen Nummern, er ist jedoch in der Parallelvertonung der *Verwandlungen* von Julius Miller enthalten, und Millers Singspiel wurde vermutlich ca. 1805 in Hamburg uraufgeführt. Möglicherweise lag der dortigen Einstudierung 1808 nicht das von Fischer benutzte Textbuch, sondern ein Exemplar der Miller-Variante zugrunde.

Das Berliner Aufführungsmaterial dürfte mit größter Wahrscheinlichkeit direkt aus Hamburg erworben worden sein. Die Vorstellung am 9. November 1816, in der Caroline Brandt die Julie Fröhlich spielte, war die 13. und zugleich letzte des Stücks an den Berliner Königlichen Schauspielen. Die Rötel-Notiz von Bernhard Anselm Weber am Ende der Nr. 3, nach der an dieser Stelle die von Weber arrangierte, *eingelegte Arie v. Mlle. Brandt* (vgl. VII/2) folgte, wurde deshalb später nicht getilgt.

FZ

Karl Ludwig Giesecke, *Der travestirte Aeneas*, Farce mit Gesang in drei Akten; musikalische Einrichtung Ignaz Ritter von Seyfried und Matthäus Stegmayer

Gieseckes Farce, eine Travestie auf Vergils *Aeneis*, lebt von derber Komik. Das 1799 im Wiener Freihaustheater auf der Wieden uraufgeführte und bald sehr populär gewordene Stück trivialisiert die hehre Geschichte von der Liebe der karthagischen Königin Dido zum Trojaner Aeneas, dem sagenhaften Gründer Roms, bis zur Vorstadttheater-Tauglichkeit. Ein hervorstechendes Mittel der Bearbeitung ist die lokale österreichische »Einfärbung«, die einerseits durch Textpassagen in Dialekt, andererseits durch den Einsatz recht platter volkstümlicher Musik erzielt wird. Die musikalischen Einlagen wurden von Seyfried und Stegmayer entsprechend eingerichtet, dabei griff man auch auf populäre Lieder zurück. So liegt dem Lied Nr. 11, in dem Didos Harfenist Jopas im Stile eines Bänkelsängers den Untergang Trojas besingt, ein seinerzeit bekannter Gassenhauer »Frau Wirtin, komm sie her« zugrunde, der übrigens an anderer Stelle auch von Weber benutzt wurde: als Rondo-Thema seines *Andante und Rondo ungarese* für Viola bzw. Fagott und Orchester (JV 79 bzw. 158). Während sich ein Rezensent nach der Uraufführung der Fagottfassung des Weberschen *Ungarese* am 19. Februar 1813 wunderte, *wie ein so allgemein geachteter Tonsetzer sich mit einem Thema beflecken konnte, das nur an die niedrigsten Zoten erinnert* (*Sammler* vom 23. Mai 1813, S. 328), ist dasselbe Thema in der Posse stilistisch durchaus passend.

Am 26. August 1815 hatte der *Aeneas* in Prag Premiere; Weber besuchte erst die 5. Vorstellung am 17. September und schrieb am 30. September und 4. Oktober ein neues Lied für den Schauspieler Seewald, das nach einer Probe am 6. Oktober erstmals am 8. Oktober 1815 erklang; das Tagebuch meldet lapidar: *mein Lied sang der Seewald schlecht und es gefiel nicht.* Die Komposition ersetzte das Lied des Aeneas in Szene I/4 nach dem Flammentod seiner Frau Kreusa im brennenden Troja (»Aeneas ist lustig lebendig«), Weber übernahm allerdings nicht die Verse Gieseckes. Die Einlage »Mein Weib ist capores, was mach ich mir d'raus« (JV 183) ist sowohl textlich als auch musikalisch weit drastischer gestaltet als das recht brave ursprüngliche Lied. Das vortreffliche Stück voller *echt Weber'scher originaler Komik* (Jähns, *Werke*, S. 197) begeisterte noch Gustav Mahler, der es für seine Vollendung des Weberschen Opern-Torsos *Die drei Pintos* heranzog (Ariette Nr. 16 des Ambrosio).

Eine zweite Einlage Webers zum *Aeneas* findet im Tagebuch keine Erwähnung: ein Ersatz für das Liebes-Duett von Dido und Aeneas in Szene II/10. Auch hier verstärkt Weber in seiner Neufassung (JV 184) die Tendenz zur Überzeichnung. Den Originaltext von Giesecke »Jetzt sind wir ein Seel, jetzt sind wir ein Leib« verwendet er im Trio-Teil seines Liedes in Ländler-Form, im ersten Teil ist ein neuer Text ergänzt (»Frau Lieserl juhe«).

Die Quellenlage zu Webers *Aeneas*-Bearbeitung ist dürftig. Die Autographen waren bereits Mitte des 19. Jahrhunderts unauffindbar. Jähns entdeckte im Aufführungsmaterial des Prager Theaters im Besitz des Theaterdirektors Thomé zumindest Abschriften der beiden Nummern, die er für seine Weberiana-Sammlung kopieren ließ, zum Duett allerdings nur einen unvollständigen Stimmensatz. Auch die Prager Materialien sind heute verschollen, ein letzter Hinweis auf die Sammlung Thomé stammt aus dem Jahr 1872, als dessen Archiv an den Straßburger Theaterdirektor Heßler verkauft wurde – danach verliert sich die Spur. Verschollen sind ebenso die handschriftlichen Materialien zu einer Instrumentalfassung des *Aeneas*-Duetts (vgl. VII/4). Die Kopien in der Sammlung Weberiana von Jähns sind somit derzeit die einzigen zugänglichen Quellen.

FZ

VII/4 C. M. v. Weber, *Deutscher* (Original-Walzer) für Orchester (JV 185)

Erstdruck im Klavierauszug von F. W. Jähns, Berlin: Trautweinsche Buch- und Musikalienhandlung (VN: 82), 1845, gezeigt: Titelblatt mit Besitzvermerk von Jähns

Provenienz: F. W. Jähns; Schenkung 1881

Berlin SBB, Signatur: Weberiana Cl. IV B [Mappe XI], Nr. 1179

Im Jahr 1844 erhielt Caroline von Weber aus Prag die Partitur-Kopie eines Walzers in D-Dur, den Weber für eine Prager Musikgesellschaft arrangiert haben soll. Jähns machte darauf aufmerksam, daß dieser Walzer musikalisch weitgehend identisch ist mit dem Ländler-Duett aus dem *Travestirten Aeneas* (JV 184, vgl. Jähns, *Werke*, S. 198), und ging davon aus, daß die Instrumentalfassung eine nachträgliche Umarbeitung des Duetts sei. Oliver Huck wies hingegen zu Recht darauf hin, daß auch der umgekehrte Fall vorliegen könne, Weber also seine Einlage in den *Aeneas* möglicherweise nach dem schon vorhandenen Walzer einrichtete, zumal der Komponist gegenüber seinem Freund Gottfried Weber im Brief vom 2. Februar 1816 nur über die Komposition einer einlegten Ariette (JV 183) berichtete (Huck, *Weber-Studien* 5, S. 29f.).

An der Autorschaft Webers ist wohl kaum zu zweifeln, denn an diesem Walzer zeigt sich exemplarisch die Eigenart des Komponisten, unveröffentlichte Kompositionen mehrfach zu bearbeiten. Während allerdings bei der »Verpflanzung« von Gesangsnummern aus dem *Peter Schmoll* in den *Abu Hassan* (vgl. II/5 und VI/1) bzw. aus dem *Sternenmädchen im Maidlinger Walde* in den *Freischütz* (vgl. VII/5) die Gattungsgrenzen nicht überschritten werden, erscheint dieser Walzer in drei unterschiedlichen Fassungen: als Gesangsduett (JV 184), als Orchester-Tanz (JV 185) und in einer Klavier-Version in Es-Dur, die Weber während seines Kuraufenthalts in Ems am 17. August 1825 vermutlich für die preußische Kronprinzessin Elisabeth zu Papier brachte. Dieses späte Arrangement war Jähns verborgen geblieben; Georg Thouret entdeckte es erst nach dem Tod des Forschers im Rahmen der Katalogisierungsarbeiten in der Königlichen Hausbibliothek der Hohenzollern. Gottfried Wolters publizierte das Stück 1936 in der [*Neuen*] *Zeitschrift für Musik* (Jg. 103, Notenbeilage 12a) – gerade rechtzeitig, denn seit 1945 ist der Verbleib des Autographs unbekannt.

Verschollen wie die Prager *Aeneas*-Materialien und die Klavierversion ist heute auch die Partitur-Kopie der Orchesterfassung des Walzers. 1845 wurde diese Komposition von der Berliner Trautweinschen Buch- und Musikalienhandlung veröffentlicht, zuerst in einem Klavier-Arrangement von Jähns (VN: 82), danach auch in Orchesterstimmen (VN: 83); in der *Allgemeinen Musikalischen Zeitung* erntete das Werk einen gnadenlosen Verriß (Jg. 48, Nr. 24 vom 17. Juni 1846, Sp. 399).

FZ

Ferdinand Kauer, *Das Sternenmädchen im Maidlinger Walde*, romantisch-komisches Volksmärchen mit Gesang in drei Akten, Text von Leopold Huber

Hubers *Sternenmädchen im Maidlinger Walde* mit Musik von Kauer wurde erstmals am 20. Oktober 1801 am Wiener Theater in der Leopoldstadt gegeben. Die Prager Erstaufführung leitete Weber am 4. August 1816; im Tagebuch notierte er dazu: *Abends das SternenMädchen zum Erstenmale, ging gut. das Lied von mir gefiel sehr.* Das erwähnte Lied hatte der Komponist drei Tage zuvor als Einlage für Caroline Brandt geschrieben, wie ebenfalls seinen Tagebuch-Aufzeichnungen zu entnehmen ist, am 1. August heißt es dort: *Mittag bey Lina. Lied für Sie in das SternenM: gemacht. Abends zu Hause instrumentirt.* Nach einer Mitteilung von Caroline von Weber, geb. Brandt, trat die Neukomposition an die *Stelle der ursprünglichen Nummer, welche für* die Schauspielerin *zu hoch lag und mit unbequemen Coloraturen überhäuft war* (Jähns, *Werke*, S. 210).

FZ

VII/5 C. M. v. Weber, Lied (Lucinde) zu F. Kauers *Sternenmädchen im Maidlinger Walde* (JV 194), Autograph

gezeigt: S. 1

Provenienz: von Caroline von Weber an F. W. Jähns verschenkt; Schenkung 1881

Berlin SBB, Signatur: Weberiana Cl. I, 16

vgl. Abb. auf S. 116

Webers Einlagelied zu Kauers musikalischem Märchen ist leider nur unvollständig überliefert, der Komponist notierte im vorliegenden Autograph ausschließlich die Instrumentalstimmen, das System der Singstimme blieb leer. Einzig die beiden Auftakttöne am Ende von Takt 4 signalisieren, daß Gesangslinie und 1. Violine *colla parte* geführt sind, aber wie weit? Die Einlage besteht aus drei Abschnitten, dem eröffnenden *Allegro*-Teil folgen ein Menuett und ein Walzer, auch dort ist das System der Lucinde leer – waren diese Abschnitte als Tanzlieder oder als rein instrumentale Tänze gedacht?

Selbst wenn man die Gesangsstimme rekonstruiert, fehlt noch immer der Text. Nach dem Hinweis, daß Webers Lied eine andere Lucinde-Nummer ersetzen sollte, wäre man geneigt, den zu unterlegenden Text im Original-Libretto zu vermuten, aber keiner der Gesangstexte zu Lucindes Liedern und Arien läßt sich der Weberschen Komposition wirklich überzeugend anpassen. Lediglich die Verse zur Arie Nr. 18 »Hat man dich nur erst gefangen« scheinen metrisch und inhaltlich bedingt dafür geeignet. Möglicherweise wurde allerdings nicht nur die Musik, sondern auch der Text ausgetauscht. Caroline von Webers Beschreibung der gestrichenen Nummer als gesangstechnisch besonders anspruchsvoll und sehr hoch paßt am besten zu Lucindes Part in der Introduktion Nr. 1 (bis d^3) sowie zu ihrer Arie Nr. 2 (bis c^3).

Mit dem Lied zum *Sternenmädchen* dürfte Weber ein treffendes musikalisches Porträt seiner Braut Caroline Brandt gezeichnet haben; diese Tatsache wird besonders deutlich, wenn man die »zweite Karriere« dieser Komposition verfolgt. Lucindes Lied lieferte das musikalische Material für zwei Nummern des *Freischütz*, die die Arbeiten an dieser Oper gleichsam eröffneten und beendeten. Mit dem Entwurf des Duetts Nr. 6 von Agathe und Ännchen begann Weber Anfang Juli 1817 die Komposition, und gleich in den ersten Takten (T. 12 – 16) entnahm er eine charakteristische Phrase des Ännchen dem *Sternenmädchen*-Lied (T. 19 – 27), wobei jeweils zwei 3/4-Takte der Vorlage zu einem 6/8-Takt zusammengefaßt werden, identisch blieb auch die *colla-parte*-Führung von Singstimme und 1. Violine. Noch deutlicher wird der Zusammenhang in der Romanze und Arie des Ännchen Nr. 13, die Weber im Mai 1821 als letzte Nummer komponierte. Den gesamten Beginn des *Allegro*-Teils der Arie (»Trübe Augen«), die Takte 52 – 55 der Viola und 56 – 63 der Singstimme (jeweils mit Auftakt), entlehnte der Komponist fast tongetreu Lucindes Lied (T. 5 – 19), und auch Ännchens Takte 106/107 und 110/111 (»Laß in öden Mauern ...«) haben in der Vorlage ihr Pendant (T. 29 – 32), wiederum mit der Zusammenfassung zweier 3/4-Takte zu einem 6/8-Takt. Aus der Prager Lucinde wurde das Ännchen, über das Weber am 11. Juni 1817 an die Braut Caroline schrieb: *das Ännchen daß so ganz deine Rolle wäre, zieht mich vor allem an, und ich muß unwiderstehlich diese Sachen zuerst komponiren, wobei du mir immer lebhaft vor Augen schwebst. du wirst also einst darinn dein Portrait in einem nekischen spizbübischen Pumpernikel wiederfinden.*

Dieses musikalische »Recycling« blieb allerdings nicht das einzige, das Lied diente auch Gustav Mahler bei der Komplettierung des Weberschen Opern-Fragments *Die drei Pintos* (vgl. IX/9). Er übernahm den 3. Teil der Lucinde-Nummer (*Walzer*, T. 66 – 81) in die Arietta Nr. 9 der Laura »Höchste Lust ist treues Lieben« (T. 21 – 36), wobei der Bearbeiter davon auszugehen schien, daß dieser Abschnitt von Weber tatsächlich als Tanzlied gedacht war, dem ein Text zu unterlegen ist (»Drum, Gebieterin, weg den trüben Sinn«).

FZ

VII/6 *Panorama von Prag, aufgenommen im Gloriet des Gräflich Schönborn'schen Gartens am Laurenzberg*

Stich von Friederich Geißler nach der Zeichnung von Vinzenz Morstadt, gedruckt von Carl Mayer, Nürnberg, Verlag Borosch & André, Prag, um 1840

Berlin SBB, Kartenabt., Signatur: Y 60016

Etienne Nicolas Méhul, *Héléna*, Oper in drei Akten, Text von Jean Nicolas Bouilly und Jacques Antoine de Révérony Saint-Cyr, deutsche Übersetzung von Georg Friedrich Treitschke

Im Vorfeld der Dresdner Aufführung von Méhuls *Héléna* in der deutschen Textfassung von Georg Friedrich Treitschke verfaßte Weber eine kurze Werkeinführung, die am Tag der Premiere, dem 22. April 1817, in der Dresdner *Abend-Zeitung* (Nr. 96) erschien, darin heißt es: *Dem musikalischen Gastrechte zu Folge, das dem Fremdlinge gern vergönnt, alle Mittel zur größeren Entfaltung seines Talentes anzuwenden und zu benutzen; – werden Herr und Mad. Weixelbaum, die die Rollen des Constantin und der Helena geben, eine Cavatine, ein Duett, und eine Arie, von italienischen Meistern einlegen. Dieses anzuzeigen fodert die Achtung, die dem Schöpfer eines Kunstwerkes gebührt, zur richtigen Beurtheilung desselben.*

Das Gastspiel von Georg und Josepha Weixelbaum gab Weber erst die Möglichkeit, Méhuls Oper adäquat zu besetzen, in Dresden fehlten im Personal der deutschen Oper vor den Engagements von Friederike Funk, Caroline Willmann, Charlotte Veltheim sowie vor allem Wilhelmine Schröder und Friedrich Gerstäcker Darsteller für die ersten Gesangspartien. Die Weixelbaums hatten schon in München die beiden Hauptrollen der *Helene* gesungen, und bereits dort gehörten auch zwei der erwähnten Einlagen verbindlich zum Werk: eine Cavatine des Soprans im I. Akt von Ferdinando Paër sowie ein Duett der Hauptdarsteller im II. Akt von Sebastiano Nasolini aus dessen 1793 uraufgeführter Oper *Tito e Berenice* – diese beiden Nummern instrumentierte Weber aus diesem Anlaß neu (vgl. VII/7). Fraglich ist, welche dritte Einlage Weber in seiner Einführung meinte; denkbar wäre eine zusätzliche Arie der Helene von Nasolini im II. Akt, wie sie in München Verwendung fand, aber auch eine Einlage-Arie für den Tenor im III. Akt (vgl. Huck, *Weber-Studien* 5, S. 202 – 206).

Nach den beiden Vorstellungen im April 1817 ergab sich erst Anfang 1818 die Möglichkeit zur erneuten Aufführung; diesmal gab Caroline Benelli die Helene. Auch für die Benelli wurde Méhuls Werk um zwei Einlagen erweitert, allerdings andere als in den Aufführungen von 1817. Im I. Akt wählte sie eine Arie eines unbekannten älteren italienischen Meisters (vgl. *AMZ* XX, Sp. 134), im II. Akt eine Komposition Webers. Diese Nummer (vgl. VII/8) war bereits um den Jahreswechsel 1814/15 für die Prager Erstaufführung entstanden, in der Therese Grünbaum die Helene sang, den Text dazu hatte Johann Christoph Grünbaum verfaßt.

Die drei Beiträge Webers zur *Helene* erklangen vermutlich nur in einer Aufführung des Werks gemeinsam, im Juli 1819, bei der einzigen Vorstellung der Oper, die Weber nicht selbst dirigierte (vgl. Huck, *Weber-Studien* 5, S. 207).

FZ

VII/7 C. M. v. Weber, Neu-Instrumentierung einer *Cavatina* von Ferdinando Paër als Einlage in E. N. Méhuls *Héléna* (JV 215), Teilautograph

gezeigt: Bl. 4v, Ende des *Recitativo* »Von dir entfernt Geliebter« und Bl. 5r, Beginn der *Cavatina* »Nur bei dir o mein Geliebter«

Provenienz: Hoftheater-Archiv Dresden

Berlin SBB, Signatur: Mus. ms. autogr. C. M. v. Weber 11

Webers Instrumentierung der beiden Einlagen zur *Héléna* entsprang nicht dem Bedürfnis, zwei als mangelhaft empfundene Vorlagen musikalisch aufzuwerten, sondern vielmehr pragmatischen Zwängen. Der Hofkapellmeister hatte das Werk in Erwartung des Sänger-Ehepaars Weixelbaum im Februar/März 1817 einstudiert, nach deren verspäteter Ankunft konnten die Proben erst am 16. April weitergeführt werden. Die Weixelbaums dürften damit gerechnet haben, daß die Einlage-Nummern von Paër und Nasolini, wie an vielen Bühnen üblich, auch in Dresden zum Aufführungsmaterial gehörten. Da sie dort fehlten, sah sich Weber genötigt, die Stücke nach dem von den Sängern mitgeführten Material – offensichtlich Rollenheften – neu zu arrangieren. Im Falle der *Cavatina* der Helene ließ er von einem Kopisten alle Angaben des Rollenauszugs in eine Partitur setzen: die Singstimme, den Instrumental-Baß sowie die jeweils führende Instrumentalstimme in Vor- bzw. Zwischenspielen (überwiegend 1. Violine, seltener auch Oboen oder Fagott). Danach instrumentierte er die »Leerstellen« neu, im Tagebuch findet sich dazu am 15. April die Notiz: *Arie vollends instrumentirt.*

Die Arbeitsteilung ist auf den beiden gezeigten Seiten deutlich zu erkennen. Der Kopist – einer der Hofnotisten, der mehrfach für Weber arbeitete (Dresden III), – richtete die Seiten mit Instrumenten-Vorsatz, Schlüsseln, Vorzeichen, Takt- und Tempoangabe sowie Taktstrichen ein, notierte die Singstimme mit Text und den Baß sowie den größten Teil der 1. Violin-Stimme (bis auf die letzten beiden Töne im Rezitativ) und ergänzte die Bezeichnungen *segue Cavatina* am Ende des Rezitativs sowie *Cavatina* auf der rechten Seite. Soweit entspricht das Manuskript im wesentlichen der Vorlage von Paër. Webers Instrumentierung ist mit hellerer Tinte nachgetragen, sie beschränkt sich hier weitgehend auf die Mittelstimmen der Streicher sowie die Bläser. Von Webers Hand sind zudem fast alle dynamischen Bezeichnungen (außer in der 1. Violine im *Recitativo*) und die Zusätze zur Stimmung der Klarinetten und Hörner *in A* nachgetragen. F. W. Jähns machte die Ergänzungen Webers durch Häkchen mit Rötel kenntlich.
FZ

VII/8 C. M. v. Weber, *Scena ed Aria* »Ha! sollte Edmund selbst der Mörder sein?« als Einlage in E. N. Méhuls *Héléna* (JV 178), Abschrift von Carl Gottlob Kretzschmar (Fragment) mit autographem Titelblatt und autographen Korrekturen

gezeigt: 1. Notenseite (Bl. 1v)
Provenienz: Verlagsarchiv Schlesinger/Lienau, später im Besitz von F. W. Jähns; Schenkung 1881
Berlin SBB, Signatur: Weberiana Cl. I, 13
vgl. Abb. auf S. 117

Die sowohl in Prag (1815) als auch in Dresden (1818) als Opern-Einlage aufgeführte Arie wollte Weber gerne einem breiteren Publikum bekannt machen, er beabsichtigte deshalb eine Veröffentlichung als Konzertarie. Die Verleger Schlesinger, Peters und Simrock zeigten sich jedoch nicht interessiert. Erst 1822 gelang nach erneuter Initiative Webers der Vertragsabschluß mit Schlesinger, der die angebotenen Konzertarien (JV 178 = op. 52 und JV 142 = op. 53) wohl eher als »notwendiges Übel« akzeptierte – die anderen per Vertrag verkauften Werke erschienen ihm finanziell sicherlich attraktiver. Die Reihenfolge des Erscheinens der im Oktober 1822 an Schlesinger übersandten Werke spricht Bände: noch im selben Jahr 1822 wurde die *Freischütz*-Ouvertüre in Orchesterstimmen (VN 1176) publiziert, 1823 das Klarinetten-Konzert f-Moll JV 114 (VN 1177) und die Lieder op. 80 (VN 1213), 1824 das Klarinetten-Konzert Es-Dur JV 118 (VN 1240) und das Fagott-Konzert F-Dur JV 127 (VN 1246), 1825 die Arie op. 53 (VN 1271); erst ein knappes Jahr nach Webers Tod, im Frühjahr 1827, erschien schließlich die *Helenen*-Arie op. 52 (VN 1428).

Von der Stichvorlage, die Weber laut Tagebuch am 17. Oktober 1822 an Schlesinger schickte, blieb nicht mehr erhalten als das gezeigte Blatt. Einer der Vorbesitzer schien ausschließlich an dem autographen Titel interessiert und trennte ihn heraus. Was mit dem Rest der Handschrift geschah, ist unbekannt – äußerst bedauerlich, denn üblicherweise sind Webers Stichvorlagen weit zuverlässiger bezeichnet als seine Reinschrift-Autographen.

Auf der Recto-Seite notierte Weber die gewünschte Titelfassung: *Scena ed Aria | composta per uso della Signora Grünbaum | da | Carlo Maria di Weber. | op: 52.* mit dem Zusatz am unteren rechten Rand *Corr:*[*igiert?*]. Die ausgestellte Verso-Seite bietet das typische Bild einer Stichvorlage: der Haupttext ist von Kopistenhand notiert, hier von einem der Dresdner Hauptkopisten Webers, Carl Gottlob Kretzschmar. Auf die wenigen autographen Einzeichnungen wies Jähns mit seinem Eintrag am unteren Rand links hin: *Auf dieser Seite nur die beiden rothgeschriebenen Noten u. d. rothe ffo von Weber's Hand; eben so der Violin Schlüssel hinter »Helene«.* Die mit roter Tinte ausgeführte Korrektur im Fagott 2 ist von Jähns zudem im Vorsatz nochmals mit einem Bleistift-Kreuz bezeichnet.

Ob tatsächlich auch der Violinschlüssel in der Gesangsstimme von Weber geschrieben ist, bleibt ungewiß. Anhand der Schrift scheint dies möglich, allerdings ist die Änderung des Sopran- in einen Violinschlüssel verbunden mit dem Zusatz der neuen oberen Notenlinie und der Streichung der untersten Notenlinie dieses Systems; diese Korrektur scheint eher auf der Entscheidung des Verlages zu beruhen, in der gedruckten Ausgabe den weniger gebräuchlichen Schlüssel zu ersetzen. Im Erstdruck resultieren aus diesem Schlüsselwechsel zahlreiche Fehler, mehrfach hat der Stecher Töne eine Terz zu hoch wiedergegeben.

Der nachgetragene italienische Text »Ah! se Edmundo fosse l'uccisor!« ist sicherlich nicht authentisch. Offenbar wollte der Verleger mit dieser Ergänzung die Opern-Einlage an die vorher erschienenen italienischen Konzertarien Webers (op. 50, 51 und 53) angleichen; der Schreiber ist unbekannt. Schließlich »verewigte« sich auch der Notenstecher W. Zacharias auf dem Manuskript: die Bleistift-Vermerke im Gesangs- und in den Streichersystemen gehen auf seine Einrichtung der Stichvorlage zurück, sie entsprechen den Zeilenumbrüchen im Erstdruck (dort nur in der *Bassi*-Stimme abweichend).

FZ

Gaspare Luigi Pacifico Spontini, *Olympia*, Oper in drei Akten, Text von Joseph Marie Armand Michel Dieulafoy und Charles Brifaut, deutsche Übersetzung von E. T. A. Hoffmann

In der Musikgeschichtsschreibung des 19. und frühen 20. Jahrhunderts wurde Spontini zu einem der Hauptgegenspieler Webers im Kampf um die deutsche Oper stilisiert. Diese Einschätzung geht schon auf eine Polarisierung der Weber-Zeit zurück: So wie man in Wien Weber und Rossini als Kontrahenten im Streit für oder gegen eine deutsche Nationaloper aufs Schild hob, so wählte man in Dresden Weber und Morlacchi, in Berlin Weber und Spontini als Sinnbilder dieses Opernstreits. Dabei wurde oft übersehen, daß Weber – trotz persönlicher Ressentiments gegenüber Morlacchi und Spontini – die Musik der Italiener keineswegs pauschal verurteilte, sondern sich um eine – soweit möglich – gerechte Beurteilung ihrer Kompositionen bemühte, ohne allerdings je die gänzlich unterschiedlichen opernästhetischen Standpunkte aus dem Auge zu verlieren.

Obgleich Weber aus Berlin Intrigen Spontinis gegen die Aufführung der *Euryanthe* zugetragen wurden, leitete er die Einstudierung der *Olympia* mit außergewöhnlicher Sorgfalt: zwischen dem 24. September und 11. November 1825 notierte er in seinem Tagebuch 23 Proben zu dem Werk. Diese selbst für den gewissenhaften Kapellmeister Weber ungewöhnliche intensive Vorbereitung ergab sich aus dem Umstand, daß die Komposition als Festoper anläßlich der Heirat des sächsischen Prinzen Maximilian mit Infantin Marie Louise Charlotte von Lucca angesetzt war. Der Vermählung per Prokuration in Lucca am 15. Oktober war am 7. November 1825 in Dresden die eigentliche Trauung gefolgt; die entsprechend dem Anlaß aufwendig ausgestattete Erstaufführung der Oper fand am 12. November statt.

Webers Einlage, die an diesem Tag ihre einzige Aufführung erlebte, steht in der Tradition der Licenza in der Barockoper. Ohne direkten Zusammenhang mit dem Geschehen auf der Bühne, wohl aber anknüpfend an inhaltlich korrespondierende Handlungs-Momente, bringen die Darsteller dem jeweiligen Anlaß gemäß Huldigungen dar, die in allegorischen Bildern Tugenden und Erfolge der Gefeierten preisen. In diesem Falle galt die von Karl Gottfried Theodor Winkler getextete Passage selbstverständlich dem jungen Brautpaar.

Die *Olympia*-Einlage ist daher nicht mit den anderen Opern-Einlagen des erfahrenen Bühnenpraktikers Weber zu vergleichen. Huldigungsmusiken für den Dresdner Hof sind in seinem Schaffen nicht singulär: zahlreiche Kantaten und Festspielmusiken sind überliefert – sie gehörten zu den selbstverständlichen Verpflichtungen eines Hofkapellmeisters. Als Einlagen in musikalischen Bühnenwerken freilich wirken sie in dieser Zeit bereits anachronistisch; ein einziges vergleichbares Werk dieser Form hat Weber komponiert: einen zusätzlichen Chor zu Joseph Weigls Singspiel *Das Dorf im Gebirge* (JV Anh. 66), der bei der Festaufführung anläßlich des Namenstages von König Friedrich August I. von Sachsen am 5. März 1818 aufgeführt wurde.

FZ

VII/9 C. M. v. Weber, *Recitativo* (Hierophant, Diana) »Doch welche Töne steigen jezt hernieder« (JV 305), einzulegen in G. Spontinis *Olympia*, Akt III, autographer Entwurf

gezeigt: S. 23 (in einer Sammlung autographer Entwürfe zu *Oberon*), Beginn der Komposition

Provenienz: Weber-Familiennachlaß; Schenkung 1986

Berlin SBB, Signatur: in Mus. ms. autogr. C. M. v. Weber WFN 2 (3)

vgl. Abb. auf S. 118

Die zeitliche Überschneidung der Kompositionsarbeiten am *Oberon* mit der Einstudierung der *Olympia* wird anhand dieses Autographs deutlich: mitten in den Entwürfen zum II. Akt von Webers Oper, zwischen Reizas großer Szene Nr. 13 »Ocean! thou mighty monster« und dem Finale Nr. 15 mit dem populären Meermädchen-Lied, notierte Weber den Entwurf zur Einlage in Spontinis Werk. Die Datierung ist anhand von Webers Tagebuch möglich; dort liest man am 26. Oktober 1825: *gearbeitet. zur Festlichkeit in die Olimpia*, ergänzt durch die vielsagende Bemerkung *O!!!* Nachträglich, wohl nach Ausführung der Komposition in der Reinschrift (vgl. VII/10), wurden die nicht zum *Oberon* gehörigen Entwürfe mit Bleistift gestrichen.

F. W. Jähns bezeichnete das gezeigte Blatt am oberen Rand mit Bleistift: *Recitative zu Olimpia v. Spontini auf Befehl von Weber componirt. F. W. Jähns. 1865.* Auch die Seitenzählung in roter Tinte stammt von seiner Hand.

FZ

VII/10 C. M. v. Weber, *Recitativo* (Hierophant, Diana) »Doch welche Töne steigen jezt hernieder« (JV 305), einzulegen in G. Spontinis *Olympia*, Akt III, autographe Reinschrift

gezeigt: S. 1

Provenienz: aus der Sammlung von Aloys Fuchs 1853 von Sigismund Thalberg erworben; 1886 bei Leo Liepmannssohn, Berlin (Auktion 3./4. Dezember, Nr. 333); erworben 1962 bei Stargardt (Kat. 558, Nr. 784)

Berlin SBB, Signatur: N. Mus. ms. 127

Am 29. Oktober 1825 heißt es in Webers Tagebuch: *gearbeitet. zur Festlichkeit das Recit. vollendet* – die Notiz dürfte sich auf die vorliegende Reinschrift beziehen. Jähns, ansonsten ein eifriger Verfechter Weberscher Musik, fand für das Auftragswerk wenig schmeichelhafte Worte: *Die grosse Wortmenge* [...] *wusste W.*[*eber*] *durch eingestreute Instrumental-Sätze und ein ansprechendes Cantabile B dur 4/4 glücklich zu verhüllen, obwohl die Arbeit eine besondere künstlerische Bedeutung nicht hat* (Jähns, *Werke*, S. 382).

Weber selbst bezeichnete das Manuskript auf der 1. Seite am oberen Rand links mit dem Hinweis *Zu Olimpia 3t Act*. Sein Hinweis, daß Flöten, Klarinetten und Fagotte zu Beginn *auf dem Theater*, d. h. auf der Bühne, zu positionieren sind, ist durch eine spätere Überklebung nur noch fragmentarisch erkennbar. Von fremder Hand ist am oberen Rand mit Bleistift ein Vermerk ergänzt, der die Handschrift als Autograph Webers ausweist. Das Ende dieser Notiz wurde später mit einem kleinen Papierstück mit autographem Namenszug des Komponisten überklebt. Dieses Zettelchen dürfte aus einem anderen Schriftstück (Brief, Rechnung o. ä.) ausgeschnitten worden sein.

Das Manuskript gelangte spätestens 1845 (Datierung auf Vorsatzblatt) in den Besitz des Wiener Autographensammlers und -sachverständigen Aloys Fuchs, der die Komposition nicht ganz zutreffend als *Fragment einer Gelegenheits-Cantate zur Vermählungsfeyer des Prinzen Maximilian v Sachsen* [...] bezeichnete.

FZ

VII/11 G. Spontini, *Olympia*, Partitur-Kopie für die Berliner Erstaufführung mit autographen Eintragungen des Komponisten

gezeigt: Bd. 4 (= Akt III), S. 364/65 Ende des Rezitativs (Cassander, Statira) »Ihr Völker! Krieger!« vor dem Schlußchor »Wonn' glorreich Heil!«

Provenienz: Königliche Schauspiele Berlin (Theaterbibliothek)
Berlin SBB, Signatur: N. Mus. ms. 10200, Bd. 4

In seiner Reinschrift ordnet Weber die Einlage dem III. Akt zu, am Ende schreibt er vor: *attacca Subito Coro*. In Anbetracht des Auftretens der Göttin Diana – die in Spontinis Oper nicht in Erscheinung tritt – und ihrer Wünsche für das Brautpaar kann Webers Komposition nur für die Schlußszene der Oper vor dem Tempel der Diana vorgesehen sein. Der harmonische Aufbau (Beginn in As-Dur, Ende mit Dominantsept-Akkord G-Dur als Überleitung nach C-Dur) ist dem Rezitativ Cassander/Statira vergleichbar, das vom festlichen Ballett zur Feier der Vermählung von Olympia und Cassander (Es-Dur) zum abschließenden Chor »Wonn' glorreich Heil!« (C-Dur) überleitet. Vermutlich sollte Webers Komposition dieses 25taktige Rezitativ ersetzen. Die Formulierung *attacca Subito Coro* könnte zudem bedeuten, daß danach der Chor tatsächlich attacca, also ohne das 24taktige Vorspiel einsetzen sollte.

Die vorliegende Partitur-Kopie diente als Dirigierpartitur für die Berliner Erstaufführung von Spontinis Oper am 14. Mai 1821 in deutscher Übersetzung von E. T. A. Hoffmann. Sie enthält zahlreiche Korrektur-Einträge des Komponisten, so etwa die Textumstellung mit roter Tinte auf den gezeigten Seiten. Aufgeschlagen ist das Ende des in Dresden wohl durch Webers Einlage ersetzten Rezitativs.

FZ

VII/12 *Umsicht auf der Kuppel der Frauenkirche in Dresden*

gezeichnet und gestochen von Carl August Richter, Dresden: Arnoldische Buchhandlung, 1824

Berlin SBB, Kartenabt., Signatur: Y 18216, Bl. 1

Die Ansicht zeigt die Dresdner Altstadt in der Vogelschau, gesehen von der Kuppel der Frauenkirche. Erkennbar sind u. a. zwei wichtige Wirkungsstätten Webers in der sächsischen Hauptstadt: die Hofkirche und daneben das Hoftheater.

VII/1 Duett zu A. Fischers *Verwandlungen*, Autograph

VII/2 Arie zu A. Fischers *Verwandlungen*, Autograph

VII/5 Lied zu F. Kauers *Sternenmädchen im Maidlinger Walde*, Autograph

VII/8 Scena ed Aria zu E. N. Méhuls *Héléna*, Stichvorlage

VII/9 Rezitativ zu G. Spontinis *Olympia*, autographer Entwurf

VIII. *Der Freischütz*, romantische Oper in drei Aufzügen, Text von Johann Friedrich Kind

(WeV C.7 = JV 277)

Die Arbeit am *Freischütz* zog sich über die Jahre 1817 bis 1820 hin, da der Dienst als königlich-sächsischer Kapellmeister bei der neu eingerichteten deutschen Oper in Dresden, der auch mit Kompositionsverpflichtungen für den Hof verbunden war, Weber nur wenig Gelegenheit zu kontinuierlichem Fortgang am Werk ließ. Überdies waren immer wieder von außen übernommene Aufträge zu erfüllen. Anhand der Tagebücher des Komponisten ist die Entstehung der Oper in ihren einzelnen Nummern genau zu verfolgen. Begonnen wurde sie am 2. Juli 1817, beendet am 13. Mai 1820. Eine Ergänzung erst aus dem Jahr 1821, Rücksichtnahme auf die Darstellerin des Ännchens in der Uraufführung, ist die Nr. 13, Romanze und Arie »Einst träumte meiner sel'gen Base«.

Für die Uraufführung (18. Juni 1821) war auf Betreiben des Generalintendanten der Königlichen Schauspiele zu Berlin, Karl Graf von Brühl, schon seit 1818 die preußische Metropole bestimmt worden. Weber studierte die Aufführung selbst ein und leitete sie auch. Der Erfolg beim Publikum war überwältigend. Das Werk wurde rasch an verschiedenen Orten Deutschlands und Europas nachgespielt und eroberte sich einen Spitzenplatz im Repertoire der Opernhäuser, den es bis heute ungebrochen behauptet.

HH

VIII/1 C. M. v. Weber, *Der Freischütze*, autographe Reinschrift

gezeigt: S. 80, Ende der Nr. 3 *Walzer* sowie Szene und Arie (Max) »Nein! länger trag ich nicht die Qualen« und S. 81, Beginn des Liedes Nr. 4 (Caspar) »Hier im irdschen Jammerthal«

Provenienz: Geschenk von Caroline von Weber an Friedrich Wilhelm IV., König von Preußen, 1851, von diesem der Königlichen Bibliothek überstellt

Berlin SBB, Signatur: Mus. ms. autogr. C. M. v. Weber 7

vgl. Abb. der S. 81 auf S. 128

Die aufgeschlagenen Seiten zeigen den Beginn von Nr. 4, Kaspars Trinklied »Hier im irdschen Jammerthal«, davor den Schluß von Nr. 3, Maxens »Doch mich umgarnen finstre Mächte«. – Das Manuskript wurde 1851 von Webers Witwe Caroline dem König von Preußen, Friedrich Wilhelm IV., geschenkt und von diesem der Königlichen Bibliothek übergeben (vgl. VIII/2). Der Titel der Oper in Kinds Libretto *Der Probeschuß* wurde schon vor Beginn der Komposition in *Die Jägersbraut* geändert, auch Webers Autograph weist diesen Titel ursprünglich noch auf. Nachdem Graf Brühl aber mit Erfolg auf die Wiedereinsetzung des ursprünglichen Titels der Sage bei Apel (vgl. VIII/3) hingewirkt hatte, wurde das Titelblatt des Manuskripts mittels Rasur und Überschreiben, der Zwischentitel vor dem zweiten Aufzug durch Kanzellieren geändert. Bei der Rollenbezeichnung Kaspars wechselt Weber zwischen *Casper*, wie auf S. 81, und der korrekten Schreibweise des Librettos *Caspar*, so wie gleich bei der folgenden Nr. 5.

HH

VIII/2 Caroline von Weber, Schreiben mit eigenhändiger Unterschrift an Friedrich Wilhelm IV. bezüglich der Übergabe des *Freischütz*, 28. Oktober 1851

Provenienz: von Caroline von Weber an F. W. Jähns verschenkt; Schenkung 1881
Berlin SBB, Signatur: Weberiana Cl. V [Mappe I A], Abt. 3, Nr. 30

Im Herbst 1851 verschlechterte sich, bedingt durch ein Herzleiden, der Gesundheitszustand Caroline von Webers rapide, so daß sie ihr nahes Ende fühlte und ihr Haus geordnet wissen wollte. Zwei Hauptanliegen sollten geregelt werden: zum einen bestand sie auf Lösung des Kontraktes mit Giacomo Meyerbeer über die Vollendung der Oper *Die drei Pintos*, auf deren Verwirklichung sie 25 Jahre vergeblich gewartet hatte (vgl. IX/7), zum andern wollte sie der autographen Partitur des *Freischütz* königlichen Schutz angedeihen lassen und bat Friedrich Wilhelm IV. von Preußen im Dedikationsschreiben, ihr *einen Platz in Allerhöchstdero Musikalien-Bibliothek anweisen zu lassen.* In einem an das Ehepaar Jähns gerichteten Brief schreibt die Witwe betreffs der Autographen des *Freischütz* und der *Euryanthe* fast zur selben Zeit: *Gern hätte ich alles noch selbst ins Reine gebracht,* [...] *es lieg*[*t*] *mir viel daran die Partituren für die Zukunft erhalten zu sehen, und an einem würdigen Platz zu wissen.* Der *Freischütz*, der Webers Ruhm begründet hatte, mag ihr besonders am Herzen gelegen haben, da sie sich vor allem in der Partie des Ännchen wiederfand und die glanzvolle Uraufführung in Berlin miterlebt hatte, als einzige von Webers großen Opern.

Der Brief der Witwe zur Übersendung des Autographs datiert vom 28. Oktober; ob die kostbare Fracht allerdings sofort an Friedrich Wilhelm IV. übersandt wurde, ist ungewiß, denn erstaunlicherweise bat die Witwe erst anschließend (am 2. November) Wolf Adolf Graf von Lüttichau, den Intendanten des Königlich Sächsischen Hoftheaters in Dresden, beim sächsischen König die Genehmigung dieser Schenkung zu erwirken, die dieser nach kurzer Zeit auch erteilte (Nachricht Lüttichaus vom 15. November 1851). Um den 20. November muß der *Freischütz* spätestens in Berlin angekommen sein, denn der Dankbrief des preußischen Königs wurde am 22. November diktiert. Hinrich Lichtenstein übersandte dieses Dankschreiben (in einem undatierten Brief) mit der Bemerkung: *Ich weiß nicht, wie es lautet, denke mir aber, daß Du aus diesen hohen fürstlichen Worten nicht viel Wärme in Dein Herz aufzunehmen haben wirst.* Darin irrte der Freund allerdings, denn die königliche Antwort lautete durchaus herzlich: *Ich* [...] *kann es Mir nicht versagen, Ihnen für dieses Geschenk von seltenstem Werthe, welches die schöpferische Kraft und die hohe Meisterschaft Ihres verewigten Gatten in das glänzendste Licht setzt und fortan unter den handschriftlichen Schätzen der Sammlung* [...] *eine würdige Stelle einnehmen wird, Meinen aufrichtigen und verbindlichsten Dank zu erkennen zu geben.*

Besondere Freude wird der leidenden Caroline die Kunde gemacht haben, daß Lichtenstein zugegen war, als das kostbare Geschenk in der Königlichen Bibliothek ankam (es wurde am 25. November 1851 unter der Nummer 2376 im Zugangsbuch eingetragen), er berichtete: *Das ganze Personal lief zusammen um das anspruchlose grüne Queerfolio zu bewundern* [...] *Wer auf die Bibl.*[*iothek*] *kam, wurde mit der Nachricht, daß der Freischütz angekommen, empfangen und die ersten Tage wird an kein Wegpakken zu denken sein.*

Der vorliegende Brief der Witwe ist nicht das an den König übersandte Original, sondern eine Dublette; Jähns notierte dazu auf der Adressenseite: *Durch einen Fehler in der Couvertirung wurde das Exemplar unbenutzbar und fiel mir zu.* – Gemeint ist wohl ein Mißgeschick beim Siegeln: das Siegel mit dem Weberschen Familienwappen, das den gefalteten Brief verschließen sollte, mißlang. Daher mußte das Schreiben erneut kopiert werden.

EB

VIII/3 [Johann] A.[ugust] Apel, F.[riedrich] Laun (eigentlich Friedrich August Schulze), *Gespensterbuch*
Leipzig: G. J. Göschen, 1810
gezeigt: Titel und handkoloriertes Frontispiz
Provenienz: F. W. Jähns; Schenkung 1881
Berlin SBB, Signatur: Weberiana Cl. VII, Bd. 18
vgl. Abb. auf S. 129

Die Sammlung von Volkssagen und Spukgeschichten beginnt mit der Erzählung *Der Freischütz*. Weber wurde mit dem Band schon im Jahre der Veröffentlichung bekannt und schmiedete mit seinem Freund Alexander von Dusch bereits damals Pläne zu einer Oper auf der Grundlage der *Freischütz*-Erzählung. Das Vorhaben kam aber über kleinere Textentwürfe nicht hinaus. Erst 1817 stieß Weber in Dresden bei Friedrich Kind wiederum auf den Band und fing bei der ersten Erzählung erneut Feuer, diesmal mit Folgen.

Der Stich auf dem Titelblatt (Karl Wilhelm Schenk nach einer Vorlage wohl von Hans Veit Friedrich Schnorr von Carolsfeld) bezieht sich konkret auf das Freikugelgießen der *Freischütz*-Erzählung mit seiner gespenstischen Staffage, die Kind ganz offensichtlich Anregungen für die Wolfsschluchtszene gegeben hat. Das gegenüberliegende, hier handkolorierte Frontispiz nach Johann Heinrich Ramberg, an dessen Stich offenbar neben Johann Baptist Hoessel der junge Julius Schnorr von Carolsfeld beteiligt ist, gehört zur zweiten Erzählung des Bandes, *Das Ideal* (speziell S. 61f.).

HH

VIII/4 Johann Friedrich Kind / C. M. v. Weber, *Die Jägersbraut. Oper in 3. Aufzügen*, Autograph des Librettos von F. Kind
gezeigt: Bl. 35v/36r, Ende der Szene III/5 (mit Schluß der Nr. 14 *Volkslied*) und Beginn der Szene III/6 (mit Nr. 16 *Chor der Jäger*)
Provenienz: 1841 von Caroline von Weber an F. W. Jähns verschenkt; Schenkung 1881
Berlin SBB, Signatur: Weberiana Cl. II A. Abt. g Nr. 12
vgl. Abb. auf S. 130

Die aufgeschlagenen Seiten bieten einen Ausschnitt aus dem III. Aufzug, den Schluß von Nr. 14, *Volkslied* (»Wir winden dir den Jungfernkranz«) sowie den *Jägerchor* (»Was gleicht wohl auf Erden«). Die zweite Strophe des Chors »Diana ist kundig« findet sich nicht in Kinds Manuskript. Sie wurde später von Weber selbst hinzugefügt.

Kinds eigenhändig geschriebenes Libretto erhielt Friedrich Wilhelm Jähns 1841 von Webers Witwe geschenkt. Jähns ließ sich auf dem Titelblatt vom Dichter die Echtheit des Autographs bestätigen (datiert *Dresden, am 24. Julius 1841*). Das Manuskript stellt offensichtlich nicht die erste Niederschrift des Librettos dar, da die später auf Betreiben von Webers Braut gestrichenen ursprünglichen Eröffnungsszenen im Zusammenwirken von Eremit und Agathe nicht enthalten sind.

HH

VIII/5 Johann Friedrich Kind / C. M. v. Weber, *Der Freischütz*, Libretto
Erstdruck (Arien und Gesänge), Berlin 1821, gezeigt: S. 30/31 Ende der Nr. 14 *Volkslied*, Beginn der Nr. 15 [hier gezählt als Akt III, Nr. 4] Jägerchor
Provenienz: F. W. Jähns; Schenkung 1881
Berlin SBB, Signatur: Weberiana Cl. VI, Nr. 9

VIII/6 Johann Friedrich Kind (1768-1843), Porträt
anonymer Stahlstich mit Zählung »Ms C. L. No 476«
Berlin SBB, Handschriftenabt., Signatur: Portr. Slg. Lit. kl. Kind, Fr. 1

VIII/7 Theodor Hell (d. i. Karl Gottfried Theodor Winkler; Hg.), *Penelope. Taschenbuch für das Jahr 1820*
Leipzig: J. C. Hinrichssche Buchhandlung [1819]
gezeigt: S. 380f., J. F. Kind, *Die geweihten Rosen*
Berlin SBB, Signatur: Yf 406 R [1820]

Auf S. 380/381 findet sich der Erstdruck des Textes zum Duett aus der ursprünglichen, für die Oper nicht verwendeten Szene I/2 von Kinds Libretto, in der der Eremit Agathe die geweihten Rosen übergibt (Duett Eremit/Mädchen: »Nimm hin des Freundes Gabe«). Der Textdichter fand sich mit Webers Eingriff in das Libretto, dessen erste beide Szenen gestrichen wurden, nie restlos ab; in den von ihm betreuten Druckausgaben wurden die eröffnenden Szenen stets abgedruckt, etwa in der *Ausgabe letzter Hand* von 1843 (Kind, *Freischütz-Buch*, S. 3 – 7).

HH

VIII/8 Johann Friedrich Kind (Hg.), *W. G. Becker's Taschenbuch zum geselligen Vergnügen* [...] *Auf das Jahr 1821*
Leipzig: Georg Joachim Göschen [1820]
gezeigt: a) Titel mit Frontispiz von Friedrich Fleischmann nach Friedrich Rensch, b) S. 396f., J. F. Kind, *Volkslied. aus der Oper: Der Freischütz*
Berlin SBB, Signatur: a) Yf 131a R [1821] und b) Yf 131 R [1821]

Zu den populärsten Stücken der Oper, die sich nach der Uraufführung wie ein musikalisches Lauffeuer verbreiteten, gehörte ohne Frage das *Volkslied* »Wir winden dir den Jungfernkranz«. Den Text dieser Nummer hatte Kind bereits vorab in dem von ihm herausgegebenen *Taschenbuch zum geselligen Vergnügen* veröffentlicht.

VIII/9 *Karl Maria von Weber*, Porträt
Aquatinta von Johann Friedrich Jügel, vermutlich nach der 1814 gemalten Miniatur von Ferdinand von Lütgendorff, Berlin: Adolph Martin Schlesinger (1816)
Provenienz: möglicherweise aus der Sammlung Aloys Fuchs, die 1879 aus dem Nachlaß von Friedrich August Grasnick erworben wurde
Berlin SBB, Signatur: Mus. P Weber, K. M. v. II/3
vgl. Text und Abb. auf S. 34 – 37

VIII/10 C. M. v. Weber, eigenhändiger Brief an Caroline von Weber, 28. Mai 1817
gezeigt: S. 1
Provenienz: Weber-Familiennachlaß; Schenkung 1986
Berlin SBB, Signatur: Mus. ep. C. M. v. Weber 98
vgl. Abb. auf S. 131

Als Weber am 28. Mai 1817 einen vier Seiten langen Brief an seine Verlobte Caroline Brandt in Prag begann, ahnte er nicht, daß dieser Text einst zu den meistzitierten Schriftstücken von seiner Hand zählen würde – oder doch? Im weiteren Verlauf des Briefes dachte er immerhin spaßhaft über eine mögliche spätere Drucklegung ihrer beider *Liebschaftlichen Korrespondenz* nach, da die Zahl der gegenseitigen Briefe, die säuberlich numeriert wurden, schon die 50 überschritten hatte.

Verständlich ist die publizistische Bevorzugung dieses Briefes, stellt er doch vom Stil und Inhalt her etwas Besonderes dar. Obwohl Weber noch keine Note der *Jägersbraut* zu Papier gebracht hatte (das tat er laut Tagebuch erst am 2. Juli jenes Jahres), nahm sie doch in seinen Gedanken einen immer breiteren Raum ein. Nach seinem Aufenthalt in Prag Ende März hatte er mit Caroline die von ihr eingebrachten Änderungen des Textbuches (vgl. VIII/4, VIII/7) diskutiert, die er dann seinem Textdichter Friedrich Kind unterbreiten mußte. Am 21. Mai konnte er ihr berichten, daß er drei Stunden bei Kind war und mit ihm den Text durchgesprochen habe: *Nun! hoffe ich, kriegt sie ein ander Gesicht, und wird gewiß viel Wirkung thun* [...] *Kind geht nun frisch drüber her, und ich dann auch. ich sammle schon allerley Ideen die ihre Schuldigkeit thun sollen.*

In einer Woche hatte er sich den Operntext so zu eigen gemacht, daß es für ihn kein anderes Thema mehr gab und die Komposition in seinem Kopf zu entstehen begann, obwohl die äußeren Umstände ihm wenig Zeit für schöpferische Arbeit ließen (Kompositionsaufträge, Dirigier- und Unterrichtsverpflichtungen, Besuche, Teilnahme am gesellschaftlichen Leben und nicht zuletzt die Einrichtung der neuen Wohnung am Dresdner Altmarkt, die er Anfang März gefunden hatte). Dennoch ist die Begeisterung für das neue Projekt überdeutlich, wenn Weber seiner Braut in schelmischer Verstellung schreibt:

> »Ich muß heute mit einem schweren Bekenntniß zu dir kommen, welches du wohl nie von deinem *Carl* erwartet hättest, und doch befiehl[t] mir meiner eigenen Ruhe wegen mein ehrliebendes Gefühl dir alles zu entdekken. Ja liebe Lina, ich kann es nicht länger bergen daß mich seit ein paar Tagen eine andere unwiderstehliche Neigung abgehalten hat dir zu schreiben. Ein Mädchen deßen Liebreiz ich dir hier nicht zu erzählen im Stande bin, hat mich ganz gefeßelt, und mit 2 Worten sei es gesagt, sie ist sogar meine Braut. Doppelt frevelhaft erscheint dieses Vergehen weil Sie auch Braut eines andern ist. aber dieß alles hilft nicht nur nichts, sondern kettet mich unbegreifflicher Weise nur noch fester an sie. Ja! ich muß dir alles entdekken. Nur Sie lebt in meiner Phantasie, jeden Augenblik schwebt ihr Bild mir vor, mit glühender Liebe umfaße ich sie, und auch ihre Gegenliebe scheint mir gewiß, denn sie geht mit mir schlafen und verläßt mich keinen Augenblik. Ja, sie hat ihres Vaters Haus verlaßen um mir ganz anzugehören. giebt es größere Beweise von Liebe. ich erkenne es aber auch. in Ihrer Blöße ist sie zu mir gekommen, ich will sie mit meinem Herzblut nähren, und kleiden mit dem besten das ich habe. Sie hat eine unwiderstehliche Neigung zum Theater, und ich will ihr dazu verhelfen obwohl ich alle Gefahren kenne die ihr da drohen. O meine geliebte *Agathe* wirst du mir treu bleiben rufe ich oft aus!«

Mit dem *schweren Bekenntniß* wollte er seine Lina, deren Eifersucht er kannte, ein wenig necken. In dem Stadium ihrer gemeinsamen Beziehungen im Frühjahr 1817, in dem er ihrer ganz sicher sein konnte, durfte er es wagen, ihr solchen Brief zu schreiben, und sie dürfte wohl die literarische Form des Briefes erkannt haben, denn er fährt erklärend fort: *Ja, es ist wahr Mukin, die verdammte Jägersbraut spukt mir recht im Kopfe, und wie es mir immer geht wenn ich so eine RiesenArbeit vor mir sehe, so verliehre ich Anfangs allen Muth und verzweifle fast daran es zu Stande zu bringen* [...] *Die Oper ist wirklich trefflich geworden durch die neue Bearbeitung. Kurz, gedrängt, schönes Finale und andere Ensemble Stükke, und nun glaube ich daß in dieser Gattung noch keine existirt.*

EB

VIII/11 *Carl Maria von Weber's Sommerwohnung in Klein-Hosterwitz bei Dresden*

kolorierte Lithographie von F. T. Brauer (1836)

Provenienz: 1836 von Caroline von Weber an F. W. Jähns verschenkt; Schenkung 1881

Berlin SBB, Signatur: Weberiana Cl. VIII, H. 2, Nr. 18

In Webers »Sommerfrische« im Winzerhaus von Johann Gottlieb Felsner entstanden große Teile des *Freischütz*. Am unteren rechten Rand des Blattes notierte der Weber-Forscher Jähns mit Blei die Daten seines ersten Besuches sowie des ersten gemeinsamen Besuches mit seiner Frau Ida, geb. von Klöden, in dem ehemaligen Weber-Domizil: *Zuerst. 30. Aug.* [*18*]*29* | *Zuerst mit Ida. 7. Juli* [*18*]*33*. Jähns hatte sich immer wieder bemüht, an diesem Ort die Erinnerung an Weber wachzuhalten: zum Gedächtnis stiftete er im August 1836 ein Weber-Porträt und ein Gästebuch, im August 1847 zwei Weber-Autographen (darunter ein Blatt mit Entwürfen aus dem *Oberon*) und schließlich im Juni 1865 die Gedenktafel, die noch heute die Fassade des Hauses ziert.

Der Lithograph des Blattes, das wohl anläßlich von Webers 10. Todestag aufgelegt wurde, ist ein Bruder des mit der Familie von Weber befreundeten Dresdner Musiklehrers Friedrich Wilhelm Brauer. Er fügte einige vergnügliche Details ein, auf die Caroline von Weber in ihrem Weihnachtsbrief des Jahres 1836 Jähns aufmerksam machte: der Kranz im Fenster (oben Mitte) bezeichnet die ehemals von Weber bewohnte Stube; der *Mann mit dem braunen Fra*[*c*]*k soll Jähns sein, und Sie werden finden er ist herrlich getroffen.*

FZ

VIII/12 Theaterzettel der Königlichen Schauspiele Berlin, 18. Juni 1821

Berlin SBB, Signatur: Yp 4824/2100-1821 R

VIII/13 Ansicht des *Gensd'armen Markt* 1843

Stich von Hausheer nach einer Zeichnung von Julius Henning

Berlin SBB, Kartenabt., Signatur: Y 49444

VIII/14 [Friedrich Förster,] *Dem Herrn Capellmeister C. M. v. Weber.*

Berlin am Tage von Belle Alliance [18. Juni 1821], Einblattdruck

Berlin SBB, Signatur: Mus. Dw 1891

Mit den Blumen und Kränzen, die das begeisterte Uraufführungspublikum auf die Bühne warf, ging auch dieses kleine Gedicht einher. Die Anspielung in den letzten beiden Zeilen »Und wenn es auch keinen Elefanten gilt, | Du jagst wohl nach anderem, edleren Wild!« zielt auf Gaspare Spontini, den preußischen Generalmusikdirektor, dessen kurz vorher am 14. Mai 1821 im Opernhaus aufgeführte *Olympia* im Rahmen der pompösen Ausstattung auch einen leibhaftigen Dickhäuter bemühte. Obwohl Weber, dem diese Ovation wenig behagte, über die Presse (u. a. im *Berliner Intelligenz-Blatt, zum Nutzen und Besten des Publici*, No. 147 vom 20. Juni 1821) sofort dem Verdacht entgegentrat, er sei selbst für dieses Gedicht verantwortlich, konnte er eine fortdauernde und für ihn sehr ungünstige Verstimmung Spontinis nicht verhindern.

Dieser Vorfall war – wie die *Freischütz*-Premiere an sich – Tagesgespräch in Berlin. Heinrich Heine berichtet darüber in seinen *Briefen aus Berlin* an die Leser des *Rheinisch-Westfälischen Anzeigers* noch am 16. März 1822: *In einem recht schönen Gedichte, das den Doktor Förster zum Verfasser hatte, hieß es vom »Freischützen«, »er jage nach edlerm Wilde als nach Elefanten«. Weber ließ sich über diesen Ausdruck den andern Tag im »Intelligenzblatte« sehr kläglich vernehmen und kajolierte Spontini und blamierte den armen Förster, der es doch so gut gemeint hatte. Weber hegte damals die Hoffnung, hier bei der Oper angestellt zu werden, und würde sich nicht so unmäßig bescheiden gebärdet haben, wenn ihm schon damals alle Hoffnung des Hierbleibens abgeschnitten gewesen wäre* (Heine, *Werke*, Bd. 3, S. 519).

Der vorliegende Druck des Gedichts erschien anonym; Heines Zuweisung an Förster wird durch einen Brief Friedrich Försters an Jähns vom 24. Oktober 1864 bestätigt, der weitere interessante »Hintergrundinformationen« überliefert: *Vor der Aufführung des Freischütz sprach Graf Brühl den Wunsch gegen mich aus, ihm einige Verse zu dichten, welche bei der ersten Aufführung als Flugblätter nebst Kränzen aus verschiedenen Logen dem Componisten zufliegen sollten.* [...] *Der Ritter Spontini fühlte sich durch die An-*

spielung so beleidigt, daß er wie ein angeschossener Elephant umhertobte, eine Klageschrift gegen Brühl, der solche Pasquille gegen ihn ausstreuen lasse, aufsetzte u[.] diselbe durch einen Courier nach Aachen, wo sich der König eben auf dem Congresse befand, befördern ließ. Weber aber wurde von Spontini's Verehrern so eingeschüchtert, daß er in das Intelligenzblatt eine Verwahrung einrücken ließ.

FZ

VIII/15 *Neue Kostüme auf den beiden Königlichen Theatern in Berlin, unter der General-Intendantur des Herrn Gr. v. Brühl*

13. Heft, Berlin: L. W. Wittich, 1822, Figurinen (Stiche) nach Zeichnungen von Johann Heinrich Stürmer
gezeigt: Nr. 4 *Agathe im Hauskleid*, Nr. 6 *Samiel und Caspar*
Provenienz: Geschenk des Verlegers an F. W. Jähns; Schenkung 1881
Berlin SBB, Signatur: Weberiana, Cl. VIII, H. 2, Nr. 41, 43
vgl. Abb. auf S. 52

VIII/16 C. M. v. Weber, Regie-Anweisungen für den Regisseur der Dresdner Erstaufführung

Provenienz: F. W. Jähns; Schenkung 1881
Berlin SBB, Signatur: Weberiana Cl. II A. g. 2

Für die Erstaufführung des *Freischütz* in Dresden am 26. Februar 1822 referiert der Komponist dem dortigen Regisseur Friedrich Hellwig aus der Berliner Uraufführung Einzelheiten zur Gestaltung der Wolfsschluchtszene, vor allem zur Herstellung und Maschinerie der zahlreichen Spukrequisiten.

VIII/17 Franz von Riesch, *Der Freischütz. Trauerspiel in 5 Aufzügen*

Wien: Tendler und von Manstein, 1821
gezeigt: S. 92 – 93 (III. Aufzug, 10. Auftritt)
Privatbesitz

Die Nähe dieses Trauerspiels zu Kinds Libretto zeigt sich z. B. in Szene III/10, in der sich etliche Elemente der Wolfsschluchtszene finden, die allerdings – wie auch die Zahl von 63 gegossenen Kugeln – überwiegend direkt auf Apels *Gespensterbuch* (als der eigentlichen Quelle dieser Fassung) zurückgehen; auf dieses Vorbild verweist Riesch selbst im Vorwort zur Ausgabe seiner *Bühnen-Spiele* (Bd. 4, Wien 1821, S. I). Auffallend ist, daß die Szene unter *sanfter, leiser Musik* und *fernem Glockengeläute* beginnt und ein *Gesang der Geister* eingeflochten wird – Musik schien also unverzichtbarer Bestandteil einer solchen Geisterszene zu sein.

Als eigentlicher Autor des mit dem Tod Agathes (hier: Bertha) und dem Selbstmord Max' (hier: Benno) endenden Schauspiels muß wohl August Lewald (1792 – 1871) angesehen werden, der in seinen Erinnerungen (*Ein Menschenleben*, Leipzig 1844, Teil 3, S. 92 und Teil 4, S. 14 – 18) behauptet, er habe sein Schauspiel in Brünn dem jungen Grafen von Riesch (1793 – 1833) übergeben, der es dann *in Jamben* umgeschrieben und mit einigen Veränderungen in seiner Sammlung *Bühnen-Spiele* als eigenes Werk veröffentlicht habe. Bei dem ausgestellten Band handelt es sich um einen Separatdruck aus dem Jahr 1821.

JV

VIII/18 *Samiel oder die Wunderpille. Farze mit Gesang und Tanz in 4 Akten und in Knittelversen*
Quedlinburg und Leipzig: Gottfried Basse, 1824
gezeigt: S. 82f. Ausschnitt aus Szene IV/5 mit einer neuen Textfassung der Nr. 14 (*Volkslied*)
Berlin SBB, Signatur: Mus. Tw 225/17

Der Berliner Verlag Trautwein preist die Ausgabe in der Spenerschen Zeitung (*Berlinische Nachrichten von Staats- und gelehrten Sachen*, Nr. 85) vom 8. April 1824 folgendermaßen an: *Diese, von einem sehr bekannten und geschätzten deutschen Dichter mit Witz und Laune verfaßte Parodie glauben wir allen Freunden der heiteren Laune mit Recht empfehlen zu können, da sie uns ein treffendes, höchst lächerliches Gegenbild der allgemein beliebten Oper, des Freischützen, darbietet.*

Tatsächlich spielt die *Farze* in *Knittelversen* gekonnt mit der Popularität der Weberschen Oper. Die Handlung wird aus dem Jäger-Milieu in den Haushalt des Apothekers Salbe verlegt, der Geschäft und Tochter lieber dem Lehrburschen Max als dem Provisor Casper anvertrauen möchte. Um seine Probe zu bestehen, dreht Max gemeinsam mit Casper, der sich der Unterstützung des Pferdearztes Samiel versichert hat, um Mitternacht im Laboratorium Wunderpillen. Obgleich dieser Betrug entdeckt wird, darf Max seine Agathe heiraten, Casper wird ins Gefängnis geworfen. Ein hübscher Lesespaß, der recht respektlos mit der Oper verfährt, ihrer Beliebtheit aber kaum geschadet haben dürfte – im Gegenteil!

FZ

VIII/19 C. M. v. Weber, *Der Freischütz*, Motive aus Nr. 16 Finale, bearbeitet von John Barnett, Text »Wilt thou tempt the waves with me« von Harry Stoe Van Dyk
London: Mayhew & Co., 1825
gezeigt: S. 1 mit kolorierter Lithographie von Charles Joseph Hullmandel nach John William Gear
Berlin SBB, Signatur: 55 NB 595

VIII/20 Septimus Globus, *Der Freischütz. Travestie*
London: C. Baldwyn, 1824
gezeigt: S. 22f., Auszug aus Szene II/3 *The Wolf's Glen* und Radierung von George Cruikshank nach einer Zeichnung von Alfred Crowquill (d.i. Alfred Henry Forrester)
Provenienz: F. W. Jähns; Schenkung 1881
Berlin SBB, Signatur: Weberiana Cl. VII, Bd. 61
vgl. Abb. der Radierung auf S. 132

Die englische Parodie auf Webers *Freischütz* ist eine Reaktion auf die Londoner Erstaufführung der Oper im selben Jahr. Für die Musiknummern werden Melodien unterschiedlichster Herkunft angemerkt, nur vereinzelt auch solche aus Webers Oper selbst. Dieses Auffüllen mit fremden musikalischen Anteilen hatte freilich regelmäßig auch schon die seriösen englischen Aufführungen des *Freischütz* gekennzeichnet. Das Pseudonym (»Siebte Kugel«) bezieht sich auf Kinds Libretto. Als Anhang ist die *Freischütz*-Erzählung von Apel in englischer Übersetzung abgedruckt.

Die gezeigte turbulente Darstellung der Wolfsschluchtszene gehört zu den amüsantesten Blättern dieses Bandes.

HH

VIII/21 *Bescheidene Anfrage* aus: *Fliegende Blätter*
München: Braun & Schneider, Bd. LVI, Nr. 1401 (18. Mai 1872), S. 168
Provenienz: F. W. Jähns; Schenkung 1881
Berlin SBB, Signatur: Weberiana Cl. VIII, H. 2, Nr. 51

51 Jahre nach der Uraufführung mahnen die in München erscheinenden *Fliegenden Blätter* Auszeichnungen für einige herausragende *Freischütz*-Darsteller an: *Was wär's denn jetzt gewesen, wenn bei'm 50jährigen Jubiläum des »Freischütz«, die beliebtesten Individuen aus diesem Meisterwerk, als da sind: die Nachteul', die Wildsau, und der Zugführer des »wilden Heeres« – die Medaille, der Samiel aber, als intellectueller Urheber der ganzen Geschicht – den Orden für 50jährige, treu geleistete Dienste bekommen hätte*[*n*]*?!*

VIII/22 *Neue Theater-Decoration. Die Wolfsschlucht*
Neuruppin: Gustav Kühn, Nr. 6826, 6827, Dekorationen (Rückwand und Seiten-Kulissen) für Papiertheater
Provenienz: F. W. Jähns; Schenkung 1881
Berlin SBB, Signatur: Weberiana Cl. VIII, H. 2, Nr. 71a

Ein nahezu unverzichtbares Ausstattungsstück im bürgerlichen Kinderzimmer noch bis in das frühe 20. Jahrhundert hinein war das Papiertheater. In häuslicher Atmosphäre konnten die Erlebnisse eines Theaterbesuchs nachgespielt werden, und bunt wie die kindliche Phantasie war auch das Zubehör. Unter den Opern dürfte auch hier der *Freischütz* besondere Beliebtheit genossen haben. Zu diesem Werk wurden über lange Zeit und von verschiedenen Verlagen Bilderbögen mit Figurinen, aber auch mit Dekorationen verkauft – in diese Tradition ordnen sich auch die gezeigten Wolfsschlucht-Kulissen aus der Bilderbogen-Hochburg Neuruppin ein (vgl. auch die Figurinen zum *Oberon* XI/10).

Zusammenhängend mit diesen Kulissen befinden sich in der Weberiana-Sammlung ein Bogen mit Figurinen zum *Freischütz* von Kühn (Bogen Nr. 5059; Signatur identisch) sowie eine Textausgabe: *Der Freischütz. Romantisches Schauspiel in 3 Akten. Für das Kindertheater bearbeitet*, Neuruppin: Gustav Kühn, o. J. (Weberiana Cl. VI, Kasten 2, Nr. 13ccc). Die Handlung ist hier wesentlich gekürzt und in Reime gebracht; auf die Musiknummern wurde – wie die Bezeichnung *Schauspiel* bereits andeutet – verzichtet.

FZ

VIII/23 Carl Maria von Weber, Porträt
Gemälde von Caroline Bardua (1821)
Provenienz: Vermächtnis von Maria Caroline von Wildenbruch, geb. von Weber, erworben 1920
Berlin, Nationalgalerie (Staatliche Museen Preußischer Kulturbesitz)
vgl. Text S. 37 und Abb. auf S. 2

VIII/1 *Freischütz*, Autograph

Gespensterbuch.

Herausgegeben

von

A. Apel und F. Laun.

Erstes Bändchen.

Leipzig, bei G. J. Göschen. 1810.

VIII/3 J. A. Apel, F. Laun, *Gespensterbuch*

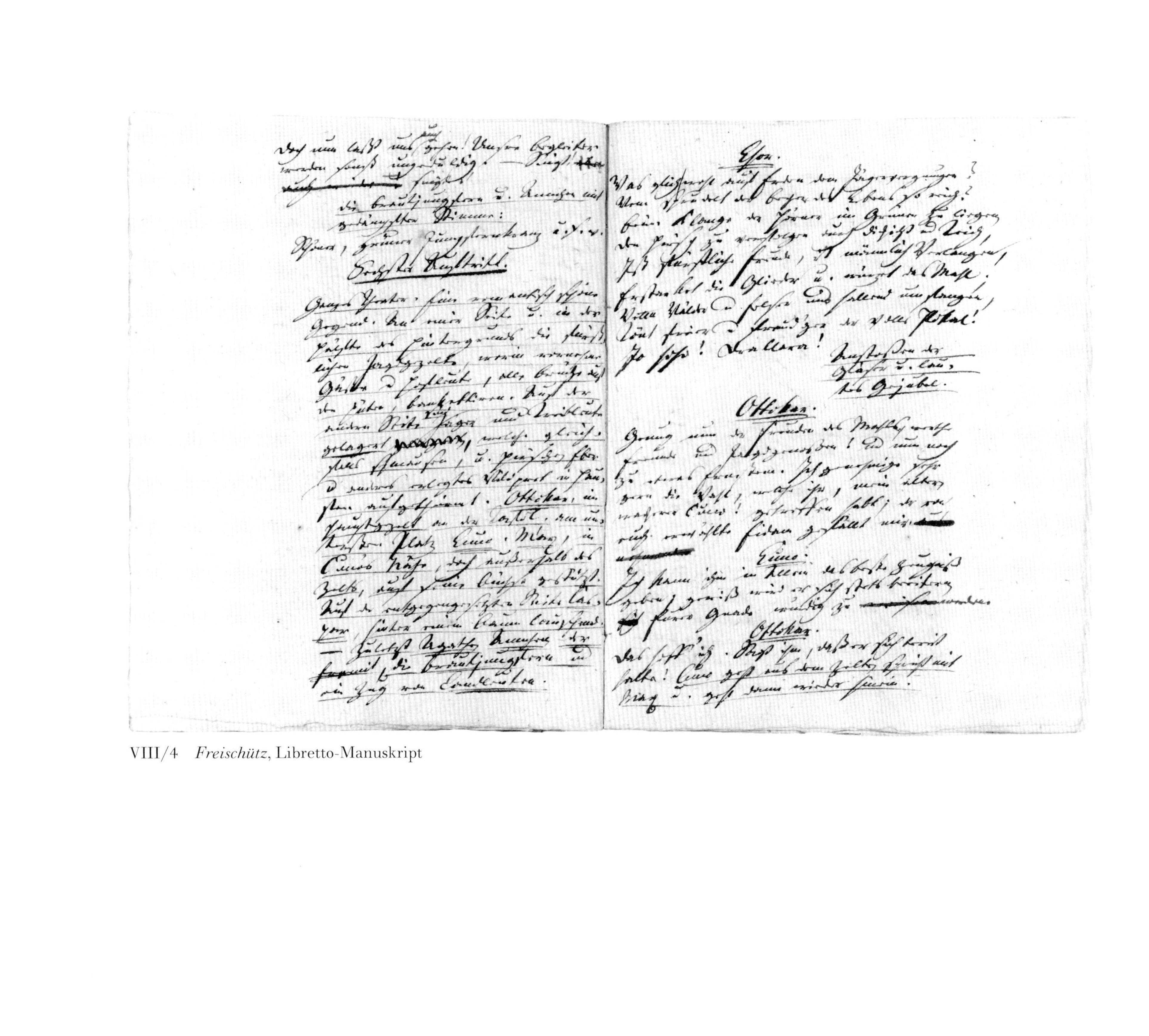

VIII/4 *Freischütz*, Libretto-Manuskript

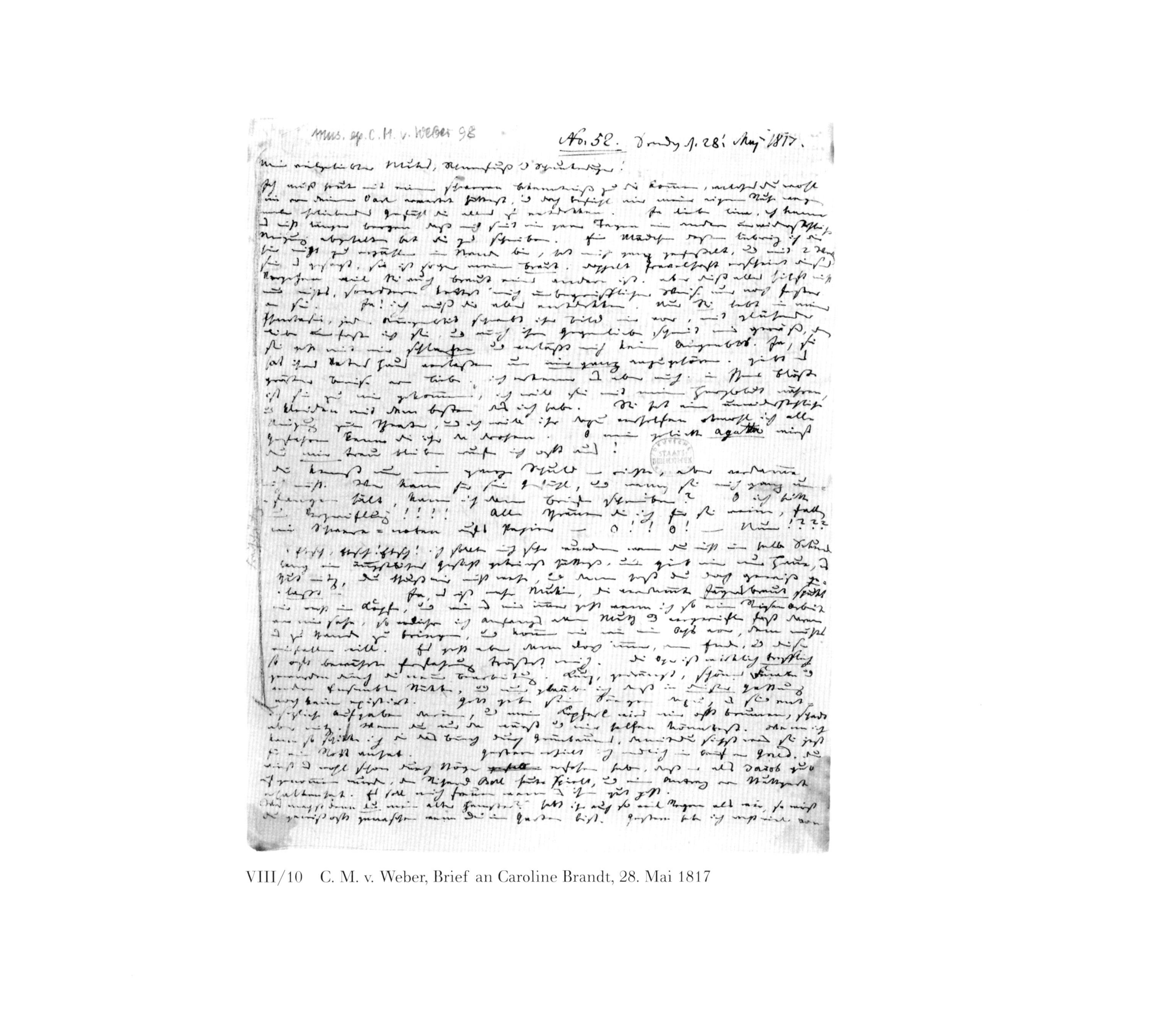

No. 52. Dresden d. 28t May 1817.

VIII/10 C. M. v. Weber, Brief an Caroline Brandt, 28. Mai 1817

VIII/20 Karikatur aus der *Freischütz*-Travestie des Septimus Globus

IX. *Die drei Pintos*, scherzhafte Oper in drei Aufzügen, Text von Karl Gottfried Theodor Winkler (WeV C. 8 = JV Anh. 5)

Am 8. Juni 1817 schrieb Weber aus Dresden an seine Braut Caroline Brandt: *Wenn es geht wie es gehen sollte, so müste ich bis zum Winter 1 ital:*[*ienische*], *1 deutsche Oper und 1 Meße nebst Anzahl anderer Compositionen fertig haben.* Das Vorhaben des Hofkapellmeisters, seinem neuen Dienstherren, dem sächsischen König Friedrich August I., musikalische »Visitenkarten« in möglichst unterschiedlichen Gattungen zu übereignen, bestätigt auch sein unmittelbarer Vorgesetzter, der Intendant Graf Vitzthum von Eckstädt, auf den die Anregung zu diesem künstlerischen Entrée in Dresden wohl zurückgehen dürfte. In einem Schreiben an den König vom 31. August 1817 erwähnt er den Vorsatz des Komponisten, sich mit *ganz neuen, mit besonderer Rücksicht auf den eigenthümlichen Geschmack und Kunstsinn Ew: Königl: Majestät* gearbeiteten Werken vorzustellen, und erklärt, *daß derselbe schon seit einiger Zeit mit Composition einer Messe sowohl, als einer italienischen und einer deutschen Oper beschäftiget ist, welche insgesammt er, im Laufe des künftigen Winters vor Ew: Königl: Majestät aufführen und Allerhöchst-Dero Prüfung unterwerfen zu können hoffet.* Dieses – zumindest hinsichtlich der Zeitvorgaben – von Anfang an zum Scheitern verurteilte Projekt wurde nie in die Tat umgesetzt. Zwar entstand zu Beginn des Jahres 1818 die erwähnte Messe, die *Missa sancta* Nr. 1 Es-Dur (JV 224), zur Komposition einer italienischen Oper scheinen aber nie konkrete Pläne gefaßt worden zu sein; diese Pflicht meinte Weber wohl mit der Festkantate *L'Accoglienza* (JV 221) vom September/Oktober 1817 abgegolten zu haben. Auch die deutsche Oper blieb Weber dem sächsischen König schuldig; *Freischütz*, *Euryanthe* und *Oberon* entstanden als Auftragswerke für das Ausland: für Preußen, Österreich und England.

Am Plan, eine deutsche Oper für Dresden zu schaffen, hat Weber allerdings noch lange festgehalten. Ein geeignetes Sujet schien Anfang 1820 gefunden. Webers Tagebuch vom 28. Februar d. J. vermerkt: *bey* [...] *Winkler, wegen neuer Oper*, am 13. April heißt es ebd.: *Winkler aufgesucht um ihm für den schönen 1t Akt des Brautkampfs zu danken.* Am 9. Mai notierte der Komponist den Erhalt des *2t Akt der 3 Pintos*, schließlich am 23. Juli die Übergabe des letzten Akts; einen Tag später überwies er dem Dichter das Honorar von 20 Dukaten. Vorlage für das Libretto von Karl Gottfried Theodor Winkler (1775 – 1856) war Carl Seidels Novelle *Der Brautkampf*, die im Dezember 1819 als Fortsetzung in vier Nummern der Dresdner *Abend-Zeitung* erschienen war (Nr. 299 – 302). Unbekannt ist, wer den Vorschlag zur Dramatisierung des heiteren Stoffes lieferte, vielleicht wurde die Idee bei einer Zusammenkunft des Liederkreises geboren, dem sowohl der Librettist als auch der Komponist angehörten. Ebenso bleibt unklar, wem die Änderung des Titels vom *Brautkampf* in *Die drei Pintos* zuzuschreiben ist. Sicher ist hingegen, daß Weber Einfluß auf die Gestaltung des Librettos nahm. Sein Tagebuch bezeugt einen Mittags-Besuch Winklers bei der Familie Weber am 9. Januar 1821, dem sich eine *Conferenz wegen den 3 Pintos* anschloß, und eine weitere *Konferenz mit Winkler wegen 3*[.] *Akt* drei Monate später am 18. April (vgl. IX/1). Im großen und ganzen schien der Komponist freilich mit der Text-Vorlage zufrieden – eine Tatsache, die angesichts des *namenlos läppische*[*n*] *Gesang-Text*[*es*] und des *noch niedriger stehende*[*n*] *Dialog*[*s*] (C. v. Weber, *Pintos*, S. 33) nur verwundern kann.

Erste musikalische Skizzen sind durch Webers Tagebuch für den 27. Mai 1820, also noch vor Erhalt des III. Akts, belegt. Zu diesem Zeitpunkt war die Arbeit am *Freischütz* gerade beendet (13. Mai), zeitgleich beschäftigte Weber sich mit einer Schauspielmusik zu *Preciosa* (ab 25. Mai). Doch die vertraglich zugesagten und damit drängenderen Arbeiten, die *Preciosa* für das Berliner Theater und der *Freischütz*-Klavierauszug für den Verleger Schlesinger, hatten Vorrang und verzögerten das Vorankommen der Entwürfe. Die Haupt-Arbeitsphase an den *Pintos* dürfte nach den Tagebuchnotizen des Komponisten zwischen dem 19. Januar und dem 8. November 1821 anzusetzen sein, in diesem Zeitraum entstanden Skizzen zum gesamten I. Akt sowie zur ersten Nummer des II. Aktes, unterbrochen freilich durch die Komposition des *Konzertstücks* für Klavier und Orchester (JV 282) und einer Festkantate für den sächsischen Hof (JV 283). In den folgenden Jahren verlor Weber sein Opernprojekt zwar nie ganz aus den Augen, aber andere, wiederum eiligere Vorhaben nahmen ihn vollauf in Anspruch: die Vollendung seiner letzten Klaviersonate (JV 287) im Sommer 1822 – Weber hatte das Werk schon drei (!) Jahre zuvor an Schlesinger verkauft und wurde vom Verleger bedrängt –, weitere Festmusiken für den Dresdner Hof im Herbst 1822 (JV 289) und zu Jahresbeginn 1823 (JV 290), schließlich die zeitraubende Arbeit an der *Euryanthe* zwischen Mai 1822 und August 1823. Danach scheint Weber gesundheitlich wie künstlerisch erschöpft, bis zum Beginn der Komposition des *Oberon* im Januar 1825 entstand kaum mehr nennenswerte Musik, am 20. September 1824 vermeldet das Tagebuch letztmalig, daß Weber *gePintot* hat. Webers Skizzen blieben unvollendet, auch wenn der Komponist am 23. Dezember 1824 noch zuversichtlich scheint, wenn er an seinen Freund Hinrich Lichtenstein schreibt: *Mit den Pintos ist es ein eigen Ding. auf jeden Fall suche ich sie diesen Winter zu beendigen. ich habe sie aber zunächst meinem Herrn versprochen, der es, so viel ich merke, allerdings nicht ganz gut aufnimmt daß ich immer für fremde Bühnen zuerst arbeite.* An der notwendigen Erstaufführung in Dresden war Weber indessen kaum gelegen: *die Oper muß also hier zuerst gegeben werden, und wir – können sie nicht besezzen, – so wie sie überhaupt wegen der Männerparthien schwer zu besezzen ist.* Inzwischen interessierte sich auch das neu gegründete Königstädtische Theater in Berlin für das Werk; um den Verlag des Klavierauszuges wetteiferten Peters und Schlesinger.

Nach Webers Tod hielt sich lange Zeit hartnäckig das Gerücht, die *Pintos* wären nahezu vollendet – eine Wunschvorstellung, denn 1826 war das Werk um keine Note weiter gediehen als 1824. Hinrich Lichtenstein war wohl der erste, der sich um das Schicksal des Werks sorgte; auf seine Anfrage teilte ihm Caroline von Weber bereits am 30. Juni 1826 mit: *Von den Pinto's haben wir bis jetzt nur wenig gefunden, ich hoffe Weber hat etwas davon mit nach England genommen, dann sollen Sie alles sogleich bekommen. Mir hat Weber oft den ganzen ersten Act vorgespielt, es wäre betrübt, wenn er ihn nicht aufgeschrieben hätte.*

Aber nicht der Weber-Freund Lichtenstein lenkte die weiteren Geschicke des Fragments, sondern der Librettist und Nachlaßverwalter Winkler. Die Hoffnung von Peter Lindpaintner, Winkler könne ihm das Libretto zur Vertonung überlassen (Brief an H. Baermann vom 13. August 1826), erfüllte sich nicht; der Textdichter versprach sich von der Komplettierung des Weberschen Opern-Torsos weit größere Aufmerksamkeit. So wurde ein Musiker gesucht, der dieser Aufgabe gewachsen wäre; mit Giacomo Meyerbeer, Webers Mitschüler aus Darmstädter Tagen, schien er Ende 1826 gefunden (vgl. IX/6). Ob tatsächlich auch Marschner für die Vollendung der *Pintos* in Betracht gezogen wurde, wie dies Max Maria von Weber überliefert (MMW II, S. 459), ist durch Quellen nicht zu belegen. Dem jungen Friedrich Wilhelm Jähns, der sich 1833 ebenfalls für diese Arbeit interessierte, erteilte Caroline von Weber mit klugen Worten eine Absage: *Diese Oper zu beenden, ist eine höchst gefährliche und undankbare Arbeit, bei der ein junger Komponist sich keinen Ruhm erwerben kann. Denn gefällt sie, so bleibt* [...] *dem Weber das Verdienst, und gefällt sie nicht, so trügen gewiß nur Sie die Schuld* (M. Jähns, *Familiengemälde*, S. 123). Mehr Eignung gestand sie Richard Wagner zu, der sich 1843 erbot, die Entwürfe zu bearbeiten (Caroline von Weber, Neujahrsbrief 1844 an die Familie Jähns).

Meyerbeer gab seinen Vorsatz nach mehreren vergeblichen Bemühungen schließlich auf und ließ sich 1852 von seiner Zusage zur Vollendung der *Pintos* entbinden (vgl. IX/7). Vincenz Lachner, den Max Maria von Weber noch 1852 um Unterstützung gebeten hatte (vgl. C. v. Weber, *Pintos*, S. 65f.), scheint sich ebensowenig für die Arbeit interessiert zu haben wie Johannes Brahms, dem die Skizzen um 1870 vorgelegt wurden (vgl. Heuberger, *Erinnerungen*, S. 37). Carl Gottlieb Reissiger versuchte sich nur an einer Nummer: er bearbeitete die Orchesterbegleitung zum 2. Teil des Duetts Nr. 3 »So wie Blumen«. Eine konzertante Aufführung im Jahr 1863 in London fand nur kühle Aufnahme (vgl. Benedict, *Weber*, S. 174). Somit blieb es einem anderen jungen Komponisten vorbehalten, die *Pintos* in eine aufführbare Fassung zu bringen: Gustav Mahler (vgl. IX/9), und ganz im Gegensatz zu Caroline von Webers Warnung wurde die Leipziger Uraufführung 1888 auch für Mahler ein großer Erfolg.

FZ

IX/1 Theodor Hell (d. i. Karl Gottfried Theodor Winkler), *Die drey Pinto's. Scherzhafte Oper in drey Aufzügen*, Libretto-Manuskript mit Eintragungen von Winkler und F. W. Jähns

gezeigt: S. 50/51, Ausschnitt aus Szene I/11, Beginn des Textes der *Canzonette* Nr. 4 (Gaston, Inez) »Wir, die wir den Musen dienen«

Provenienz: von Caroline von Weber an F. W. Jähns verschenkt; Schenkung 1881

Berlin SBB, Signatur: Weberiana Cl. VII Nr. 26

Von Winklers Libretto der *Pintos* hat sich ausschließlich diese Abschrift eines Dresdner Kopisten erhalten. Carl von Weber vermutet wohl nicht zu unrecht, daß es sich dabei bereits um eine 2. Fassung handelt, die nach Webers Änderungswünschen erarbeitet wurde (vgl. C. v. Weber, *Pintos*, S. 33). Belegen läßt sich dies insbesondere am II. Aufzug: er sollte nach einer älteren Nummern-Übersicht, die den *Pintos*-Entwürfen beiliegt, ursprünglich sechs Nummern enthalten (Nr. 7 – 12). Die nach dieser Liste vorgesehene *Aria* Nr. 10 des Don Pinto und die folgende Nr. 11 von Pinto mit Chor sind im vorliegenden Libretto durch solistische Nummern von Inez (Nr. 10) und Don Pinto (Nr. 11), ein Duett der beiden (Nr. 12) sowie ein Solo der Clarissa (Nr. 13) ersetzt; die Nummer des Finales ist von 12 in 14 geändert.

Die zahlreichen im III. Aufzug nachgetragenen Änderungen stehen wohl in Verbindung mit Webers *Konferenz mit Winkler* am 18. April 1821 (s. o.). Die kompletten ersten 4 Szenen und der Beginn der Szene 5 dieses Aufzugs inklusive des eröffnenden Quintetts sind hier gestrichen. Danach läßt sich die Anfertigung der Kopie wohl in die Zeit zwischen den beiden Aussprachen mit Winkler im Januar und April 1821 datieren: bei der ersten Diskussion einigte man sich über die Umgestaltung des II. Aufzugs – sie ist im Manuskript bereits ausgeführt –, im April wurden dann die Korrekturen im III. Aufzug besprochen und die Kopie entsprechend eingerichtet.

Korrekturen Winklers finden sich allerdings nicht nur im III. Aufzug, sondern durchgehend im gesamten Stück; einige davon dürften erst später ergänzt sein, da in Webers Entwürfe die ursprüngliche, später getilgte Fassung Eingang fand. Die Bleistift-Eintragungen auf den gezeigten Seiten gehen auf den Vorbesitzer Jähns zurück, der hier mit dem Zusatz *Entworfen* und der Markierung am Rand die von Weber vertonten Passagen des Textes kennzeichnete.

FZ

IX/2 C. M. v. Weber, *Die drei Pintos*, autographe Entwürfe (Particell)

gezeigt: S. 10/11, *Seguidillos* [sic] *à dos* Nr. 4 (Inez, Gaston) »Wir die den Musen dienen« und Beginn des Finales Nr. 6 »Auf das Wohlsein unsrer Gäste«
Provenienz: Weber-Familiennachlaß; Schenkung 1986
Berlin SBB, Signatur: Mus. ms. autogr. C. M. v. Weber WFN 3
vgl. Abb. der S. 10 auf S. 53

Webers Kompositionsweise in mehreren getrennten Arbeitsgängen, wie sie sich spätestens seit der Arbeit am *Freischütz* bei allen Opern dokumentieren läßt, belegen die Notizen zu den *Pintos* eindrücklich. Nach einer intensiven Auseinandersetzung mit dem Libretto, bei der Weber meist bereits einen Tonarten-Plan für das gesamte Werk entwarf, begann das eigentliche Entwurfsstadium, in dem die musikalische Grundsubstanz in einer Particell-Notation, die selten mehr als zwei bis drei Notensysteme umfaßt, fixiert wurde. Ihr folgte die Ausarbeitung und Instrumentierung in der Partitur. Der Tonartenplan für die Ouvertüre und die folgenden 16 Musiknummern hat sich – wie bereits erwähnt – im Falle der *Pintos* in Form eines kleinen Notizzettels erhalten. Der Entwurfsphase entsprechen in den hinterlassenen Materialien die Aufzeichnungen zu den geplanten Nummern 1 – 6 (=Akt I) und 7, nur bei der *Introduction* Nr. 1 begann Weber bereits mit der abschließenden Ausführung in Partitur (vgl. IX/3).

In der ersten Arbeitsphase genügten Weber meist Verlaufsskizzen, die nur die notwendigsten Strukturen erfassen: die Melodie der Gesangsstimmen, angedeutete instrumentale Vorspiele oder Einwürfe; auch die Baßlinie, die das harmonische Gerüst festlegt, ist nur sporadisch notiert. Diese Notationsform hat über weite Strecken eher Erinnerungs-Charakter – dem Komponisten selbst erschließen sich anhand der wenigen fixierten Parameter klangliche und strukturelle Komplexe, für den Außenstehenden bleibt der Zugang zur musikalischen Syntax jedoch nur fragmentarisch. Giacomo Meyerbeer beispielsweise beklagte in seinen Tagebuchaufzeichnungen (30. April 1846) bei der Beschäftigung mit den Entwürfen im Hinblick auf eine Komplettierung: *Diese Skizzen sind nicht nur zu instrumentieren, sondern auch zu harmonisieren, zu figurieren. Es ist* [sic] *zum grössten Teil von Weber nur die Singstimmen aufgeschrieben, höchst selten der Bass angegeben, noch viel seltener eine Instrumentalfigur angedeutet. Eine fürchterliche Arbeit: so wenig Data* (Meyerbeer, *Briefe* IV, S. 54).

Über dem Beginn der Entwürfe zu Nr. 4 ist Webers Datierung erkennbar: *Dresden d: 17 – 18t 8b* [Oktober] *1821*. Fraglich ist, ob sie sich nur auf das Duett Nr. 4 oder auch auf das folgende *Finale* Nr. 6 bezieht. Der flüchtige Duktus der Notation spricht für ein schnelles Arbeiten; die zahlreichen Einschübe und Korrekturen scheinen noch im ersten Arbeitsgang entstanden zu sein. Die beiden Seiten sind durchgängig von Weber notiert, einschließlich des Zusatzes mit roter Tinte in der 2. Akkolade der S. 11. Nachträgliche Zusätze sind lediglich die von F. W. Jähns mit roter Tinte ergänzten Seitenzahlen sowie die Bleistiftnotiz von fremder Hand am oberen Rand der S. 10, die die Nr. 4 in die 11. Szene des I. Aufzuges einordnet.

FZ

IX/3 C. M. v. Weber, *Die drei Pintos*, autographe Entwürfe (Partitur)

gezeigt: S. 1, Beginn der *Introduction* Nr. 1 »Wißt Ihr nicht, was wir hier sollen?«
Provenienz und Fundort s. IX/2
vgl. Abb. auf S. 143

Dieses Blatt ermöglicht einen erstaunlichen Einblick in Webers Kompositionspraxis: es gehört der abschließenden Arbeitsphase, der Ausarbeitung und Instrumentierung, an. Zu den *Pintos* liegen nur die gezeigten 18 Takte in dieser Form vor. Erstaunlich ist, daß diese Partiturnotation mit dem Seitenwechsel abrupt abbricht; auf der folgenden Seite notierte Weber keine Note, keinen Vorsatz, nichts! Demnach schrieb Weber in dieser abschließenden Kompositionsphase nicht – wie in Partituren anderer Komponisten zu beobachten – zuerst in längeren Passagen das musikalische Gerüst, also Baß und melodietragende Stimmen, nach den Particell-Entwürfen in der neuen Partitur-Anlage aus, um dann nach und nach die »weißen Flecken« auszufüllen, d. h. Harmonie- oder Füllstimmen zu ergänzen. Vielmehr hat er hier seitenweise komponiert, wobei fraglich bleibt, ob sich dieser Befund generalisieren läßt, ob Weber also tatsächlich in der Schlußphase der Komposition immer derart kleinteilig arbeitete. Der weitere musikalische Verlauf war ihm freilich anhand der Entwürfe klar, und sicherlich ist der Seitenwechsel an dieser Stelle auch nicht zufällig gewählt; im T. 19 sollte (nach den weiterführenden Entwürfen auf S. 3) der Chor einsetzen, die vorliegende Seite gibt also einen geschlossenen musikalischen Abschnitt wieder: die instrumentale Einleitung der *Introduction*.

Weber scheint angesichts der konsequenten Pausensetzung diese Seite als abgeschlossen betrachtet zu haben, allerdings lassen die fehlenden ganzen Pausen in den Takten 4 – 9 der Bläserstimmen offen, ob hier eventuell noch Ergänzungen geplant waren. Gustav Mahler, der diese Introduktion an den Beginn des II. Aufzuges seiner *Pintos*-Bearbeitung stellte, verzichtete in den angegebenen Takten auf Zusätze.

Das vorliegende Blatt zeigt Webers typische Reinschrift-Notation. Die Zusätze am oberen Rand rechts sowie am unteren Rand links mit Angaben zum gesamten Entwurfs-Konvolut stammen ebenso wie die mit roter Tinte ergänzte Seitenzahl von F. W. Jähns.

FZ

IX/4 Karl Gottfried Theodor Winkler (1775 – 1856), unbezeichnetes Porträt, Dresden: Ludwig Schmidt

Berlin SBB, Handschriftenabt., Signatur: Portr. Slg. Lit. m. Winkler, K. T. 3

IX/5 Ludwig van Beethoven, Lieder verschiedener Völker WoO 158, Autograph

gezeigt: Bl. 110v-111r, Nr. 1, 20 *Bolero a due*

Provenienz: Anton Schindler; erworben 1846

Berlin SBB, Signatur: Mus. ms. autogr. L. van Beethoven 29 II

vgl. Abb. von Bl. 110v auf S. 144

In Bühnenwerken mit »exotischem« Schauplatz versuchte Weber vielfach, durch die Aufnahme von Originalmelodien der entsprechenden Region der Musik ein besonders charakteristisches Gepräge zu geben. Während er sich beim *Abu Hassan* auf die klangliche Zeichnung mit dem für die »Türkenoper« typischen Instrumentarium (besonders Schlagwerk: »Türkische Musik«) beschränkte, betonte er in seinen Schauspielmusiken zu *Turandot* und *Preciosa* ausdrücklich die Authentizität der zugrundeliegenden chinesischen, spanischen bzw. Zigeuner-Melodien. Ebensolche Übernahmen lassen sich für die *Pintos* und *Oberon* (vgl. XI/3 – 5) belegen. Während die Herkunft der in *Turandot* und *Oberon* benutzten Themen jedoch bekannt ist, konnten die Vorlagen, die Weber zur Charakterisierung des spanischen Milieus in *Preciosa* und den *Pintos* verwendet, bislang nicht nachgewiesen werden. Ein möglicher Grund dafür könnte sein, daß Weber sich hier nicht auf gedruckte Publikationen, sondern auf handschriftliches Material stützte. So berichtet Friedrich Kind im Zusammenhang mit der *Preciosa*, er habe Weber Abschriften mit spanischer Volksmusik vermittelt (Kind, *Freischütz-Buch*, S. 96), und Jähns wies auf entsprechende Notizen in Webers Nachlaß hin (Jähns, *Werke*, S. 333).

Die Nr. 4 der *Pintos* (*Seguidillos à dos*) scheint mit einiger Gewißheit tatsächlich ein spanisches Thema aufzugreifen. Das Urbild dieser Melodie dürfte uns in der vorliegenden Fassung Beethovens begegnen. Beethoven bearbeitete 1815/16 eine größere Zahl von Volksliedern verschiedener Nationen für Gesang mit Klaviertrio, darunter auch spanische wie den gezeigten *Bolero*.

Beethovens Quelle ist ebensowenig bekannt wie jene Webers; da Beethovens Arrangement durch das gesamte 19. Jahrhundert ungedruckt blieb, kommt es als direkte Vorlage für Weber nicht in Betracht. Geht man allerdings davon aus, daß Beethovens Anteil an dieser Bearbeitung sich im wesentlichen auf die siebentaktige Einleitung und die Instrumental-Begleitung des Duetts beschränkt, die Originalmelodie in den Singstimmen (T. 8ff.; jeweils oberes System, ohne Textunterlegung) aber weitgehend unangetastet blieb, dann lassen sich Eingriffe Webers in das Original nachweisen. Er übernahm das Thema nur in Grundzügen: die Takte 1 – 4 (Instrumentaleinleitung) und 7 – 10 (Singstimme Gaston) in Webers Entwurf entsprechen, von kleineren Abweichungen abgesehen, den Takten 8-11 der Singstimmen bei Beethoven; die Fortsetzung des Themas in der 1. Stimme bei Beethoven (T. 12 – 16) greift Weber in den Takten 12 – 15 und 17 der Singstimme des Gaston auf. Die Gestalt des Originalthemas war für Weber also nicht sakrosankt, sie gab, gleichsam als Quelle der Inspiration, lediglich Material für die musikalische Bearbeitung vor.

FZ

IX/6 Giacomo Meyerbeer, Brief an Karl Gottfried Theodor Winkler, Handschrift mit autographen Korrekturen und Einfügungen sowie autographer Unterschrift, 26. Dezember 1826

gezeigt: S. 2/3

Provenienz: F. W. Jähns; Schenkung 1881

Berlin SBB, Signatur: Weberiana Cl. V [Mappe I A], Abt. 3, Nr. 15

vgl. Abb. der S. 3 auf S. 145

Der vorliegende Brief ist, abgesehen von einer kurzen Erwähnung in einem vorhergehenden Schreiben Meyerbeers an Winkler (vgl. Meyerbeer, *Briefe* II, S. 36), das früheste bislang bekannt gewordene Dokument, das die geplante Vollendung der Weberschen *Pintos* anspricht. Da das Schreiben innerhalb der Meyerbeer-Briefausgabe keine Berücksichtigung fand, wird es an dieser Stelle komplett wiedergegeben:

»Verehrter Herr und Freund!

Nicht freiwillig habe ich, wie Sie leicht denken mögen, so lange gezögert, Ihre beiden lieben Briefe zu beantworten; die Unpäßlichkeit, von der ich Ihnen schon früher sprach, ist durch das Hinzutreten, eines heftigen Magenkrampfes, zu einer ernstlichen Krankheit geworden. Das Hauptübel ist dem Himmel sei Dank beseitigt, indeß bin ich für die erste Zeit, doch noch in meinem Zimmer gebannt, und weiß auch noch nicht, wenn ich Herr meiner Zeit, meiner Selbst, werden darf. Dieser traurige Umstand, hat mich auch gezwungen, das Geschäft der *Madame Weber* mit dem *Odéon* in die Hände des Herrn *Schlesinger* zu legen. Es schien mir nicht rathsam die *Summe* länger der *Direction* zu überlaßen, ich selbst kann in diesem Augenblick die Berichtigung nicht besorgen, und so habe ich Ihren Willen erfüllt, indem ich Herr *Schlesinger* zu meinen Stellvertreter gewählt habe. – Schon früher haben Sie, mein Schreiben, erhalten, daß Ihnen den innigsten Dank für Ihre vielfältige Bemühungen bei der Aufführung des *Crocciato's* sagen soll, auch hoffe ich, daß der Herr Capellmeister *Morlachi* einen Brief von mir erhalten hat. Mit Ungeduld sehe ich Ihrer Antwort, wegen einer neuen Dichtung, zu der beibehaltenen *music* des *Crocciato's* entgegen, Sie wird mir Ihre Meinung mittheilen, und im Fall daß Sie in den Plan eingingen bewahre ich noch mehrere *music*stücke, mit denen er nun aufgeführt worden ist, die ich Ihnen dann übersenden werde. Daß die Uebersetzung, meiner *Margarethe* von *Anjou* bereits in *Frankfurth* erschienen ist mir doppelt leid, da sie nur nach einem Fehler und mangelhaften *Clavier*auszug, sein kann, indem die erste vollständige *Partitur*, hier in diesem Augenblick erst gestochen wird, sobald sie beendigt ist, werde ich so frei sein, sie Ihnen zu senden, und Sie werden nach Belieben darüber verfügen. Was die

Bearbeitung meiner neuern Werke betrifft, so würde ich sie mit unendlicher Freude in Ihren Händen wissen, und so gebe ich Ihnen das Versprechen, mein nächst zu erscheinendes Werk die *Donaunymphe*, zu übersenden, noch ehe sie hier gestochen sein wird. – Schließlich nun noch ein Wort über einen Gegenstand, der mich seit Monaten, mit Liebe u Eifer beschäftigt, die drei *Pinto's*, nähmlich. Ich habe natürlich erst genau wissen wollen, wie viel Zeit, mir die beiden *Opern*, die ich *contract*mäßig verbunden bin, vor jeder andern Arbeit, für die hiesige Bühne zu vollenden, kosten würde, ehe ich mich bestimmt darüber äußerte. Ich hoffe jetzt nach reiflichem Ueberlegen, Mitte des Sommers damit fertig zu sein, um die ersehnte Beschäftigung beginnen zu können, u mich so aufs Innigste, dem innig geliebten Freunde, dem unvergeßlichen, über Alles hoch geschätzten Kunstgenossen, anzuschließen. Familienverhältnisse, führen mich diesen Frühling nach *Berlin*, als ein heller Lichtpunkt dieser Reise, stehen mir die Tage vor Augen, die ich unfehlbar in *Dresden* zubringen, und wo mir dann endlich das Glück Ihrer *persönlichen* Bekanntschaft zu Theil werden wird. Ich bitte Sie daher auch recht sehr die *music*stücke zu den *Pinto's* sowohl, als das Gedicht selbst mir bis dahin zu bewahren, wo ich es dann aus Ihren Händen mit doppelter Freude empfangen werde, u auch natürlich noch bevor, Rücksprache, mit Frau von *Weber*, deren besondere Zustimmung, dieses Unternehmen bedarf, nehmen werde.

Mit Verehrung und Liebe Ew Wohlgb
ganz ergebenster Freund und Diener
J. Meyerbeer

Paris d[en] 29^{t} X^{b} 1826«

Briefumschlag: »Sr Wohlgeb. | Herrn Hofrath *Winkler* | <u>*Dresde en Saxe*</u>.«
Poststempel: »C. F. 3. R«

Meyerbeer war offenbar von Winkler, der gleichzeitig den Weberschen Nachlaß verwaltete, gebeten worden, mit dem Pariser Odéon-Theater Tantiemen-Verhandlungen über die Aufführung einer Weberschen Oper (vielleicht des *Oberon*?) zu führen, gab den Auftrag jedoch an den Verleger Maurice Schlesinger weiter. Der Dank an Winkler bezüglich des *Crocciato in Egitto* bezieht sich auf die erfolgreiche Dresdner Erstaufführung dieser Oper Meyerbeers am 14. November 1826 unter Leitung Francesco Morlacchis in italienischer Sprache. Klavierauszug und Partitur der Oper hatte Weber am 17. bzw. 25. März 1825 erhalten – die Aufführung dürfte also noch auf seine Initiative zurückgehen. Winkler plante offensichtlich, ebenso wie zu Meyerbeers Oper *Margherita d'Anjou*, eine Neubearbeitung des Librettos in deutscher Spache. Das Opernprojekt *La Nymphe de Danube* nach einem Text von Thomas Sauvage für das Odéon-Theater führte Meyerbeer nicht aus; das zweite für Paris vorgesehene Projekt, das angesprochen wird, könnte bereits *Robert le Diable* sein.

Nach dem Wortlaut des Briefes zu schließen, kannte Meyerbeer im Dezember 1826 weder die Entwürfe noch den Winklerschen Text zu den *Pintos*, signalisierte aber deutlich sein Interesse daran, die Vollendung des Werks auszuführen: der Beginn einer »unendlichen Geschichte«.

EB

IX/7 Erklärung zur Vertragsauflösung zwischen Caroline von Weber und Giacomo Meyerbeer bezüglich der Vollendung der *Drei Pintos*, 28. Januar 1852

gezeigt: S. 2 mit Unterschriften von Caroline und Max Maria von Weber

Provenienz: 1987 aus Meyerbeer-Familienbesitz bei Sotheby's, London erworben

Berlin SBB, Signatur: N. Mus. Nachl. 97, X/31

Bereits am 14. März 1827 berichtete die *Berliner allgemeine musikalische Zeitung* (Jg. 4, Nr. 11, S. 88), daß Giacomo Meyerbeer die Vollendung von Webers *Pintos*-Torso übernommen habe. Zu diesem Zeitpunkt dürfte aber kaum mehr als eine unverbindliche Einverständnis-Erklärung Meyerbeers gegenüber Winkler vorgelegen haben. Erst aus einem Brief Meyerbeers an Hinrich Lichtenstein vom 28. Juni 1832 geht hervor, daß sich der Komponist ernsthaft mit dem Projekt beschäftigte: er dankte dem Freund der Familie von Weber für die Übersendung eines Katalogs der Weberschen Werke, aus dem er Kompositionen auswählen wollte, die sich zur Ergänzung des *Pintos*-Materials eigneten (vgl. C. v. Weber, *Pintos*, S. 44). Webers Originalskizzen hatte Meyerbeer wohl schon 1827 von der Familie Weber ausgehändigt bekommen. Nach einer Mitteilung von Caroline von Weber an F. W. Jähns vom August 1833 hatte sich Meyerbeer inzwischen *schriftlich verbindlich gemacht* [...], *nach Beendigung der Oper, welche er augenblicklich für Paris schreibt* [*Les Huguenots*], *sogleich die Pintos zu vollenden und sie selbst in Dresden in Szene zu setzen* (M. Jähns, *Familiengemälde*, S. 123).

Allerdings hatte Meyerbeer bald eingesehen, daß er seine Zusage wohl vorschnell gegeben hatte. Nach Winklers Besuch in Paris in den ersten Junitagen des Jahres 1836 schrieb der Komponist an seine Frau Minna: *Nun aber sind »die 3 Pintos« die ich erst hier mir von Winkler lesen ließ das Albernste Dümste Zeug der Welt. Ich muß also von einem französischen Dichter einen guten Stoff erlangen, der zugleicherzeit so eingerichtet ist, daß Webers schon gemachte Musikstücke dahinein passen* (Meyerbeer, *Briefe* II, S. 531). Begegnungen mit Webers Schüler Julius Benedict, der 1821 als »Ohrenzeuge« Webers Kompositionsarbeiten miterlebt hatte, im Oktober 1839 (vgl. Meyerbeer, *Briefe* III, S. 201, 203) brachten die Bemühungen nicht voran – Benedict berichtete später, Meyerbeer habe ihm die Vollendung des Torsos angetragen, doch dafür sei es zu spät gewesen, die Erinnerungen waren verblaßt (vgl. Benedict, *Weber*, S. 174). Benedicts Angabe, nach der die Unterredung mit Meyerbeer ungefähr 28 Jahre nach Webers Tod stattgefunden haben soll, ist allerdings in Zweifel zu ziehen: 1854 hatte Meyerbeer seine Bemühungen um die *Pintos* längst abgeschlossen.

Winklers Vorschlag, aus den Skizzen lediglich einen Klavierauszug zu erstellen (vgl. Meyerbeer, *Briefe* III, S. 374), wurde nicht weiterverfolgt, und im Januar 1842 scheiterte schließlich auch Meyerbeers Plan, das Libretto durch François Antoine Eugène de Planard und Henry Vernoy de Saint-Georges in einen französischen Operntext umarbeiten zu lassen (vgl. C. v. Weber, *Pintos*, S. 44 und Meyerbeer, *Briefe* III, S. 391). So wurde eine deutsche Neufassung des Winkler-Textes ins Auge gefaßt; Wilhelm Beer schlug als Bearbeiterin Charlotte Birch-Pfeiffer vor (vgl. Meyerbeer, Briefe III, S. 392).

Zur selben Zeit dürfte es zu ersten Verstimmungen zwischen der Familie von Weber und dem Komponisten gekommen sein. Ende 1841 hatte Winkler der Weber-Witwe mitgeteilt, Meyerbeer wolle sein Versprechen, die *Pintos* zu vollenden, nicht einlösen (vgl. M. Jähns, *Familiengemälde*, S. 186). Meyerbeer, dem keinesfalls an einem Eklat gelegen war, zahlte daraufhin freiwillig einen Vorschuß von 1000 Talern, der später mit den zu erwartenden Einkünften der *Pintos*-Aufführungen verrechnet werden sollte (vgl. Meyerbeer, *Briefe* III, S. 729). Am 23. September 1844 wurde ein förmlicher Vertrag zwischen Meyerbeer und Caroline von Weber aufgesetzt, der eine Beendigung des Werks zum 1. April 1847 verbindlich festlegte (a. a. O., S. 785f.).

Laut Meyerbeers Tagebuch erhielt die Birch-Pfeiffer kurze Zeit später – Anfang 1845 – den zu überarbeitenden *Pintos*-Text (a. a. O., S. 561); die Neufassung lag Meyerbeer noch im Frühjahr d. J. vor (a. a. O., S. 578f., 589). Ein Jahr später finden sich in Meyerbeers Tagebuch dann Notizen, die auf eine intensivere Beschäftigung mit dem Werk hindeuten (vgl. z. B. Meyerbeer, *Briefe* IV, S. 53f.), aber der Elan war bald verraucht. Eine weitere Entschädigungszahlung von 300 Talern erwirkte eine Fristverlängerung um ein Jahr (a. a. O., S. 67ff., 529), aber auch die Kompositionsarbeiten vom April/Mai 1847 (a. a. O., S. 231 – 241) scheinen nicht zu nennenswerten Erträgen geführt zu haben.

Wilhelm Beer riet seinem Bruder schließlich zur Vertragsauflösung, im Brief vom 24. April 1849 schreibt er: *Wenn Du guten Rath hören willst so lasse Dich nicht auf irgend ein Compositions Versprechen ein, sondern gieb den Dreck heraus, und lasse die »Pinto's« komponiren wer da will* (a. a. O., S. 489). Auch wenn Meyerbeer mit der Familie von Weber eine erneute Vertragsverlängerung bis Ende März 1851 gegen Zahlung von weiteren 400 Talern aushandelte (vgl. Meyerbeer, *Briefe* V, S. 83), blieben die *Pintos* ihm doch eher ein Quell von Gewissensqualen, und als Caroline von Weber um den Jahreswechsel 1851/52 ihre Langmut verlor und gerichtliche Schritte gegen den säumigen Meyerbeer erwog (a. a. O., S. 514), wurde die 1844 geschlossene Vereinbarung unter Zahlung der festgelegten Konventionalstrafe von 2000 Talern am 28. Januar 1852 – einen Monat vor dem Tod Carolines – vertraglich gelöst (vgl. Abdruck des Dokuments a. a. O., S. 952f.).

FZ

IX/8 Giacomo Meyerbeer (1791 – 1864), Porträt Lithographie von C. Constans nach einer Zeichnung von Pierre Roch Vigneron (1825)

Provenienz: Nachlaß Georg Poelchau; erworben 1841
Berlin SBB, Signatur: Mus. P Meyerbeer, G. I/6

IX/9 Carl Maria von Weber / Gustav Mahler, *Die drei Pintos. Komische Oper in drei Aufzügen*

Partitur-Erstdruck, Leipzig: Kahnt, 1888 (VN: 2953)
gezeigt: I. Aufzug, S. 40f. Beginn der *Seguidilla a dos* Nr. 5 (Gaston, Inez) »Wir, die den Musen dienen«
Berlin SBB, Signatur: DMS 4316

Carl von Weber hatte nach dem Tod Max Maria von Webers im Jahr 1881 den Familiennachlaß und damit auch die Entwürfe zu den *Pintos* übernommen. Wie Großmutter Caroline und Vater Max Maria von Weber verfolgte er den Plan, den Torso zu vervollständigen, wirkte im Gegensatz zu den vorhergehenden Generationen der Familie nun aber auch aktiv an dieser Arbeit mit: nach dem Libretto von Winkler schuf er – wohl in Verbindung mit dem musikalischen Bearbeiter – ein neues Textbuch, das die *Pintos* in die Nähe der deutschen Spieloper rückt.

Ca. 1886/87 war der Weber-Enkel auf den 26jährigen Kapellmeister des Leipziger Neuen Stadttheaters Gustav Mahler aufmerksam geworden; aus der Bekanntschaft ergab sich nicht nur eine schwärmerische Beziehung des jungen Musikers zu Carls Frau Marion von Weber, sondern auch das Projekt zur gemeinsamen Vollendung der *Pintos*. Im Frühsommer 1887 erhielt Mahler die Entwürfe und machte sich mit wahrem Feuereifer an die Arbeit. Bereits im Oktober 1887 äußerte sich Richard Strauss, dem Mahler den ersten Akt vorgespielt hatte: *Mahlers Bearbeitung von Webers »3 Pintos« scheint mir ein Meisterstück* […]*; das ist* […] *echtester, liebenswürdigster und genialster Weber* (vgl. Strauss, *Briefwechsel*, S. 66). Das Werk wurde in beeindruckend kurzer Zeit fertiggestellt und einstudiert; am 20. Januar 1888 erlebte es in Leipzig seine Uraufführung.

Die *Pintos*-Bearbeitung wurde ein großer Erfolg für den jungen Mahler, der seinen Eltern voller Ironie mitteilte: *Jedenfalls bin ich vom heutigen Tage an ein weltberühmter Mann* (Mahler, *Briefe*, S. 91). Der Leipziger Einstudierung folgten in kürzester

Zeit Aufführungen u. a. in Hamburg, München, Prag und Coburg (1888), Wien (1889) und Berlin (1891). Die Publikumsresonanz sprach für das Werk, das Echo der Fachwelt war freilich gespalten. Brahms beharrte darauf, daß Webers Skizzen unmöglich in dessen Sinne zu komplettieren wären: *das kann niemand und wenn's jemand macht, so ist es nicht von Weber* (vgl. Heuberger, *Erinnerungen*, S. 37), und Hans von Bülow fällte nach Durchsicht des Klavierauszuges ein gnadenloses Urteil: *ein infamer, antiquierter Schmarren* (vgl. Strauss, *Briefwechsel*, S. 72). Der gestrenge Eduard Hanslick lobte hingegen, bei grundsätzlicher Skepsis gegen die Neufassung, daß Mahler mit *unleugbarer Geschicklichkeit* vorgegangen wäre und seine Instrumentierung *einen feinen Sinn für Orchesterwirkung* verrate (Hanslick, *Pintos*, S. 94f.).

Da Weber ausschließlich Entwürfe zu den ersten sieben Nummern hinterlassen hatte, die Musik zum II. und III. Aufzug also fast zur Gänze hätte neu komponiert werden müssen, hatte der Enkel Carl von Weber die Nummernfolge des Stücks derart geändert, daß die vorhandenen Skizzen in allen drei Aufzügen Verwendung finden konnten. Das ursprünglich als Nr. 4 gedachte Duett zwischen Gaston und Inez (vgl. IX/2) wurde hier zur Nr. 5. Wie bereits von Meyerbeer geplant, füllte Mahler die Fehlstellen überwiegend mit unbekannteren, teils ungedruckten Kompositionen Webers aus, etwa mit Einlage-Nummern zu verschiedenen Bühnenwerken – ein Umstand, den Hanslick in der Formulierung zuspitzte, die *Pintos* seien weniger *eine Oper v o n Weber, als vielmehr a u s Weber* (Hanslick, *Pintos*, S. 89). So begegnet man im zweiten Teil der Ariette Nr. 9 dem Walzer, der Webers Lied zu Kauers *Sternenmädchen* (vgl. VII/5) als Kehraus angefügt ist. Besonderen Erfolg hatte in der Mahler-Fassung die Nr. 4 der Inez. Die *Romanze von dem verliebten Kater Mansor*, mit der sich Mahler gerne brüstete, entstammt Webers Schauspielmusik zum *Nachtlager in Granada* von Friedrich Kind (JV 223).

FZ

IX/10 Gustav Mahler (1860 – 1911), Porträt-Karte 1892/98

Berlin/Hamburg: Zieber, mit autographer Widmung an Sigismund Bachrich, datiert: Wien Jänner 1899

Provenienz: 1924 erworben bei Karl Ernst Henrici, Berlin (Auktions-Katalog 86, Nr. 848)

Berlin SBB, Signatur: Mus. P Mahler, G. I/3

Der Solobratschist der Wiener Philharmoniker Sigismund Bachrich (1841 – 1913) wurde am 1. Februar 1899 pensioniert, die gezeigte Porträtkarte mit der Widmung: *Herrn Professor Bachrich beim Abschied | Zur Erinnerung an seinen ihn schmerzlich entbehrenden Gustav Mahler* erhielt der Musiker sicherlich in Zusammenhang mit seinem Ausscheiden aus dem Orchester. Das musikalische Zitat entstammt Mahlers 2. Sinfonie (I. Satz, T. 1 – 4 im Klavierauszug), die im Konzert der Wiener Philharmoniker am 9. April 1899 erstmals vollständig in Wien zu hören war – wohl in Hinblick auf die bevorstehende Aufführung wurde Bachrich von Mahler »schmerzlich entbehrt«.

Die Porträt-Aufnahme entstand 1892 in Hamburg; eine Prägung rechts unten weist das vorliegende Exemplar als einen Abzug des Jahres 1898 aus.

FZ

IX/3 *Die drei Pintos*, autographer Entwurf zu Nr. 1

IX/5 L. van Beethoven, *Bolero a due* WoO 158, Nr. 1,20, Autograph

IX/6 G. Meyerbeer, Brief an K. G. Th. Winkler, 29. Dezember 1826

Euryanthe von Savoyen.

Aus dem Manuscript
der Königl. Bibliothek zu Paris:
„Histoire de Gerard de Nevers
et
de la belle et vertueuse
Euryant de Savoye, sa mie“
übertragen von
Helmine von Chezy, geb. Freiin Klencke.

Berlin,
in der Vereins-Buchhandlung.
1823.

X/5 Prosa-Fassung der *Euryanthe*

X. *Euryanthe*, große romantische Oper in drei Aufzügen, Text von Helmina von Chézy (WeV C. 9 = JV 291)

Als *Caviar für das Volk* bezeichnete 1865 ein Rezensent der *Niederrheinischen Musik-Zeitung* Webers *Euryanthe* (Jg. 13, Nr. 41, S. 324). Gustav Dömpke urteilte um die Jahrhundertwende: *Webers »Euryanthe« ist das Basilisken-Ei, aus dem der Drache der neuen Musik gekrochen ist* (zit. nach Erwin Kroll, *Musikstadt Königsberg*, Zürich 1966, S. 159). *O, diese unselige Gelehrtheit, – dieser Quell aller deutschen Übel!,* tönte der junge Richard Wagner 1834 in der *Zeitung für die elegante Welt* (Kapp, *Wagner*, S. 47), um das Werk in späterer Zeit ganz im Gegenteil als *Webers schönste, reichste und meisterlichste Musik* zu bezeichnen (Wagner, *Schriften*, Bd. 10, S. 167).

Den anspruchsvollen Charakter dieser Oper, die sich so sehr von dem weitaus volkstümlicheren *Freischütz* unterschied, hat Weber von Anfang an selbst konstatiert, ja sogar bewußt angestrebt. Nachdem sein erfolgreiches deutsches Singspiel am 3. November 1821 auch in Wien über die Bühne gegangen war, erhielt er eine Anfrage des Pächters des Kärtnertor-Theaters, Domenico Barbaja, mit einem Kompositionsauftrag für Wien. Schon am 29. Januar 1820 hatte er an den dortigen Theaterdichter und Regisseur Georg Friedrich Treitschke geschrieben: *überhaupt hätte ich nicht übel Lust, einmal eine grosse Oper eigens für ihre Bühne zu schreiben*, und am 28. März 1821 heißt es in einem Brief an den Freund Gänsbacher: *Nun arbeite ich an einer grossen komischen Oper* [*Die drei Pintos*], *dann geht es an eine durchaus in Recitativen, ernste*. Im unmittelbar folgenden Satz erwähnt er, daß jetzt Moritz Graf von Dietrichstein und Ignaz von Mosel in Wien Direktoren geworden seien – an die damit verbundenen Hoffnungen auf eine Förderung deutscher Opernbestrebungen knüpfte sich also offensichtlich auch sein eigener neuer Opernplan.

Hatte Weber schon vor der Vollendung des Werkes die Befürchtung, *der verdammte <u>Freysch:</u>*[*ütz*] werde *seiner Schwester <u>Euryanthe</u> schweres Spiel machen* (28. April 1822 an Lichtenstein), so verteidigte er auch rückblickend immer wieder die *Euryanthe* ob ihrer völlig anderen Art gegen das erfolgreichere Singspiel: *Die Meisten wollen nur, die Euryanthe solle ein eben so großes Publikum an sich ziehen als wie der Freyschüz. das ist mir im Leben nicht eingefallen, da die ganze Gattung sich auf einen kleinen Kreis beschränken muß, nehmlich derer die die Kunst überhaupt ernster betrachten und höher stellen* (10. Dezember 1823 an Lichtenstein).

Die Arbeit an dem durchkomponierten, also im Gegensatz zum *Freischütz* ohne gesprochene Dialoge konzipierten Werk hat Weber sich und der Textdichterin wahrlich nicht leicht gemacht. Nachdem verschiedene Stoffe als Vorlage für die »große Oper« diskutiert worden waren, fiel seine Wahl auf die *Geschichte der tugendsamen Euryanthe von Savoyen*, die Helmina von Chézy (1783 – 1856) 1804 für Friedrich Schlegel aus einer altfranzösischen Vorlage übertragen hatte (vgl. Erläuterungen zu X/5). Chézy gibt an, seit Oktober 1821 an dem Textbuch gearbeitet zu haben – demnach wäre der Plan ebenfalls älter als der Kompositionsauftrag aus Wien, der erst im November eintraf. Der Entwurf des Librettos entstand dann als gemeinsame Arbeit von Textdichterin und Komponist. Helmina betont, man habe oft *über einzelne Wortstellungen drei Stunden berathen* (Archiv der Berlin-Brandenburgischen Akademie der Wissenschaften, Nachlaß Chézy 100, Bericht vom Juli 1825) und gesteht freimütig ihren *totalen Mangel an Bühnenkenntniß* (*NZfM*, Bd. 13, 1840, S. 6). Anfang Januar

1822 war der erste komplette zweiaktige Entwurf vollendet, und in einem Brief an Lichtenstein schrieb Weber am 31. des Monats: *Das Gedicht halte ich für höchst ausgezeichnet das mir Helmina von Chezy dazu gemacht hat.*

Ende Februar 1822 reiste Weber nach Wien, um dort die Sänger für seine Oper genauer kennenzulernen, gleichzeitig wurde eine Abschrift des Librettos zur Genehmigung durch die Zensur eingereicht. In Wien erörterte Weber seine Opernpläne auch mit Ignaz von Mosel, dem Verfasser des *Versuchs einer Ästhetik des dramatischen Tonsatzes* (Wien 1813), der ihm zu Änderungen riet, denn am 19. August bedankte sich Weber bei ihm mit den Worten: *durch Ihre geistvollen Bemerkungen aufmerksam gemacht, ist das ganze Gedicht fast umgeschmolzen worden. bedeutend zusammengedrängt, in 3 Akte statt 2, gebracht, und besonders auch das Versmaß häufig verändert worden.* Überhaupt scheint Weber trotz der vielen eigenen Vorschläge und Eingriffe ins Textbuch sehr unsicher gewesen zu sein, denn er suchte nachweislich auch den Rat seiner Freunde, u. a. von Ludwig Tieck, Carl Förster und Ludwig Rellstab.

Immer wieder äußerte er in dieser Zeit die Hoffnung, sich bald in seinen Sommersitz nach Hosterwitz zurückziehen und mit der Komposition beginnen zu können. Von dort sind dann am 17. Mai 1822 im Tagebuch erste Arbeiten erwähnt, passenderweise an Adolars Arie »Wehen mir Lüfte zu«. Es folgten rasch weitere Ideen oder Entwürfe. Am 28. Oktober bemerkte er im Tagebuch, er habe *Euryanthe angefangen in Partitur zu sezzen*. Zu diesem Zeitpunkt hätte längst die geplante Aufführung in Wien stattfinden sollen – im November einigte man sich dann darauf, das Werk auf die Saison 1823 zu verschieben. Weber wartete zugleich dringend auf die Rückkunft der Chézy aus Berlin, da er notwendige Veränderungen mit ihr mündlich besprechen wollte. Erst im April 1823 wurden dadurch Textkorrekturen am I. Finale möglich, am 1. April hat er laut Tagebuch auch die *Erste Seite zu Euryanthe instrumentirt*. Demnach bedeutet das am 28. Oktober erwähnte *in Partitur sezzen* offensichtlich nur ein Umsetzen der Skizzen in eine noch nicht weiter ausgefüllte Partitur, die erst später »aufgefüllt« wurde. Der II. Akt wurde am 17. Juli abgeschlossen, die gesamte Oper war am 8. August vollendet entworfen und am 29. August fertig instrumentiert bis auf die Ouvertüre, die am 1. September begonnen, aber erst zwischen dem 16. und 19. Oktober in Wien abgeschlossen wurde.

Im Laufe der Arbeiten an dieser durchkomponierten *grossen romantischen Oper* war Weber trotz seiner hohen Ansprüche, mit denen er ein eigenständiges deutschsprachiges Äquivalent zu Werken wie Spontinis *La Vestale* oder Rossinis *Elisabetta* schaffen bzw. Gluckschen Vorbildern nacheifern wollte, dennoch zu Kompromissen an den Publikumsgeschmack bereit. Zwar heißt es in einem Brief vom 16. März 1822 an seine Gattin z. B. noch: *einen Jäger Chor Brautlied pp kanns in der Eury:[anthe] nicht geben*, ein Jahr später, am 20. März 1823, ist im Tagebuch aber die *Idee zu dem JagdChor* erwähnt – die Jägerchöre in *Silvana* und *Freischütz* und der mit Hörnerklang ähnliche Sphären beschwörende Zigeunerchor in der *Preciosa* erhielten in der Nr. 18 der *Euryanthe* einen würdigen Nachfolger. Durch die Übernahmen des Chores »Fröhliche Klänge« im I. Finale aus der für den sächsischen Hof geschriebenen Kantate JV 283 mit der zugehörigen Cabaletta »Sehnend Verlangen« kamen darüber hinaus eher italienisch anmutende Elemente in das Werk, wie sie sich z. B. auch im sehr dem italienischen Geschmack verpflichteten *Allegretto grazioso* des Duetts Nr. 7 Euryanthe/Eglantine finden. Dadurch entstand eine Buntheit, die der Oper später teilweise zum Vorwurf gemacht wurde. Dem steht auf der anderen Seite aber eine Art von Durcharbeitung und motivischem Beziehungsreichtum gegenüber, die das Werk trotz aller Kritik zu einem Vorbild für die weitere Entwicklung der deutschen Opernbestrebungen, auch und vor allem derjenigen Wagners werden ließ.

Bei der »Euryanthe« müssen wir uns heute vor allem einer Tatsache erinnern: s i e ist der schöpferische Ausdruck dessen, was

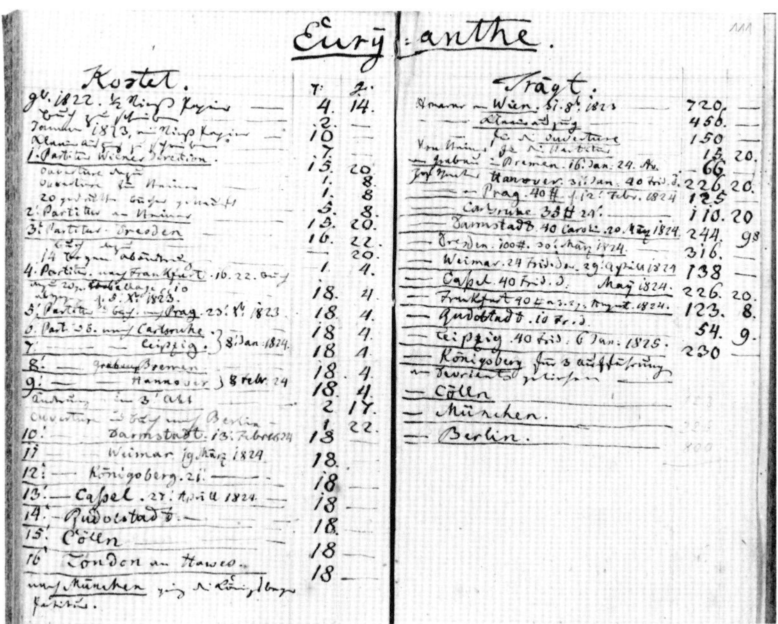

X/9 Webers Ausgabenbuch

Weber als Ideal einer »Deutschen Oper« vorschwebte […]. *Der »Euryanthe«, nicht dem »Freischütz«, kommt die Bedeutung dieser einmaligen Verkörperung einer großen theatralischen Idee zu* (Schnoor, *Gestalt*, S. 387).

JV

X/1 C. M. v. Weber, *Euryanthe*, autographe Entwürfe

gezeigt: S. 15, Ende Nr. 1 Introduktion »Dem Frieden Heil«, Romanze Nr. 2 (Adolar) »Unter blühnden Mandelbäumen«, Beginn Nr. 3 Chor »Heil Euryanth«

Provenienz: 1837 von Caroline von Weber an F. W. Jähns verschenkt; Schenkung 1881

Berlin SBB, Signatur: Weberiana Cl. I, 30

vgl. Abb. auf S. 161

Die Dokumentation der Kompositionsentwürfe zur *Euryanthe* ist einzigartig in Webers Opernschaffen: Auf den insgesamt 96 Seiten der Lose-Blatt-Sammlung ist nahezu die komplette Oper im Entwurf enthalten – in recht bunt durcheinandergewürfelter Reihenfolge. Weber selbst hat auf ein Außenblatt (= S. 1) dieses Konvoluts geschrieben: *Entwürfe zu Euryanthe* | *von mir* | *Carl Maria von Weber* | *1823*. Festgehalten hat er in diesen Entwürfen stets die in der Regel schon textierten Singstimmen, instrumentale Zwischenspiele oder einzelne Instrumenten-Motive, teils einstimmig, teils im Klavierauszug oder selten im Particell. An vielen Stellen ist die Instrumentenbesetzung vermerkt, außer Tempo und Dynamik ist oft sogar die Artikulation charakteristischer Motive bereits genau bezeichnet.

Michael C. Tusa hat bei seiner Untersuchung dieser Entwürfe festgestellt, daß sie sich hinsichtlich Form, Themenbau und melodischem Verlauf kaum von der Endfassung unterscheiden und daß Erfindung und Instrumentation für Weber offensichtlich untrennbare Bestandteile eines einzigen schöpferischen Prozesses waren (Tusa, *Euryanthe*, S. 143 – 159). Zugleich lasse sich beobachten, daß die Gesangsstimmen Ausgangspunkt seiner kompositorischen Überlegungen waren, aber in deren Notation auf dem Papier bereits der ganze Begleitapparat mitgedacht ist. Das Reifen von der ersten Idee bis zur konkreten Gestalt scheint wesentlich »Kopfarbeit« gewesen zu sein, Ausfeilen auf dem Papier läßt sich nur in wenigen Fällen beobachten. Allerdings zeigt sich auch, daß die Entwürfe teilweise von früheren Skizzen kopiert wurden, daß es also durchaus mehrere Stadien in dieser Arbeit gab.

Innerhalb dieser verschiedenen Stadien ist auf dem gezeigten Blatt sicherlich der Zustand unmittelbar vor Niederschrift der Partitur festgehalten. In der im zweiten Drittel des 2. Systems (Notenzeile 3/4) beginnenden Romanze des Adolar »Unter blühnden Mandelbäumen« sind die drei Strophen der Singstimme bis auf marginale Varianten vollständig festgehalten. Für die Zwischenteile (zwischen beiden Binnenstrophen und zwischen Strophe 1/2 bzw. 3/4) sind jeweils nur beim ersten Mal die wesentlichen Instrumentalstimmen angedeutet (vor Strophe 2 mit Harmonien). Die veränderte Begleitung zur 2. und 3. Strophe war offensichtlich für das Konzept schon so essentiell, daß Weber die Strophen einzeln ausschrieb, für die 2. Strophe hier auch die Cello-Stimmen im unteren System angab und fehlende Harmonietöne im System der Singstimme ergänzte (Mitte 4. und 5. Akkolade). In der 3. Strophe (6. Akkolade) sind die Akkordbrechungen der Celli im unteren System sowie nachträglich die Violinstimme im Singstimmen-System angedeutet, wobei der Gesangstext teilweise überschrieben wurde. Auch die überleitenden *pizzicato*-Takte vom vorausgehenden Rezitativ zu dieser Romanze sind schon präzise angegeben, allerdings hat Weber an dieser Stelle in der Endfassung den letzten Orchestertakt eliminiert (vgl. 2. Akkolade).

Angaben zur Instrumentation hat Weber hier nur außerhalb der Notensysteme, am oberen rechten Rand gemacht: *Fl:*[*auti*] *Clar.*[*inetti*] *Fag.*[*otti*]. *4 1.* – die Ziffern beziehen sich vermutlich auf die vier Systeme der Streicher + 1 Gesangssystem; die davor notierten Ziffern *4 1* in korrespondierender Form auf das Rezitativ. Die verwendeten *Corni* fehlen in dieser Angabe noch, außerdem hat Weber für die Celli in der Partitur ein eigenes System gewählt. Wie in den *Oberon*-Entwürfen (vgl. XI/2) sind auch hier die geschlängelten Taktstriche Markierungen des Seitenumbruchs in der danach ausgeschriebenen Partitur – in diesem Falle des Dresdner Partiturautographs der *Euryanthe*. Dies bestätigt, daß der Entwurf unmittelbar für das Ausschreiben der Partitur benutzt wurde.

In der ersten Zeile dieser Seite zeigt sich, wie sehr Weber um eine adäquate Textunterlegung gerungen hat. An dieser Stelle stand die musikalische Gestalt zu dem ursprünglichen Text: »Treuer Adolar, der fröhlich mir im Kampf zur Seite war, sei hier auch froh« offensichtlich fest, Weber suchte dann aber nach einer besseren Textunterlegung, tauschte dabei zunächst das »fröhlich« gegen »freudig« aus und fand schließlich mit der darüber notierten Endfassung »froh zur Seit[e] mir im Kampfe war« eine ideale Deklamation: »mir« hat nun die Betonung durch Länge, »Kampfe« durch Tonhöhe und dichte Folge der Notenwerte – außerdem ist diese wichtige Vokabel nun auch metrisch hervorgehoben. An einem solchen Detail zeigt sich, wie sorgfältig die Rezitative der *Euryanthe* konzipiert sind, die von den Zeitgenossen als so neuartig empfunden wurden.

JV

X/2 C. M. v. Weber, *Euryanthe*, autographe Reinschrift

gezeigt: S. 46/47, Ende der Romanze »Unter blühnden Mandelbäumen«, Beginn Nr. 3 »Heil Euryanth«

Provenienz: Geschenk von Caroline von Weber an Friedrich August II., König von Sachsen, für dessen Bibliothek 1851

Sächsische Landesbibliothek – Staats- und Universitätsbibliothek Dresden, Signatur: Mus. 4689-F-37

vgl. Abb. der S. 47 auf S. 162

Bei dem erhaltenen, vollständigen Partiturautograph der *Euryanthe* handelt es sich um Webers erste Reinschrift des Werkes. Die erst in Wien fertiggestellte Ouvertüre ist darin noch separat gezählt, auch die drei Akte sind jeweils einzeln von Weber paginiert, ebenso der für Berlin nachkomponierte *Pas de cinq*, der lose in die Partitur eingelegt wurde. Schon Jähns bezeichnete diese Partitur als *ein Autograph von seltenster Schönheit* (Jähns, *Werke*, S. 357), und es ist in der Tat bewundernswert, wie sorgfältig Weber diese Niederschrift, die nur sehr wenige Korrekturen aufweist, disponiert hat.

Die beiden gezeigten, am oberen Außenrand von Weber selbst numerierten Seiten sind ein Beispiel für seine ökonomische und zugleich sehr übersichtliche Notationsweise. Dynamik und Artikulation der letzten Takte von Adolars Romanze sind darin ausführlich und sorgfältig bezeichnet, die Bogensetzung hat trotz der ungenauen Grenzen etwas Gestisches und fordert ein dichtes *Legato*-Spiel, das die Motive unter einem großen musikalischen Bogen zusammenfaßt, sich also nicht in Detaildarstellung verlieren darf. Die Bögen der Bläser am Ende der Seite reichen über den doppelten Taktstrich hinaus, das Ende der Nummer ist also gleichzeitig Beginn des Chores Nr. 3. Hier hat sich Weber entschieden, die neue Akkolade mit Einsatz des *Allegro* und dem Taktwechsel auf der neuen Seite beginnen zu lassen – im Entwurf steht an dieser Stelle noch ein einfacher Taktstrich; der Tonart-Wechsel wird erst nach dem 6. Takt des Chores vollzogen.

Die Dynamik dieses Neubeginns ist bewußt differenziert: Um die in tiefer Lage beginnende Sechzehntel-Figur der Violinen deutlicher vernehmbar zu machen, setzt Weber hier von Anfang an ein *forte*, in den begleitenden Violen und Bassi nur ein *mezzoforte*. Pauken und Trompeten beginnen das *crescendo* aus dem *pianissimo* bzw. *piano*. Im Vordergrund aber steht der Willkommensruf des Chores. Die Szenenanweisung über dem System der Singstimmen hat Weber erst nachträglich in anderer Tinte ergänzt.

JV

X/3 C. M. v. Weber, *Tempobezeichnungen der Oper Euryanthe nach Mälzels Metronom*, autographer Entwurf

gezeigt: Bl. 84c recto der handschriftlichen Entwürfe zu Briefen, Aufsätzen etc.

Provenienz: Weber-Familiennachlaß; Schenkung 1986

Berlin SBB, Signatur: Mus. ms. autogr. theor. C. M. v. Weber WFN 6, Abt. XIV

In Vorbereitung der Leipziger Erstaufführung der *Euryanthe* (20. Mai 1825) hatte sich der dortige Musikdirektor Heinrich

X/3 Tempobezeichnungen zu *Euryanthe*

Aloys Praeger mit der Bitte an Weber gewandt, ihm genaue Tempoangaben anhand des Mälzelschen Metronoms zuzusenden. Weber erhielt Praegers Brief am 5. März 1824, und schon am folgenden Tag notierte er im Tagebuch: *die ersten 2 Akte der Euryanthe nach dem Metronom bezeichnet.* Am 8. März wurden die Bezeichnungen vollendet und am 9. März für Praeger in Form eines Aufsatzes niedergeschrieben, der mit einem kurzen Begleitschreiben am 12. März nach Leipzig abgesendet wurde.

Weber deutet in seinen Bemerkungen eine gewisse Skepsis gegenüber der »mathematisch-genauen« Fixierung musikalischer Phänomene an: *Der Takt, das Tempo, soll nicht ein tyrannisch hemmender oder treibender Mühlenhammer sein, sondern dem Musikstükke das, was der Pulsschlag dem Leben des Menschen ist.* Er war zutiefst davon überzeugt, daß sowohl Metronombezeichnungen als auch Erklärungen das individuelle Gespür der Ausführenden für eine angemessene musikalische Interpretation nicht ersetzen könnten. Die Bezeichnungen dafür lägen *allein in der fühlenden Menschenbrust: und finden sie sich da nicht, so hilft weder der nur grobe Mißgriffe verhütende Metronom, noch diese höchst unvollkommenen Andeutungen.* Aus diesem Grund betrachtete Weber seinen Aufsatz nur als Orientierungshilfe, die er ausschließlich in handschriftlicher Form an verschiedene Dirigenten sandte. Im Begleitbrief an Praeger bezeichnete er seine Notizen *als ein Gespräch zwischen uns Beiden, das sich zufällig auf das Papier verirrt hat*, und seinem Freund Gottfried Weber untersagte er im Brief vom 22. März 1824 sogar ausdrücklich einen Abdruck des Aufsatzes in der Zeitschrift *Caecilia*. Erst 1827 veröffentlichte Praeger die Angaben auszugsweise in der *Berliner Allgemeinen musikalischen Zeitung* (Jg. 4, Nr. 28 vom 11. Juli 1827, S. 218f.); eine vollständige, allerdings leicht überarbeitete Ausgabe besorgte Friedrich Wilhelm Jähns 1847 bei Bote und Bock in Berlin als Separatdruck (nochmals 1848 in *AMZ*, Jg. 50, Sp. 123 – 127). Caroline von Weber hatte – angesichts leidvoller Erfahrungen – der Ausgabe des Artikels mit gehöriger Skepsis zugestimmt: *Wollen Sie ihn abdrucken lassen, und glauben Sie dass es damit nicht zu spät ist, so thun Sie es in Gottes Namen aber helfen werden Sie der armen Euryanthe damit nicht, denn weder Sänger noch Dirigenten werden sich darum küm[m]ern* (Brief an Jähns vom Oktober 1847).

FZ

X/4 *Carl Maria von Weber*, Porträt
Stich von Carl August Schwerdgeburth nach der Zeichnung von Carl Christian Vogel [von Vogelstein] (1823)
Provenienz: Nachlaß Georg Poelchau, erworben 1841
Berlin SBB, Signatur: Mus. P Weber, K. M. v. II, 2
vgl. Text und Abb. auf S. 37 – 41

X/5 Helmina von Chézy, *Euryanthe von Savoyen. Aus dem Manuscript der Königl. Bibliothek zu Paris [...] übertragen*
Berlin: Vereins-Buchhandlung, 1823, gezeigt: Titelseite
Provenienz: F. W. Jähns; Schenkung 1881
Berlin SBB, Signatur: Weberiana Cl. VII, Bd. 23
vgl. Abb. auf S. 145

Während der fortschreitenden Kompositionsarbeiten an der *Euryanthe* drängte die Textdichterin – gegen Webers Willen – mit dem Opernprojekt mehr und mehr an die Öffentlichkeit. So erschien bereits vor der Uraufführung vom Oktober 1823 eine Fassung des Textbuchs, die von der späteren abweicht (vgl. dazu Webers Brief an seine Frau vom 18. Oktober 1823), außerdem aber auch eine neue Ausgabe der Opern-Vorlage, d. h. jener Übersetzung der *Geschichte der tugendsamen Euryanthe von Savoyen*, die Helmina von Chézy bereits 1804 in der von Friedrich Schlegel herausgegebenen *Sammlung romantischer Dichtungen des Mittelalters. Aus gedruckten und handschriftlichen Quellen* publiziert hatte (vgl. Bd. 2, Leipzig: Juniusische Buchhandlung, 1804). Die von der ursprünglichen Übersetzung in vielen Details abweichende, leicht gekürzte Neuveröffentlichung ist im *Wegweiser im Gebiete der Künste und Wissenschaften* (einer Beilage der Dresdner *Abend-Zeitung*) Nr. 46 vom 7. Juni 1823 angezeigt, und bereits dort wird das Vorwort erwähnt, in dem von Webers neuer Oper die Rede ist, auf die man neugierig warte: *Dank um so mehr der Dichterin, die uns durch diese vorläufige Mittheilung wenigstens in etwas den Vorhang lüftet, und eine, an sich alle Beachtung verdienende Arbeit, dadurch in ein die Theilnahme noch mehr erregendes Verhältniß stellt* (S. 182). Eine ausführlichere Besprechung durch Karl August Böttiger folgt nur vier Nummern später, darin wird nochmals darauf verwiesen, daß diese Erzählung *jetzt der Stoff des romantischen Singspiels geworden ist, welches unser Maria von Weber zunächst für die Wiener Hofbühne componirt und noch in diesem Jahre selbst dort aufzuführen gedenkt* (Nr. 50 vom 21. Juni 1823, S. 198). In dieser Besprechung ist auch angegeben, daß sich das Buch *in einem zierlichen Umschlag, mit allegorischer Einfassung in Holzschnitt von* [*Friedrich Wilhelm*] *Gubitz* befinde.

In dieser ursprünglichen Fassung entspricht die Geschichte zunächst im wesentlichen der Opernhandlung bis zum Aussetzen Euryanthes im Wald und Adolars Kampf mit der Schlange. Danach beginnt eine lange Irrfahrt des Adolar (hier noch Gerhart genannt), der Euryanthe zwischenzeitlich durch einen Gifttrank völlig vergißt. Auch Euryanthe erlebt, nachdem sie vom Herzog von Metz im Wald wiedergefunden wurde, eine Odyssee, die schließlich mit einer Anklage wegen eines ihr unterschobenen Mordes endet. Als sie vor Gericht steht und zum Gotteskampf aufgefordert wird, erscheint Gerhart, der durch ihren Ring, den eine von seinem Sperber gejagte Lerche trug, an die Freundin erinnert wurde und zur Suche aufgebrochen war. Im Zweikampf überwindet er nun den Schurken Meliatyrus, der gesteht, daß der Mord seine Tat war. Schließlich hat Gerhart nach seiner Rückkehr in die Heimat auch noch den Kampf mit Lysiart zu bestehen, bevor beide Liebende wieder vereint werden.

JV

X/6 Helmina von Chézy / C. M. v. Weber, Libretto-Manuskript zur *Euryanthe* von H. von Chézy mit Korrekturen und Anmerkungen von Weber

gezeigt: Bl. 12v, Ende II. Akt

Provenienz: vermutlich von Caroline von Weber an F. W. Jähns verschenkt; Schenkung 1881

Berlin SBB, Signatur: Weberiana Cl. II A, Abt. g, Nr. 4

vgl. Abb. auf S. 54

In der im Februar 1822 bei der Wiener Zensurbehörde eingereichten Fassung war die Oper noch zweiaktig. Das hier gezeigte Manuskript einer weiteren Fassung von der Hand Helmina von Chézys entspricht im ursprünglichen Zustand noch dieser Einteilung, wurde aber nachträglich zur dreiaktigen Fassung erweitert, wobei der ursprünglich erste Akt in zwei Akte aufgeteilt wurde. Weber hat auf Bl. 12v selbst doppelt unterstrichen mit Bleistift angemerkt: *Ende des 2t Akts* und dann auf der Folgeseite *Zweyter* [*Akt*] gestrichen und durch *3t* ersetzt. Das Ende des neuen zweiten Akts in der vorliegenden Fassung mit Euryanthes: »Vernimm, o Gott, der Unschuld Flehen, | Es wallt dein Kind in deiner Hut.« war Weber offensichtlich zu wenig wirksam. Er fügte daneben in roter Tinte einen neuen Text für den Chor (*Alle*) ein: »Du gleißend Bild, du bist enthüllt | Schnell folgte Strafe deinen Thaten | Weh dir, die Lieb und Treu verrathen | das Maaß der Frevel ist gefüllt«. Weber wollte also einen dramatisch wirksamen, keinen versöhnlichen Schluß. Allerdings ist dieser Text keine Erfindung Webers, sondern er taucht bereits (mit Abweichungen in den beiden letzten Zeilen) in einem früheren Entwurf als Schluß des I. Aktes auf (vgl. Weberiana Cl. II A, Abt. g, Nr. 3, Bl. 26r). Nachdem der Chor in der vorliegenden Fassung allerdings wenige Zeilen zuvor noch gesungen hat »Wir alle wollen mit dir gehen«, ist der von Weber geforderte Stimmungsumschlag unmotiviert. Der Komponist hat daher in der Endfassung des Werks vor diesem Einsatz den Anfang der in der ersten Hälfte der Seite markierten

Zeilen »Ha! die Verrätherin [...]« wiederholt, obwohl dadurch der inhaltliche Bruch nur verlagert wurde. An einer solchen Stelle zeigt sich, daß bei den zahlreichen Umarbeitungen beiden Autoren der Blick für logische Zusammenhänge verlorenging und daß für Weber bestimmte musikalische Ausdruckscharaktere im Vordergrund standen, die er gegenüber seiner Librettistin durchzusetzen wußte.

Auch die im ersten Blattdrittel angemerkte Einfügung stammt von Webers Hand, der hier Lysiart im Ensemble die Zeilen zuweist: »Triumph mein Flehen ist erhört | und meinen Sieg sehn diese Hallen«. JV

X/7 Helmina von Chézy / C. M. v. Weber, Libretto-Manuskript zur *Euryanthe* von Gottlob Rothe mit Korrekturen und Anmerkungen von Weber sowie dazugehöriger Nachtrag (Einlage) der Chézy mit Anmerkungen von Weber

gezeigt: Bl. 7v (Handschrift von Rothe mit Zusätzen Webers) und 8r (Einlage Chézy mit Zusätzen Webers), I. Akt, Szene 5 (Finale I)

Provenienz: vermutlich von Caroline von Weber an F. W. Jähns verschenkt; Schenkung 1881

Berlin SBB, Signatur: Weberiana Cl. II A, Abt. g, Nr. 5

vgl. Abb. von Bl. 8r auf S. 54

Der Libretto-Abschrift des mit Weber befreundeten Kammermusikus Rothe liegt bereits die dreiaktige Fassung zugrunde. Die hier gezeigte Szene, die das I. Finale einleitet, hat ebenfalls mehrfache Änderungen erfahren. Der Chor der Landleute begrüßt an dieser Stelle die ankommenden Ritter und Lysiart. In einer älteren Fassung geschieht dies noch mit den Worten »Seyd hoch begrüßt auf Nevers Sitze« (Weberiana Cl. II A, Abt. g, Nr. 4, Bl. 5v). In Rothes Abschrift ist dies geändert in den Text: »Friedensklänge, Festgesänge | Sollen fröhlig Euch geleiten! | Muthig streiten bringet Ruhm«. Weber hat die Szene in roter Tinte gestrichen, nach der Überschrift *5te Scene* ein Zeichen eingefügt und dazu am Rande angemerkt, daß Eglantine zu Beginn dieser Szene zu Euryanthe *in das Gruft Gewölbe* geht (diese hatte ihr zuvor das Geheimnis um Emma und Udo verraten). Darüber hinaus hat er einen Zettel der Textdichterin eingelegt, auf dem er nochmals Änderungen vornahm (der Buchstabe *a* kennzeichnet diese Einfügung). Dieser Text entspricht dem im Partiturautograph unterlegten: »Jubeltöne, Heldensöhne | Fröhlich jauchzend Euch empfangen, | kühlt von Streites Gluth die Wangen | Mit den Rosen dieser Flur.« (Nr. 9). Die Bezeichnung *Chor* hat Weber in: *Bertha, Rudolph und Landleute* verändert – damit wird hier bereits das ländliche Brautpaar ins Spiel gebracht, das später im letzten Finale auftritt. Die nur zweizeilige Antwort der Ritter (»Hin, nach wilden Sturmes Bangen | Lockt uns hold der Freunde Spur«) ist von Weber gestrichen und durch einen Vierzeiler ersetzt, der wenig verändert in die Komposition übernommen wurde (»Sturm erheischt das Herz des Kriegers | kühnes Wagen ist ihm Wonne | Selig, wen des Friedens Sonne | unter diesen Blüthen grüßt.«). Seine Anmerkung zur *6t Scene* betrifft die Rückkehr Euryanthes und Eglantines aus dem Gruftgewölbe. Mit dem vorübergehenden Abgang der beiden hat Weber ein Detail motiviert, das später wichtig wird: Eglantine sieht dort den verhängnisvollen Ring, von dem Euryanthe zuvor gesprochen hat und kann ihn daher zu Beginn des II. Aktes entwenden.

Der nachträgliche Umbau dieser Szenen zum I. Finale führte offensichtlich dazu, daß Weber – möglicherweise aus Zeitgründen – für den Aktschluß auf eine ältere Komposition zurückgriff: Bei den hier nicht mehr sichtbaren Zeilen »Fröhliche Klänge, Tänze, Gesänge« erklingt ein Chor aus der Kantate »Du, bekränzend uns're Laren« (JV 283), die am 26. September 1821 zum Geburtstag der Herzogin Maria Amalia von Zweibrücken aufgeführt worden war. Hier mußte Helmina von Chézy nachträglich ihren Text auf die Komposition anpassen. JV

X/8 Helmina von Chézy, eigenhändiger Brief an C. M. v. Weber, 20. Juli 1823

gezeigt: S. 1
Provenienz: F. W. Jähns; Schenkung 1881
Berlin SBB, Signatur: Weberiana Cl. V [Mappe I A], Abt. 2, Nr. 15

Obwohl Weber laut Anmerkungen im Partiturautograph schon am 25. Mai 1823 den I. und am 17. Juli den II. Akt fertig instrumentiert hatte (der III. Akt folgte bis 29. August), ging das Feilen am Textbuch immer noch weiter. Zu den schwierigsten Kapiteln gehörte der Verrat von Euryanthes Geheimnis an Eglantine. In der französischen Vorlage der Geschichte war es ein Veilchenmal auf Euryanthes Brust, das Lysiart entdeckte, als er Euryanthe mit Hilfe der Haushofmeisterin Gundrieth heimlich beim Baden beobachtete. Da ein solches Geheimnis auf der Bühne weder schicklich noch darstellbar war, verfielen die Librettistin und der Komponist auf das Motiv mit dem Geheimnis Emmas, der Schwester Adolars, die Selbstmord begangen hatte und deshalb ruhelos als Geist umherwandeln muß, bis der Ring, aus dem sie das Gift des Todes gesogen hatte, von *der Unschuld Thränen* [...] *im höchsten Leid* benetzt werde. Immerhin scheint die Textdichterin gefühlt zu haben, daß für das Publikum dieses Geheimnis sehr »dunkel« bleiben mußte, denn in dem hier erstmals veröffentlichten Brief an den in Hosterwitz weilenden Weber spricht sie diesen kritischen Punkt besonders an:

> »Mein Gemüth hat sich von der Euryanthe u ihrer Vollendung noch immer nicht los gemacht, so daß ich nicht anstehe, Ihnen, dem am Meisten an Klarheit gelegen seyn muß ein paar Zeilen meiner Arbeit für den 1sten Akt zuzumuthen, die zur Verständigung unumgänglich nothwendig, u Ihnen willkommen seyn werden.
>
> Ich schließe sie bey, nebst einigen kleinen Wortänderungen hie u da, die Ihrer Composition nichts verschlagen, nur den Sinn beßer ausdrücken.
>
> Auch noch mit der Geister Idee beschäftigt mach ich Ihnen folgenden Vorschlag:
>
> Als Euryanthe auftritt ist es Abendzeit.
>
> Während Eglantine mit ihr spricht kann sich der Himmel momentan verdunkeln.
>
> Am Schluß des *Recitatifs* kann ein blaues oder ~~röth~~ rosiges Licht die Szene erhellen.
>
> In diesem Licht kann Emma aus der Gruft, von beiden ungesehn, hervorschweben, mit bekümmerten Geberden, flehend, gen Himmel schauen, u bald wieder verschwinden mit den letzten Worten des *Recit*: nach ihrem Verschwinden, und während des Duetts kann Alles wieder hell werden, sehr schön wäre überhaupt eine Andeutung von Sonnenuntergang hinter der Waldung während Euryanthes Cavatine: Glöckchen im Thale.
>
> Auf diese Weise halt ich dafür daß die Erscheinung u die Erwähnung Emmas inniger mit der Handlung verknüpft wird, und mehr aufklärt.
>
> Nächstens, hoffentl. mündlich ein Mehreres, auch über die Schlußszene. Erwünscht wäre es mir, wenn Sie mich in der Stadt besuchen könnten, wenn Sie einmahl bald wieder durchkommen.
>
> Viel Glück zum Fleiß, von dem ich höre.
>
> Ihre Ergebenste
> HvChezy
>
> Dresden d. 20 Julius 1823
> Ich muß nun bald fort, u habe Sie nothwendig vorher zu sprechen.«

Am nächsten Tag fuhr Weber laut Tagebuch in die Stadt – ein Besuch bei der Chézy ist jedoch nicht erwähnt. Ohnehin schwelte seit geraumer Zeit ein Konflikt mit ihr um das Honorar für das Libretto, mit dem sie erheblich mehr Mühen gehabt hatte, als zunächst eingeplant. Zwar hatte sich Weber am 20. Juni, wie es im Tagebuch heißt, *mit der Chezy verständiget*, die Streitigkeiten eskalierten dann aber nach der Wiener Uraufführung und der öffentlichen Kritik am Textbuch. – In Dresden jedoch hatte Weber erst einmal Ruhe vor der Textdichterin: Am 19. August ließ sie in die *Abend-Zeitung* einrücken, daß alle Briefe und Pakete sie nun über die Wallishaussersche Buchhandlung in Wien erreichen würden (Nr. 198, S. 792).

JV

X/9 C. M. v. Weber, Ausgabenbuch 1817/18 mit Nachträgen bis 1826, Autograph

gezeigt: Bl. 110v, 111r, Ausgaben und Einnahmen bezüglich *Euryanthe*

Provenienz: Weber-Familiennachlaß; Schenkung 1986

Berlin SBB, Signatur: Mus. ms. autogr. theor. C. M. v. Weber WFN 2

vgl. Abb. auf S. 148

In seinem Ausgabenbuch hat Weber nicht nur die drei ersten Partiturabschriften für die Wiener Direktion, den Verleger Steiner und für die Dresdner Erstaufführung festgehalten, sondern bis 1825 darüber hinaus die Partituren für Frankfurt am Main, Prag, Karlsruhe, Leipzig, Bremen, Hannover, Berlin (nur Buch und Ouvertüre erwähnt), Darmstadt, Weimar, Königsberg, Kassel, Rudolstadt, Köln und London vermerkt. Sein letzter Eintrag bezieht sich auf die laut Tagebuch am 2. September 1825 nach München übersandte Königsberger Abschrift – diese war (wie auch die Stimmen) zuvor nach Königsberg nur ausgeliehen worden und stand damit wieder zur Verfügung.

Vor dem Frankfurter Exemplar (bereits am 5. Dezember 1823 versandt) sind Kosten für die *Abänderung* eingetragen. Dies betrifft die nachträglichen Kürzungsvorschläge, die den folgenden Partituren beigelegt wurden. Erhalten ist ein Brief Webers vom 2. Februar 1824 an die Karlsruher Theaterintendanz, wo er ein nachträgliches *Zusammen drängen* der 1. Szene des III. Aktes ankündigt (die Partitur war bereits am 8. Januar übersandt worden).

JV

X/10 C. M. v. Weber, eigenhändiger Brief an Caroline von Weber, 25. – 29. Oktober 1823

gezeigt: S. 1

Provenienz: Weber-Familiennachlaß; Schenkung 1986

Berlin SBB, Signatur: Mus. ep. C. M. v. Weber 174

Seit dem 21. September 1823 hielt sich Weber zur Einstudierung der *Euryanthe* in Wien auf und berichtete seiner Gattin regelmäßig über den Fortschritt der Proben. Noch in der Nacht nach der Uraufführung brachte er für Caroline einige Zeilen über den Erfolg des Werkes zu Papier, um ihr dann am nächsten Morgen ausführlicher zu berichten:

»*Wien* d: 25^t [-29^t] 8^b [1823] Nachts ¾ 2 Uhr.

Danke Gott mit mir mein geliebtes Leben, über den glänzenden Erfolg der *Euryanthe*. Müde und ermattet von allen Ehrenbezeugungen auch nachher in Gesellschaft, muß ich doch meiner geliebten Lina noch gute Nacht und *Victoria* zurufen. Nach jedem Akt wurde ich herausgerufen. nach dem lezten 2 mal. Der Jäger Chor 3 <u>mal</u> gesungen u: s: w: Morgen früh den näheren Bericht deines todtmüden

Carls.

d: 26^t früh.

Guten Morgen meine gute Mukkin, habe gut geschlafen auf den heißen Tag, und eile nun in der Ordnung zu berichten. Mein Empfang wie ich ins *Orchester* trat war der Enthusiastischte und glänzende, den man sich denken kann. Es wollte gar kein Ende nehmen. Endlich wie ich das Zeichen zum Anfang gebe, Todtenstille. Die *Ouverture* rasend applaudirt, sollte *da capo* gemacht werden, ich ging aber weiter um den Gang der Oper nicht zu verlängern. die Antwort der Männer, <u>den Frauen Heil</u> in der Introd: applaud: Schluß der Introduktion. der Reigen. im Rezitativ, das besonders Forti vortrefflich vortrug, immer so bravo gemurmel. ich bau auf Gott, natürlich, tüchtig. Euryanthes *Cav*: sehr schön gesungen. großer Beyfall. das Duett der Weiber. *Furore*. Grünbaums Arie, trefflich gesungen. sehr applaud: *Finale*, *Furore*. mich herausgerufen mit rasendem *Bravo* Geschrey *pp*.

2t Akt. Fortis Arie. schon die Mittelsäzze mit bravos, am Ende, *Furore*. das Rache *Duett* zwischen der Grünb: und Forti. wüthender Beifall. beide herausgerufen. *Adolars* Arie, nichts. – ist das nicht unbegreiflich? Haitzinger war aber auch zu ängstlich. *Duett* hin nimm die Seele mein, gefiel sehr, doch hatte ich auch davon noch mehr erwartet. Unbeschreiblich aber war der Enthusiasmus nach dem Finale des 2t Aktes. das muß man aber auch von diesen Chören hören. es erschütterte mich selbst. ich natürlich wieder stürmisch herausgerufen.

3t Akt. Nun ein Lauffeuer von Beifalls Wuth. das Duett zwischen *Euryanthe* und *Adolar*. dann, schirmender Engelschaar, immer unterbrochen von Freude Zeichen. Der Jäger chor 3 mal gesungen, weil sie gar nicht ruhten. der höchste Punkt aber erreichte die Theilnahme, im zu ihm! Eine solche Wechselwirkung zwischen Publikum und der Sache, habe ich noch nie erlebt, sie spielten förmlich mit, jeder Takt wurde durch Thränen, Bravo gemurmel und Klatschen begleitet. und die Sonntag sogleich wieder herausgerufen. Es war aber auch hinreißend wie sie die Arie singt und spielt. Was soll ich weiter *detailliren* so ging es fort. auf die höchste Höhe stieg es abermals bei, Trozze nicht. und am Schluße der Jubel – Mein geliebtes Weib so etwas kann man nicht beschreiben. – ich führte die beiden Weiber mit heraus, da ich der andern nicht gleich habhaft werden konnte, darauf riefen sie mich wieder allein heraus. Dann den Forti noch. Alles schwamm in Seeligkeit, die Sänger Chöre, *Orchester* alles war Wonnetrunken, und erstikte mich fast mit Liebkosungen. Von da fuhr ich in die Ludlam wo 27 Dichter und Künstler versammelt waren. [...]

So schloß ein Tag, der mir ewig merkwürdig bleiben wird, und hoffentlich auch in der Kunstgeschichte unsrer Zeit seinen Plaz einnehmen wird. Danke Gott mit mir, für die überschwängliche Huld, womit er mich vor Tausenden überschüttet.

d: 27t

Schönen guten Morgen, Frau Mukkin. Heute Nacht habe ich erst recht geschlafen wie sichs gehört. Gestern früh war große *Cour* bei mir, Mosel und alle kammen glükwünschend und lobpreisend. auch nahm ich noch ein paar Verkürzungen vor, in der 1t Szene zwischen den beiden Weibern im 1t Akt, und im 3t wo die Euryanthe allein ist. Die Bemerkungen aller meiner Freunde kam mit meiner eigenen überein [...]«

Es fällt auf, daß Weber in dieser letzten Bemerkung sehr unvermittelt von Kürzungen spricht. In einem Brief an Lichtenstein vom 13. November 1823 gibt er an, er habe ab der zweiten Vorstellung *einiges in den Rezitativen gekürzt*, und an Friedrich Rochlitz schrieb er am 7. Januar 1824: *Im ersten Akt habe ich in der Szene zwischen den beiden Frauen gekürzt und zusammengezogen, im 2t und 3t nur Weniges, aber Nützliches. Ihre Vielleichts sind mir sehr wichtig*. Weber war offensichtlich allzu leicht bereit, dem Rat von Freunden zu folgen, zumal sich gerade seine sehr anspruchsvollen Rezitative für die darin ungeübten deutschen Sänger als schwierig erwiesen. Auch Karl Graf von Brühl scheint Weber für die in Berlin geplante Aufführung zu Einschnitten gedrängt zu haben. An ihn schrieb der Komponist am 28. Januar 1824:

»Alle Bemerkungen, die Sie mir auszusprechen die Güte haben, sind stets so gewiß von Ihrer Einsicht und Ihrem Wohlwollen für mein Bestes diktiert, daß ich sie gewiß aufs ernstlichste berücksichtige und verdenke. Nach der ersten Aufführung in Wien habe ich dort schon einiges gekürzt – der Klavierauszug ist unangetastet geblieben – und hier habe ich später noch die Vision der Euryanthe z.B. sehr zusammengedrängt, wie ein Blick in die Stimme schnell überzeugen kann. Im dritten Akt ist ebenfalls ein Rezitativ der Euryanthe weggefallen. Es wäre also nur noch möglich, die erste Szene des dritten Aktes zwischen Euryanthe und Adolar zusammenzudrängen. Dies will ich versuchen. Sonst etwas streichen zu wollen hieße den Don Carlos aus dem „Don Carlos" streichen, und Mad. Seidler würde sich selbst alle Glanzpunkte rauben.

In einem so organisch verbundenen Ganzen wie eine große Oper ist, gehört es überhaupt zu dem Schwierigsten, etwas herauszunehmen, wenn der Komponist von Haus etwas über seine Oper gedacht hat.«

JV

X/11 Ignaz Franz Castelli, *Thulied auf das berühmte Thu'n des edlen Ludlamiten Agathus der Zieltreffer Edler v[on] Samiel*, Autograph

gezeigt: Titelseite

Provenienz: von Caroline von Weber an F. W. Jähns verschenkt; Schenkung 1881

Berlin SBB, Signatur: Weberiana Cl. V [Mappe I A], Abt. 2, Nr. 4

Während seines Wien-Aufenthalts 1823 verkehrte Weber in der sogenannten »Ludlamshöhle«, einem Verein, dem vorwiegend Künstler angehörten. Die Zusammenkünfte der Ludlamiten waren vorrangig der geselligen Unterhaltung und dem teils auch recht derben Frohsinn verpflichtet, die Gesellschaft ließe sich wohl am treffendsten mit einem ganzjährig tagenden Karnevalsverein vergleichen. Weber war anfangs von den Treffen wenig angetan, wollte sich aber angesichts der bevorstehenden *Euryanthe*-Premiere das Wohlwollen der zahlreich vertretenen Journalisten-Zunft nicht verscherzen; schließlich hatten einige Ludlams-Jünger wie Ignaz Franz Castelli und der scharfzüngige Moritz Gottlieb Saphir gewichtige Stimmen in der Wiener und überregionalen Presse. Karl von Holtei (vgl. Porhansl/Ziegler, *Ludlam*, S. 37) überliefert dazu die Äußerung Webers: *Wenn ich nicht Rücksicht auf die Kritik zu nehmen hätte, deren Helden dort mitschweinigeln, kein Teufel brächte mich wieder hin!*

Schließlich fand aber auch der Komponist Gefallen an dem ausgelassenen Treiben, zumal er von den Mitgliedern der Ludlamshöhle hoch geehrt wurde. Seinem Vereinsnamen *Agathus der Zieltreffer* – einer witzigen Anspielung auf den »Treffer«, den Weber mit dem *Freischütz* gelandet hatte, – wurde sogar das Adelsprädikat *Edler von Samiel* beigefügt.

Höhepunkt in Webers Ludlamiten-Dasein war sicher das Fest am Abend der *Euryanthe*-Premiere; seiner Frau berichtete der Gefeierte darüber im Brief vom 26. Oktober 1823: *Von da* [der Premiere] *fuhr ich in die Ludlam wo 27 Dichter und Künstler versammelt waren. das Zimmer festlich erleuchtet mit Guirlanden geschmükt, mein Bild in der Mitte mit einem Lorberkranz. die vielfältigen Beweise von Liebe und Verehrung waren rührend und schön. Hier hast du die Gedichte die ich gleich mitnehmen konnte. Eines von Kastelli, Saphir, und ein ungarisches von Graf Majlath bekomme ich erst in Abschrift.*

Zu den Gedichten, mit denen man Weber ehrte, gehörte auch das gezeigte von Castelli; das erwähnte Lorbeer-gekrönte Porträt dürfte der Stich von Schwerdgeburth (vgl. X/4) gewesen sein. Castelli zeichnete seine Dichtung, die *nach der Melodie eines österreichischen Volksliedes im österreichischen Dialekte verfaßt* ist, mit seinem Ludlams-Namen *Cif Charon* und vermerkte darunter: *in der Höhle abgesungen bey einem fröhlichen Abendschmause nach der ersten Aufführung der Euryanthe am 25 Oktober 1823*; gefolgt von Webers Wahlspruch: *Wie Gott will!* Dieser durch die Verwendung als Bildunterschrift zu Schwerdgeburths Kupferstich allgemein bekanntgewordene Spruch reizte zu einem amüsanten Wortspiel, das uns Castelli überliefert: *Nach Aufführung seiner Oper »Euryanthe« sagte Jemand: »Weber componirt, wie Gott will, aber Rossini, wie das Publikum will.« Der Mann, der vermuthlich dachte, ihn dadurch zu spotten, konnte ihm kein größeres Compliment machen* (Dresdner *Abend-Zeitung* Nr. 290 vom 4. Dezember 1823, S. 1159).

Auch Castellis Preislied ist überwiegend dem Wettstreit von italienischer und deutscher Oper um die Gunst des Wiener Publikums gewidmet; natürlich ergreift der Dichter hier wiederum für Weber Partei und spottet über Rossini und den Hoftheater-Pächter Barbaja. Daneben findet sich auch ein »Seitenhieb« auf die Librettistin Chézy, deren unschöne Auseinandersetzung mit Weber um das Honorar für ihren Opern-Text Castelli miterlebt hatte. Ihr wenig sensibles Auftreten wird in Strophe 16 »auf die Schippe genommen«:

»Das Liedel heissen's Euryanth'
Das hat des Herrn Papa Verstand
Und der Frau Mutter Zartheit (????)«

FZ

X/12 *Ansicht von Wien*

Lithographie von C. Buschbeck, Verlag A. Felgner, Berlin, ca. 1855

Berlin SBB, Kartenabt., Signatur: Y 61367

X/13 Blatt aus dem Lorbeerkranz, den Weber anläßlich der Uraufführung der *Euryanthe* erhielt

Provenienz: vermutlich von Caroline von Weber an F. W. Jähns verschenkt; Schenkung 1881

Berlin SBB, Signatur: Weberiana Cl. V [Mappe I A], Abt. 1, Nr. 3

In der reichen Weberiana-Sammlung von Jähns findet sich nicht nur eine unüberschaubare Menge an Quellenmaterial, sondern auch die eine oder andere Weber-»Reliquie« – Ausdruck eines im 19. Jahrhundert weitverbreiteten Genie-Kults, der unserer rationaleren Zeit oftmals suspekt erscheint. Jähns selbst bezeichnete die Mappe, in der er u. a. Haarlocken von Weber und dessen Frau bewahrte, mit der Überschrift *Reliquien*; zur Nr. 3 notierte er: *Blätter aus dem Lorbeer-Kranz den Weber bei der Ersten Aufführung seiner Euryanthe in Wien empfing*. Damit ist möglicherweise jener Kranz gemeint, den Weber am Abend der Uraufführung bei der Feier in der Ludlamshöhle erhielt (vgl. X/11).

FZ

X/14 Konversationshefte Ludwig van Beethovens, Heft 54 (21. Januar bis 1. Februar 1824)

gezeigt: Bl. 37v, Eintragungen von Johann van Beethoven und Karl van Beethoven bezüglich der *Euryanthe*

Provenienz: Anton Schindler; erworben 1846

Berlin SBB, Signatur: Mus. ms. autogr. L. van Beethoven 51, 54

Während Webers Wien-Aufenthalt anläßlich der Uraufführung der *Euryanthe* kam es am 5. Oktober 1823 zu einer Begegnung mit Beethoven. Wie Weber in seinem Tagebuch vermerkt, wurde er von ihm *ungemein herzlich empfangen*. Leider sind von diesem Tag keine Eintragungen in den Konversationsheften überliefert. Auch Reaktionen Beethovens auf Webers neue Oper, von der er eine Vorstellung – vermutlich die achte Aufführung am 30. November 1823 – besucht hat, sind den Konversationsheften nicht zu entnehmen. Wohl aber finden sich zahlreiche, meist allerdings negative Urteile von Wiener Zeitgenossen, die von Rezeptionsschwierigkeiten zeugen. So klagt Graf Moritz Lichnowsky über Dissonanzen, *unnatürliche Transitionen* und gesuchte Schwierigkeiten und konstatiert Ende November starken Besucherrückgang. Beethovens damals achtzehnjähriger Neffe Karl notiert nach der gemeinsam besuchten Vorstellung: *Man weiß garnicht, was es eigentlich ist; ich habe den Zusammenhang gar nicht gefaßt, denn man hört vor lauter Musik Nichts.* Die Sängerin Caroline Unger wiederum spricht von der *gräßlichen Dichtung*. In dem ausgestellten Konversationsheft überliefert Beethovens Bruder Johann Ende Januar 1824 eine Äußerung des Verlegers und Komponisten Maximilian Joseph Leidesdorf (1787 – 1840), *Weber habe sich in seiner Oper entsetzlich verstiegen, und dadurch der Teu[t]schen Oper noch mehr geschadet als [...] genüzt* – Ausdruck der enttäuschten Erwartungen, eine Oper vorzufinden, die in Typ und Wirkung dem *Freischütz* gleichen sollte. Nachdem Weber nach der vierten Aufführung Wien verlassen hatte, war nicht zu übersehen, daß das Werk beim Publikum keinen Anklang fand. Erst die Aufführungen in Dresden (31. März 1824) und in Berlin (23. Dezember 1825) gestalteten sich für den Komponisten zu einem vollen Erfolg.

DB

X/15 C. M. v. Weber, *Euryanthe*, Klavierauszug

Erstdruck, Wien: S. A. Steiner und Comp. (VN: 4519), 1823, mit autographem Zusatz Webers auf dem Titel, gezeigt: Titelblatt mit Notizen von C. M. v. Weber und F. W. Jähns

Provenienz: von Caroline von Weber an Friedrich Wilhelm Brauer verschenkt, vermutlich nach dessen Tod (1870) an F. W. Jähns; Schenkung 1881

Berlin SBB, Signatur: Weberiana Cl. IV A, Bd. 117

Über den Druck des Klavierauszugs hatte Weber schon während seines Besuchs in Wien am 15. März 1822 verhandelt und fünf Tage später mit dem Verleger Steiner einen Vertrag abgeschlossen, in dem er die Ablieferung bis September des Jahres versprach (Stargardt, Katalog Nr. 583, 1967, Nr. 794). Trotz der vielfältigen Verzögerungen erhielt er am 31. Juli 1823 von Steiner eine erste Abschlagszahlung für diese Arbeit und sandte ihm am 9. September noch von Dresden aus den fertiggestellten I. Akt zu. Der Rest der Arbeiten wurde in Wien vollendet, laut Tagebuch war am 16. Oktober der Klavierauszug fertig, am 23. Oktober folgte die noch fehlende Ouvertüre, und am 1. November erhielt Weber nach einer Audienz beim österreichischen Kaiser Franz I. die Genehmigung, ihm diesen Klavierauszug zu widmen.

Bei der Anfertigung des Auszugs nahm Weber die Hilfe seines damaligen Schülers Julius Benedict in Anspruch. Dieser selbst gibt in einem Brief an den Leipziger Verleger C. F. Peters an, er habe den gesamten III. Akt der Oper in Klavierauszug gesetzt (Brief vom 5. Juni 1824); Weber dagegen erwähnt in einem Brief an seine Gattin vom 13. Oktober 1823 lediglich, Benedict habe ihm *jezt fleißig am Klavier-Ausz: geholfen*. Den Druck muß Steiner sehr beschleunigt haben, denn die Exemplare, die der Komponist den Mitwirkenden an der Uraufführung, Henriette Sontag (Euryanthe) und Franz Anton Forti (Lysiart), widmete, tragen das Datum 4. November 1823, weitere Exemplare erhielt Weber nach seiner Rückkehr nach Dresden am 14. November.

In dem vorliegenden Exemplar finden sich von fremder Hand mit Rötel zahlreiche Kürzungsvermerke eingetragen. Darauf bezieht sich die von sichtlicher Verärgerung zeugende Notiz Webers auf dem Titelblatt: *Dieser KlavierAuszug enthält die treue Darstellung der vortrefflichen Wiener Beschneidung, durch die Einsicht des H: KapellMster Conradin Kreutzer.* Eine weitere, hierauf bezügliche Eintragung im Tagebuch vom 12. Februar 1824 besagt: *KlavierAuszug der Eury: wie sie in Wien zerfezt worden ist, erhalten*.

Schon Weber selbst hatte in Wien nach der Uraufführung einige kleinere Kürzungen vorgenommen (vgl. dazu X/10). Nach seiner Abreise übernahm dann Conradin Kreutzer die Leitung der weiteren Vorstellungen (dieser hatte noch während Webers Anwesenheit am 1. November die vierte Vorstellung *recht brav* dirigiert). Kreutzer strich nach Jähns' Zählung weitere 532 Takte, so daß im Ablauf der Handlung viele Zusammenhänge verlorengingen. Möglicherweise trug dies mit dazu bei, daß das Werk in Wien keinen dauerhaften Erfolg hatte. Die Darstellung Kreutzers in dem nachfolgend zitierten Brief spricht dafür, daß die Kürzungsangaben in dem hier vorliegenden Klavierauszug von ihm selbst stammen und daß es sein Klavierauszug war, den Weber am 12. Februar 1824 erhielt.

JV

X/16 Conradin Kreutzer, eigenhändiger Brief an Anton Schindler, 24. Dezember 1841

gezeigt: S. 1
Provenienz: 1938/39 von L. Böhm, Mürzzuschlag erworben
Berlin SBB, Signatur: Mus. ep. K. Kreutzer 23

In einem Brief an Anton Schindler von Heiligabend 1841 nahm Conradin Kreutzer zu seinen früheren Kürzungen der *Euryanthe* Stellung. Seine Äußerungen zu den ersten Wiener Aufführungen des Werkes stehen im Gegensatz zu Webers persönlichen Eindrücken im Brief an Caroline von Weber (vgl. X/10):

»Nun zu Ihrer Angelegenheit: – Ich kann Ihnen mit gutem Gewissen zur Steuer Wahrheit zusichern – daß die Oper *Eureanthe* von *Carl M: Weber*, bey den ersten 2 oder 3 Vorstellungen, die er selbst *dirigierte*, im ganzen nicht sehr angesprochen hat: die Hauptursache hievon, war wohl die übermässige Länge dieser Oper, denn die erste Vorstellung währte von 7 Uhr bis 3/4tel vor 11 Uhr – auch war die Besetzung etwas mangelhaft – *Dll: Sontag* war für die Rolle der *Eureanthe* in Gesang, Stimme, und Spiel zu schwach – *Madame Grünbaum* zu kalt. – Aber ich werde diese Oper nach den drei ersten Vorstellungen im gleichen Jahre höchstens 6 mal noch dirigiert haben – dann blieb sie ganz vom *Repertoir* weg – in spätern Jahren kam sie wieder unter der *Direction* des Grafen *Gallenberg* in die Szene – ja *Madame Schröder Devrient* sang selbst unter der *Direction* des Hr[.] *Duport* die *Eureanthe*, ohne daß das Wiener *Publicum* eine grössere Vorliebe dafür gezeigt hätte, und so blieb diese Oper meines Wissens bis jezt vom *Repertoir*. – noch muß ich Ihnen beyfügen – daß mich *Carl M: v Weber* bey der vorlezten Theater-Probe der *Eureanthe* um meine offene Meinung fragte – ob wohl diese Oper in *Wien* gefallen würde! – worauf ich Ihm ohne Hehl sagte – ja, aber nur unter einer Bedingung nemlich wenn er die *Partitur* um 1/3tel kürzen würde: worauf er nur erwiederte „das kann und werde ich nicht thun!" – den andern Tag aber nach der 1ten Vorstellung kam er zu mir – übergab mir seine *Partitur* mit der Bitte – nach der dritten Vorstellung – solches ganz nach meiner Ansicht, die ich Ihm mündlich mittheilte, zu streichen, und Ihm eine Abschrift hievon nach *Dresden* zu senden – was auch geschah – und nach welcher Einrichtung er diese Oper später in *Dresden*, und an andern Theatern zur Aufführung brachte. –

Von diesen Notitzen können Sie nun nach Belieben Gebrauch machen es sind Thatsachen, die ich verbürge. –«

EB

X/17 *Eintritts Karte. Zu den Proben der Oper Euryanthe*, Autograph

Provenienz: F. W. Jähns; Schenkung 1881
Berlin SBB, Signatur: Weberiana Cl. II A, Abt. g, Nr. 8

Laut Mitteilung von Jähns bezieht sich diese Eintrittskarte auf die Proben zur Berliner Erstaufführung der *Euryanthe* (23. Dezember 1825). Weber war am 7. Dezember 1825 mittags zu seinem letzten Besuch in Berlin eingetroffen und beteiligte sich laut Tagebuch zwischen dem 8. und 22. Dezember an insgesamt 16 Proben. Am 17./18. Dezember entstand eigens für die Berliner Einstudierung eine neue Balletteinlage (*Pas de cinq*).

Die Bleistift-Korrektur auf der Karte, die die Zahl der einzulassenden Personen von zwei auf drei erhöht, stammt von Weber selbst; der Empfänger ist unbekannt.

FZ

X/1 *Euryanthe*, autographe Entwürfe

X/2 *Euryanthe*, Autograph

XI. *Oberon, or the Elf King's Oath,* a romantic and Fairy Opera in three acts, Text von James Robinson Planché (WeV C.10 = JV 306)

Anfragen, ob er eine Oper für London schreiben wolle, hatte Weber bereits 1822 erhalten – Reaktion auf den phänomenalen Erfolg seines *Freischütz* auf allen deutschen Bühnen. Doch erst zwei Jahre später nahmen diese Kontakte konkretere Gestalt an. Am 6. September 1824 schrieb der Komponist an Hinrich Lichtenstein: *Von London hat es so lange vorgespukt, bis endlich ein wirklicher Antrag kam, von Kemble für Coventgarden, die Direction zu übernehmen für die nächste Season vom 8b* [Oktober 1824] *bis July 1825, und 2 Opern zu schreiben.* [...] *ich habe es natürlich nicht abgelehnt, obwohl für dieses Jahr wohl nichts daraus werden wird* [...]. *Auf jeden Fall bin ich entschloßen wenn es angeht, einige Jahre hintereinander 4 – 5 Monate in London zuzubringen, und mir hoffentlich dadurch ein hübsch Vermögen zu machen.* Über den Fortgang der Verhandlungen, nunmehr reduziert auf die Komposition einer Oper und Webers Anwesenheit nur zum Ende der Spielzeit, erfährt man aus einem Brief an Hinrich Lichtenstein vom 9. Dezember 1824: Den 5. Oktober *habe ich den lezten Brief von Kemble erhalten, wo er mir Faust oder Oberon zur Comp:*[osition] *vorschlug, und sich begnügte mich die 3 Monate der Season, May, Juny und July in London zu haben. hierauf antwortete ich ihm d: 7t 8b* [Oktober] *und wählte den Oberon. seitdem habe ich keine Zeile erhalten. daß es nun unmöglich ist noch eine Oper zu componiren bis Ende März, ist klar.*

Schließlich ließ man die Reisepläne für das Frühjahr 1825 gänzlich fallen und einigte sich auf die Einstudierung der neuen Oper im Frühjahr der folgenden Saison 1826. Weber blieb so Zeit, sich gründlich auf London vorzubereiten, etwa durch Englisch-Studien, über die er gegenüber Lichtenstein am 23. Dezember 1824 bemerkte: *Treibe aber immer das Englische mit Ernst fort. das raubt mir auch ein paar Stunden täglich.* Eins der ersten Objekte dieser Studien war das *Oberon*-Libretto von James Robinson Planché (1796 – 1880), das Weber zwischen Dezember 1824 und Februar 1825 in Raten erhalten hatte. Um sich auf die Komposition vorzubereiten, fertigte er eine deutsche Prosa-Übersetzung des Textes an (vgl. XI/1). Nach der ersten Lieferung meldete er an Lichtenstein (Brief vom 13. Januar 1825): *habe* [...] *endlich von London den 1t Akt des Oberon erhalten, der mir sehr wohl gefällt. die Verse sind musikalisch und fließend, das ganze auf Pracht berechnet.* Nach Kenntnis des Ganzen urteilte er in einem Brief an Friedrich Rochlitz (12. Februar 1825): *Wunderlicher Zuschnitt, aber wirklich Poetisch, und hoffentlich also wirkungsvoll. Ideen dazu fangen an sich zu gestalten.*

Der *wunderliche Zuschnitt* des Planché-Textes, dem als Hauptquelle Wielands Versepos *Oberon* von 1780 zugrundeliegt, ist immer wieder gerügt worden. Tatsächlich mangelt es dem Libretto an einer geschlossenen Dramaturgie. Vielmehr arbeitet der Dichter mit kontrastierenden, auf die Entfaltung aller Möglichkeiten einer spektakulären Bühnentechnik und eines üppigen Bühnenbildes hin gearbeiteten Szenen, die eher revuehaft um den Handlungsfaden gruppiert werden. In Schlüsselszenen des Werks – etwa der ersten Begegnung der Hauptfiguren Huon und Reiza im Palast des Kalifen von Bagdad – wird auf eine musikalische Umsetzung gänzlich verzichtet; andere, für den Fortgang der Handlung unwesentliche Details wie das Tableau am Ende des zweiten Aktes, in dem Meermädchen, Nymphen, Elfen und Luftgeister das Reich Oberons in den herrlichsten Farben erstrahlen lassen, erhalten durch die Musik ein ungleich größeres Gewicht.

Planché versuchte, sich in seinen Memoiren gegenüber der bald zunehmenden Kritik an seinem Werk zu rechtfertigen: er habe für Weber kein Opern-Libretto im strengen Sinne, sondern ein *melodrama with songs* geschrieben (Planché, *Recollections*, S. 57). Tatsächlich war die Form des *melodrama* bzw. *musical drama* zu jener Zeit eine in England äußerst beliebte Gattung. Ihre ausgefallenen Bühneneffekte, der schnelle Wechsel von Stimmungsbildern, die Opulenz der Dekorationen und Kostüme entsprachen ganz dem Geschmack des breiten Publikums. *Wirklich Poetisch*, wenn auch *auf Pracht berechnet*, erschien dem Komponisten der Text Planchés. Zwar bekannte Weber gegenüber dem Librettisten (Brief vom 19. Februar 1825) in noch recht schülerhaftem Englisch, das Ganze sei *very foreign to all my ideas and maxims*, doch gestand er dem Text trotz etlicher Änderungswünsche musikalische, fließende Verse, *filled with the greatest beauties*, zu. Und das Wichtigste: *Ideen dazu fangen an sich zu gestalten*. Die drei charakteristischen Sphären des *Oberon*: Feenreich, Orient und Ritterwelt entzündeten die Phantasie des Komponisten. Dem Morgenland hatte er sich bereits mit dem *Abu Hassan* musikalisch genähert, dem chevaleresken Mittelalter mit der *Silvana* und der *Euryanthe*; in der Welt der Elfen und Feen fand er ein gänzlich neues Sujet. Die Feen des *Oberon* sind weit entfernt von den Geisterchören der Fragment gebliebenen *Rübezahl*-Oper und des *Freischütz* – deren gespenstisch-bedrohlichen Ton greift Weber nur noch einmal im Chor der von Puck beschworenen, sturm-entfachenden Luft-, Erd-, Wasser- und Feuergeister im II. Akt auf. Für das luftig-heitere Reich der Elfen hingegen fand er einen gänzlich neuen Ton, der – gemeinsam mit Mendelssohns *Sommernachtstraum*-Ouvertüre op. 21 – die musikalische Vorstellung des Feenhaften für das gesamte Jahrhundert prägte. Dabei dürfte Mendelssohn ganz bewußt an Weber angeknüpft haben: Das Erklingen einer Phrase aus dem Finale II Nr. 15 (Meermädchenlied)

Oberon, Autograph

des *Oberon* – gerade jener Passage, der in Winklers deutscher Übersetzung der Text »Leise verschwand der letzte Sonnenschein« unterlegt ist, – in Mendelssohns genialem Jugendwerk (am deutlichsten im *Poco ritenuto* am Ende der Ouvertüre) kann kaum, wie in der Mendelssohn-Literatur immer wieder behauptet, Zufall sein.

Weber hatte am 1. Februar 1825 den letzten Teil des Textbuches von Planché erhalten; aber schon vorher begann er, musikalische Ideen zu fixieren. Sein Tagebuch läßt die Stationen der Entstehung der Oper recht präzise nachverfolgen: von den ersten Notizen am 23. Januar und dem kompletten Entwurf von Huons großer Arie Nr. 5 am 27. Februar bis zum vorläufigen Abschluß der Arbeit am 9. April 1826 mit der Ouvertüre – sie faßt wie schon im *Freischütz* und der *Euryanthe* wichtige Motive des Werks wie in einem Fokus zusammen. Am 11. April, einen Tag vor der Uraufführung, beendete Weber auch die nachkomponierte *Preghiera* (vgl. XI/7).

Die Kompositionsarbeiten gingen nicht ohne Unterbrechungen voran. Nachdem die Musik zu den ersten beiden Szenen bereits am 17. März 1825 fertig vorlag, trat eine längere Pause ein. Seinem Freund Lichtenstein gestand Weber Anfang September, *der Dienst und die 1000 Störungen von außen, und wohl auch mitunter von Innen* hätten ihn vom Komponieren abgehalten. Der Gesundheitszustand Webers hatte sich verschlechtert, eine Kur in Ems brachte nur vorübergehende Linderung. Schließlich drängte der Uraufführungstermin; neben der Einstudierung von Spontinis *Olympia* für die Festaufführung anläßlich der Hochzeit des Prinzen Maximilian (vgl. VII/9 – 11) wurden im Herbst 1825 in relativ kurzer Zeit die vorhandenen Entwürfe instrumentiert, und am 22. Januar 1826 waren die ersten beiden Akte fertiggestellt. Einige Entwürfe zum dritten Akt und zur Ouvertüre entstanden noch vor der Abreise aus Dresden, die verbleibenden Nummern während der Vorbereitungen der Aufführung in London.

Am 16. Februar verließ Weber Dresden und kam nach einem kurzen Aufenthalt in Paris am 4. März in England an. Die Probenarbeit wurde durch etliche Zwischenfälle erheblich verzögert: so kam der als Darsteller des Puck vorgesehene Knabe in den Stimmbruch, die Sängerin der Reiza Mary Anne Paton verließ London nach dem Tod ihrer einjährigen Tochter für einige Zeit. Selbst die Generalprobe konnte nur mit Strichen zu Ende gebracht werden, nachdem, wie Weber berichtet, im ersten Akt *ein Stük Dekoration Miss Paton auf den Kopf gefallen* war. Die Premiere, die ursprünglich für Ostermontag, den 27. März, geplant war, wurde schließlich auf den 12. April verschoben; trotz aller Pannen im Vorfeld geriet sie zu einem der größten Triumphe, die Weber erleben durfte. Ganz benommen vom Erfolg schrieb er noch am selben Tage kurz vor Mitternacht an seine Frau in Dresden: *Durch Gottes Gnade und Beystand habe ich denn heute Abend abermals einen so vollständigen Erfolg gehabt wie vielleicht noch niemals. das glänzende und rührende eines solchen vollständigen und ungetrübten Triumphes ist gar nicht zu beschreiben.* Am folgenden Tage setzte Weber den Brief fort: *Die Vorstellungen gehen nun täglich fort. so lange es die Sänger aushalten. Die ersten 12 habe ich zu dirig:[ieren] übernommen. dann habe ich es gewiß satt; und mir graut jezt schon vor dem Gedanken daß sie die Oper werden in Dresden sehen wollen. zum Glük können wir sie nicht besezzen; und an einem andern Ort sie selbst aufführen, dazu sollen mich nicht 10 Pferde ziehen.*

Webers Befürchtung, die Oper außerhalb Londons dirigieren zu müssen, sollte sich nicht erfüllen. Er leitete, wie vertraglich vereinbart, fast täglich, mit nur zwei Ruhetagen, die Aufführungen des *Oberon* bis zur zwölften Vorstellung am 25. April 1826 (vgl. XI/9) und dirigierte noch in einigen weiteren Konzerten, letztmalig am 30. Mai. Den aufreibenden Londoner Aktivitäten, verbunden mit den Strapazen der vorangegangenen Reise, war Weber gesundheitlich nicht gewachsen – am 5. Juni erlag der Komponist seiner seit Jahren sich verstärkenden Krankheit.

FZ

XI/1 James Robinson Planché / C. M. v. Weber, *Oberon*, Manuskript der Texte der Musiknummern mit deutscher Übersetzung (Autograph Webers)

gezeigt: Bl. 1r, Texte der Nr. 1 – 4

Provenienz: F. W. Jähns; Schenkung 1881

Berlin SBB, Signatur: Weberiana Cl. II A, Abt. g, Nr. 9

vgl. Abb. auf S. 172

Weber begann erst in Hinblick auf die bevorstehende London-Reise, Englisch zu lernen. Er notierte im Tagebuch zwischen dem 2. Oktober 1824 und 23. Juni 1825 insgesamt 122 Unterrichts-Stunden. Zwischen dem 6. Januar und 11. Februar 1826 wurden in 31 weiteren Lektionen die Fähigkeiten aufgefrischt. Zu Beginn der *Oberon*-Komposition Anfang 1825 konnte Weber die Texte von Planché also sicher nur mit Schwierigkeiten verstehen, und so ließ er sich vermutlich bei der Übertragung des Librettos unterstützen, vielleicht von seinem Englisch-Lehrer Carry, möglicherweise auch vom Theater-Sekretär Winkler, der ohnehin später die deutsche Text-Fassung des Librettos besorgte.

Als Kompositions-Vorlage benutzte Weber ein zweigeteiltes Blatt, auf dessen rechter Hälfte er den englischen Original-Text der Musiknummern notierte, während auf der linken Seite zur inhaltlichen Orientierung eine deutsche Prosa-Übersetzung ergänzt wurde. Die gezeigte Seite enthält die vollständigen Texte zur Introduktion Nr. 1, zu Oberons Arie Nr. 2, zur Vision der Reiza Nr. 3 und zum Ensemble Nr. 4.

FZ

XI/2 C. M. v. Weber, *Oberon*, autographe Entwürfe

gezeigt: S. 3, Beginn der Nr. 4, Ensemble »Honor and joy«

Provenienz: Weber-Familiennachlaß; Schenkung 1986

Berlin SBB, Signatur: Mus. ms. autogr. C. M. v. Weber WFN 2 (3)

vgl. Abb. auf S. 170

Die Entwürfe zum Ensemble Nr. 4 lassen sich anhand der Weberschen Tagebücher genau datieren. Dort notierte der Komponist am 13. März 1825: *AnfangsChor des Ensembles No: 4. Oberon entworfen*; vier Tage später heißt es: *Ensemble No. 4 zum Oberon im Entwurf beendiget*. Vermutlich entstand am 17. März außerdem – ohne daß dies im Tagebuch ausdrücklich erwähnt ist – der Entwurf zu Reizas Vision Nr. 3; dessen Niederschrift (auf S. 5 der Handschrift) ist förmlich eingeschlossen von Notizen zur Nr. 4. Die zwei Notensysteme der kurzen Gesangsnummer der Reiza folgen direkt auf den Schluß des Ensembles; darunter sind spätere Korrekturen zum Solo des Oberon innerhalb der Nr. 4 nachgetragen.

Deutlich ist im beginnenden Chor der Nr. 4 eine zweite Korrekturschicht erkennbar: die Streichungen und Überschreibungen beschränken sich fast ausschließlich auf die Singstimmen. Die Notation des Orchestersatzes ist in dieser Entwurfsphase, abgesehen von den acht relativ präzise ausgeführten Einleitungstakten, ohnehin noch sehr fragmentarisch. Als Begleitung des Chorsatzes ist wechselnd Flöte oder 1. Violine als höchste Stimme angegeben; zum Solo des Huon sind die beiden Bläser-Einwürfe in der 4. Akkolade, die Violin-Phrase in der untersten Akkolade sowie einige Baßlinien der Fagotte bzw. tiefen Streicher erkennbar. Durch die Schlängellinien, mit denen Weber in größeren Abständen einzelne Taktstriche kennzeichnete, sind die Seitenumbrüche in der auszuschreibenden Partitur bezeichnet – sie stimmen mit den Seitenwechseln in Webers Partitur-Reinschrift (vgl. XI/3) genau überein. Lediglich am Ende der 4. Akkolade der gezeigten Seite, wo das Akkoladenende im Entwurf mit dem Seitenende in der Reinschrift übereinstimmt, hielt Weber einen solchen Vermerk wohl für überflüssig.

Interessant sind auf diesem Blatt auch die Bleistiftnachträge Webers. Der Komponist gibt nicht nur die Dauer der Nummer mit *5 M:*[*inuten*] an, mit der nebenstehenden Liste berechnete er die beim Ausschreiben der Partitur benötigten Notenzeilen: vier Systeme für die Streicher (*Quartetto*), drei für die Singstimmen, je eins für Flöten, Oboen, Klarinetten und Fagotte sowie zwei Systeme für die vier Hörner, zwei für Trompeten und Pauken und zwei für die drei Posaunen. Die Orchesterbesetzung war also trotz der äußerst reduzierten Notation der Instrumentalstimmen für den Komponisten zu diesem Zeitpunkt bereits verbindlich festgelegt.

FZ

XI/3 C. M. v. Weber, *Oberon*, autographe Partitur-Reinschrift

gezeigt: Akt I, S. 17, Beginn der Nr. 4 Ensemble: »Honor and joy«

Provenienz: Schenkung von Max Maria von Weber an Zar Alexander II. (1855)

St. Petersburg, Russische Nationalbibliothek

vgl. Abb. auf S. 171

Hinter dem Schlußstrich der Nr. 4 notierte Weber im Autograph: *beendigt d 11t November 1825. Dresden.* Diese Notiz entspricht der Tagebuch-Eintragung vom 11. November: *gearbeitet.* 8 S:[*eiten*] instru:[*mentiert*]. In der vorliegenden Partitur umfaßt die Nummer insgesamt 15 Seiten; der Komponist war also wohl mehrere Tage mit der Orchestrierung des acht Monate zuvor entworfenen Stücks befaßt. Am 18. November lag schließlich die Musik zum kompletten I. Akt vor.

Trotz der bezeugten Eile bei der Komposition des *Oberon* im Herbst und Winter 1825/26 wirken Webers Schriftzüge keineswegs flüchtig oder gar gehetzt, noch in diesem späten Werk besticht die immer wieder gerühmte Akkuratesse der Weberschen Reinschriften.

FZ

XI/4 Carsten Niebuhr, *Reisebeschreibung nach Arabien und andern umliegenden Ländern*
Bd. 1, Kopenhagen: Nicolaus Möller, 1774
gezeigt: Tafel XXVI
Berlin SBB, Signatur: Um 1528 R [Bd. 1]

XI/5 Johann Nikolaus Forkel, *Musikalisch-kritische Bibliothek*
Bd. 2, Gotha: Carl Wilhelm Ettinger, 1778
gezeigt: S. 310f. (in: *Auszug aus Carsten Niebuhrs Reisebeschreibung von Arabien und andern umliegenden Ländern*)
Berlin SBB, Signatur: Mus. B 270

XI/6 William Jones, *Ueber die Musik der Indier. Eine Abhandlung [...] Aus dem Englischen übersetzt, mit erläuternden Anmerkungen und Zusätzen begleitet, von F. H. v. Dalberg*
Erfurt: Beyer und Maring, 1802, gezeigt: S. 41 des Notenteils
Berlin SBB, Signatur: Mus. Ci 139a

XI/6 W. Jones, *Über die Musik der Indier*

In seinem Bestreben, der Welt des Orients einen charakteristischen Ton zu verleihen, suchte Weber, wie bei zahlreichen Arbeiten zuvor, nach originalen Melodien. Bereits am 25. Januar 1825 findet man in seinem Tagebuch einen entsprechenden Hinweis: *den Vormittag auf der Bibliothek zugebracht wegen arabischen Melodien. 2 Bücher erhalten.* Vermutlich war es der Bibliothekar der Dresdner Königlichen Bibliothek Friedrich Adolf Ebert (vgl. Landmann, *Fürstenau*, S. 123 – 125), der Weber die Vorlagen empfohlen hatte: zum einen Carl Niebuhrs Beschreibungen seiner *Reise nach Arabien* (XI/4), wobei ungewiß ist, ob Weber die Originalausgabe oder die Auszüge bei Forkel (XI/5) studierte, und zum anderen Dalbergs Übersetzung der Abhandlung *Über die Musik der Indier* von William Jones (XI/6). Die von Niebuhr überlieferte Melodie ägyptischer Tänzerinnen bildete das Vorbild für den Marsch der Haremswächter im Finale des I. Aktes. Die *Danse turque*, die Jones mit wenigen Abweichungen dem *Essai sur la musique ancienne et moderne* von Laborde (Paris 1780) entnommen hatte, findet sich im Finale des III. Aktes wieder. Bereits in der Mai-Ausgabe des *Harmonicon* von 1827 (vol. V/1, S. 87) wurde in einer kurzen Notiz auf die Vorlage bei Niebuhr hingewiesen, die der Musik Webers ihre besondere Wahrhaftigkeit verleihe.

Seinen Anspruch, jeder Bühnenwelt die ihr äquivalente, charakteristische Tonsprache zuzuordnen, hat Weber im *Oberon* mustergültig eingelöst; er ist das wohl augenfälligste Unterscheidungskriterium zu früheren Vertonungen desselben Stoffes: Paul Wranitzkys *Oberon, König der Elfen* und Friedrich Ludwig Aemilius Kunzens *Holger Danske*. Über ihre koloristische Funktion hinaus erlangten die beiden »orientalischen« Themen allerdings auch konstruktive Bedeutung für die weitere Komposition. Der fast gleichlautende Beginn mit der aufsteigenden Terz wurde zu einem Kernmotiv des *Oberon*, das mehrere Nummern der Oper miteinander verbindet und in der Gestalt von Oberons Hornruf (z. B. zu Beginn der Ouvertüre) auch thematische Qualität erhält. Das Motiv des Terzgangs bildet die musikalische Klammer, mit der die drei Klangwelten des *Oberon* – Feenhaftes, Orientalisches und Chevalereskes – verknüpft werden.

FZ

XI/7 C. M. v. Weber, *Oberon*, autographe Partitur-Reinschrift der Nr. 12A, *Preghiera* (Huon) »Ruler of this awful hour«

Provenienz: Weber-Familiennachlaß; Schenkung 1986
Berlin SBB, Signatur: Mus. ms. autogr. C. M. v. Weber WFN 2 (2)

Der englische Tenor John Braham, Darsteller des Huon bei der Uraufführung, trotzte Weber etliche Zugeständnisse ab. So bat er den Komponisten um eine neue Arie als Ersatz für die Nr. 5 »From boyhood trained in tented field!« [»Von Jugend auf in dem Kampfgefild«]. Am 31. März schrieb Weber an seine Frau: *Durch die Scenen im Freyschütz sind die Leute ganz toll geworden, und die Sänger faseln von nichts anderem als Rezitativen, Andantes, Allo: pp dieß ist denn nun auch Braham in den Kopf gefahren, und er bettelt um eine große Scene, statt seiner ersten Arie, die allerdings auch nicht für ihn geschrieben und etwas hoch ist. erst war mir der Gedanke ganz fatal, und ich wollte nichts davon hören. endlich versprach ich, wenn die Oper fertig sei, und mir so viel Zeit übrig bliebe wolle ich's thun. Nun habe ich also diese große Scene ein Schlachten Gemälde, und was weiß ich all, vor mir liegen, und gehe mit dem größten Wiederwillen daran. was ist aber zu thun. Braham kennt sein Publikum, ist der Abgott deßelben. ich muß dem Erfolg überhaupt zu Liebe ein Stük Arbeit mehr nicht scheuen, – also – frisch hinein gebißen in den sauern Apfel. und die erste Arie hab ich so lieb.* Doch bei diesem Zugeständnis sollte es nicht bleiben. Nach Beendigung der Oper wünschte der Hauptdarsteller noch eine zusätzliche Nummer, Weber berichtete seiner Frau darüber am 11. April: *Gestern* [...] *war ein bißel ein harter Tag. Braham hatte noch um eine Preghiera /: Gebet :/ gebettelt. /: da wo er bei der ohnmächtigen Reiza kniet im 2t Akt :/ und ich machte sie Morgens.* Die aparte Instrumentierung mit zwei Bratschen und zwei Celli führte Weber laut Tagebuch erst am 11. April aus – gerade rechtzeitig, noch am selben Tag wurde die Nummer für die Uraufführung am 12. April geprobt. Die autographe Reinschrift der Einlage datierte Weber erstaunlicherweise mit *10t Aprill 1826*, also dem Tag des Entwurfs.

Über Brahams Leistungen gibt es unterschiedliche Äußerungen. Anhand der enormen Forderungen, die Weber an die Partie des Huon stellt, müßte er über erstaunliche Fähigkeiten verfügt haben, und in seinem Brief an Caroline von Weber vom 8. April 1826 rühmt der Komponist auch ausdrücklich *Brahams Kraft und Donnerton*. Librettist Planché lobte den Sänger, tadelte aber seine schauspielerischen Fähigkeiten: *Braham, the greatest English tenor perhaps ever known, was about the worst actor ever seen, and the most unromantic person in appearance that can well be imagined* (Planché, *Recollections*, S. 56). Noch weniger überzeugt äußerte sich Hermann Fürst Pückler; er besuchte am 23. November 1826 eine Vorstellung im Drurylane-Theater, wo er *mit Erstaunen den alten Braham immer noch als ersten Sänger und Liebhaber mit gleichem Beifall in derselben Rolle auftreten sah* wie zwölf Jahre zuvor. Er berichtet dazu: *Ich fand auch wenig Unterschied in seinem Gesang, ausser daß er noch etwas ärger schrie, und noch etwas mehr Rouladen als damals machte, um den Mangel der Stimme zu verdecken.* [...] *Uebrigens ist er der wahre Repräsentant der englischen Gesangmanier, und besonders in Volksgesängen der enthusiastisch verehrte Günstling des Publikums. Große Kraft und Geläufigkeit der Stimme und gründliche Musikkenntniß ist ihm nicht abzusprechen, aber geschmackloser kann keine Methode seyn* (Pückler-Muskau, *Briefe*, Bd. 3, S. 129). Tatsächlich war Braham zum Zeitpunkt der *Oberon*-Uraufführung bereits 52 Jahre alt. Übrigens erlebte Pückler am selben Abend auch die von Weber hochgeschätzte Mary Anne Paton, die der Komponist am 7. März seiner Frau anpries: *eine Sängerin vom allerersten Rang; die die Reiza göttlich singen wird.* Der Fürst notierte im November weniger euphorisch: *eine recht angenehme, aber nicht ausgezeichnete Sängerin* (a. a. O.).

Webers *Oberon* hörte Pückler erst am 5. Dezember 1826; auch hier schien er nicht restlos begeistert: *Musik und Gesang ließen bei der Ausführung viel zu wünschen übrig, doch ward die Oper für London vorzüglich gegeben. Das beste in seiner Art waren die Dekorationen* (Pückler-Muskau, *Briefe*, Bd. 3, S. 172).

FZ

XI/8 James Robinson Planché / C. M. v. Weber, *Oberon*, Libretto

Erstdruck, London 1826, gezeigt: Umschlagtitel (separat) sowie S. 28/29, Beginn Szene II/5, u. a. Text von Nr. 12A, *Preghiera* (Huon) »Ruler of this awful hour« und Nr. 13, *Scena ed Aria* (Reiza) »Ocean! thou mighty monster«

Provenienz: von Caroline von Weber an F. W. Jähns verschenkt; Schenkung 1881

Berlin SBB, Signatur: Weberiana Cl. V [Mappe I A], Abt. 1, Nr. 8

vgl. Abb. des Umschlagtitels auf S. 172

Am 28. Mai 1826 notierte Weber in seinem Tagebuch den Kauf von sechs Exemplaren des *Oberon*-Textbuches (vgl. XII/1); das vorliegende Exemplar aus seinem Nachlaß dürfte dazugehört haben.

XI/9 Theaterzettel zur 12. Aufführung des *Oberon* im Londoner Theater Covent Garden, 25. April 1826

Provenienz: F. W. Jähns; Schenkung 1881

Berlin SBB, Signatur: Weberiana Cl. V [Mappe I A], Abt. 1, Nr. 9

vgl. Abb. auf S. 178

XI/10 *Oberon*, Figurinen für Papiertheater

Berlin: Carl Hellriegel

Provenienz: F. W. Jähns; Schenkung 1881

Berlin SBB, Signatur: Weberiana Cl. VIII, H. 2, Nr. 72

XI/2 *Oberon*, autographe Entwürfe

XI/3 *Oberon*, Autograph

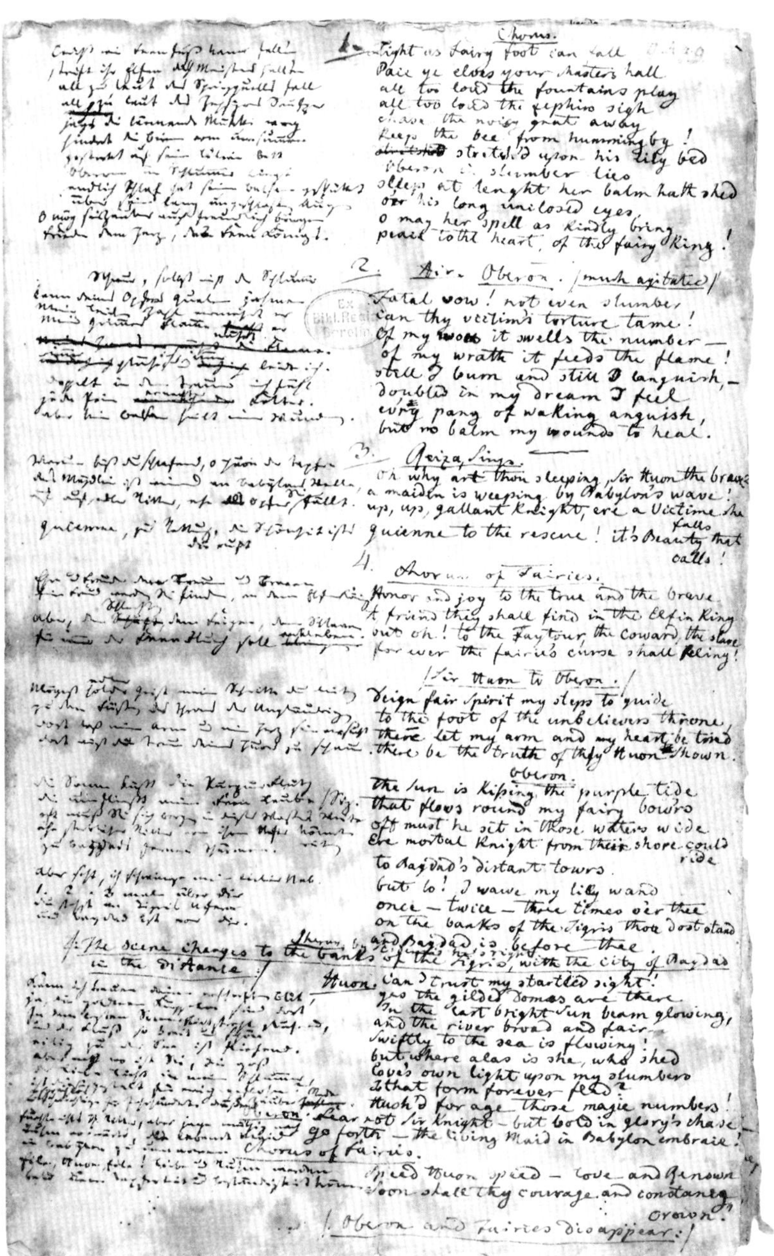

Chorus.
Light as fairy foot can fall
Pace ye close your master's hall
all too loud the fountains play
all too loud the zephirs sigh
chase the noisy gnat away
keep the bee from humming by!
stretch'd upon his lily bed
Oberon in slumber lies
sleep at lenght her balm hath shed
o'er his long unclosed eyes
O may her spell as kindly bring
peace to the heart of the fairy King!

2. Air. Oberon. (much agitated)
Fatal vow! not even slumber
can thy victim's torture tame!
Of my woes it swells the number —
of my wrath it feeds the flame!
still I burn and still I languish, —
doubled in my dream I feel
ev'ry pang of waking anguish,
but no balm my wounds to heal.

3. Reiza sings
Oh why art thou sleeping, Sir Huon the brave
a maiden is weeping by Babylon's wave!
up, up, gallant knight, ere a Victime she falls
Guienne to the rescue! it's Beauty that calls!

4. Chorus of Fairies.
Honor and joy to the true and the brave
a friend they shall find in the Elfin King
out oh! to the Faytour, the coward, the slave
for ever the fairie's curse shall kling!

(Sir Huon to Oberon.)
Deign fair spirit my steps to guide
to the foot of the unbelievers throne
there let my arm and my heart be tried
there be the truth of thy Huon shown.

Oberon.
The sun is kissing the purple tide
that flows round my fairy bowers
oft must he set in those waters wide
ere mortal knight from their shore could ride
to Bagdad's distant towers.
but lo! I wave my lilly wand
once — twice — three times o'er thee
on the banks of the Tigris thou dost stand
and Bagdad is before thee.

(The scene changes to the banks of the Tigris, with the City of Bagdad in the distance.)

Huon. Can I trust my startled sight!
yes the gilded domes are there
in the last bright sun beam glowing,
and the river broad and fair
swiftly to the sea is flowing!
but where alas is she, who shed
love's own light upon my slumbers
that form forever fled?
Hush'd for age those magic numbers!

Oberon. Fear not Sir knight — but bold in glory's chase
go forth — the living Maid in Babylon embrace!

Chorus of Fairies.
Speed Huon speed — love and renown
soon shall thy courage and constancy crown.

(Oberon and Fairies disappear.)

XI/1 *Oberon*, Libretto-Manuskript

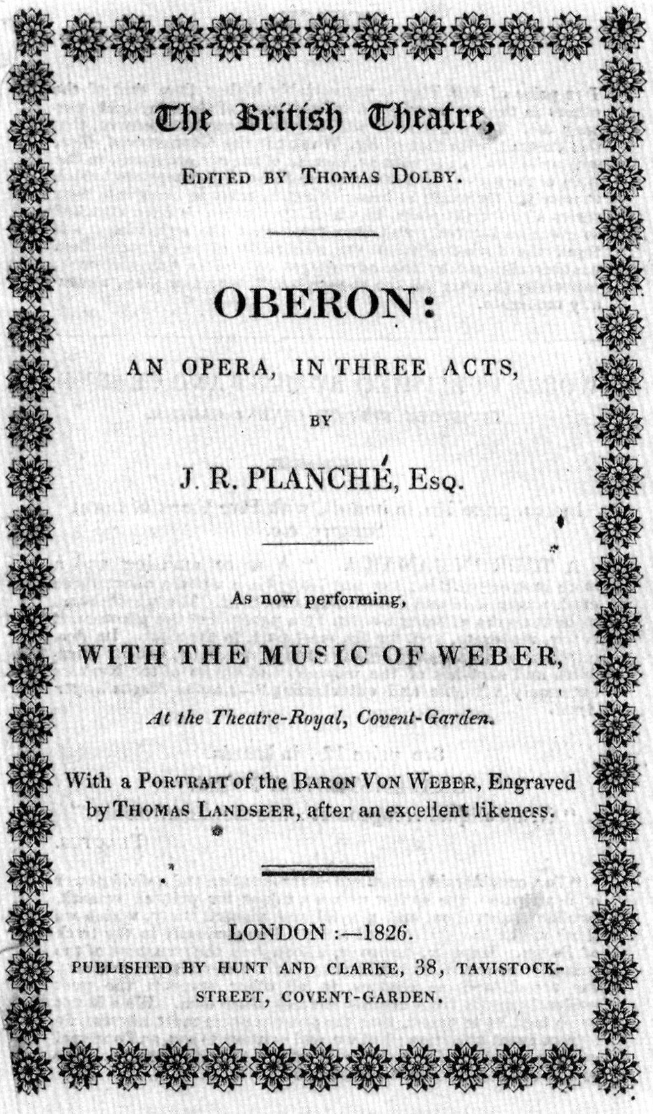

The British Theatre,

EDITED BY THOMAS DOLBY.

OBERON:

AN OPERA, IN THREE ACTS,

BY

J. R. PLANCHÉ, Esq.

As now performing,

WITH THE MUSIC OF WEBER,

At the Theatre-Royal, Covent-Garden.

With a PORTRAIT of the BARON VON WEBER, Engraved by THOMAS LANDSEER, after an excellent likeness.

LONDON :—1826.

PUBLISHED BY HUNT AND CLARKE, 38, TAVISTOCK-STREET, COVENT-GARDEN.

(PRICE ONE SHILLING.)

XI/8 *Oberon*, Libretto-Erstdruck

XII. Epilog

XII/1 C. M. v. Weber, *Notizen und Ausgaben des Jahres 1826* (Tagebuch), Autograph
gezeigt: Bl. 12v/13r, Eintragungen vom 26. Mai bis 3. Juni 1826 und Nachtrag von Caroline von Weber vom 4. November 1826
Provenienz: Weber-Familiennachlaß; Schenkung 1986
Berlin SBB, Signatur: Mus. ms. autogr. theor. C. M. v. Weber WFN 1
vgl. Abb. auf S. 179

Webers Tagebucheintragungen enden am 3. Juni 1826. In der Nacht zum 5. Juni 1826 starb der Komponist im Hause von Sir George Thomas Smart in der Great Portland Street, wo er während seines London-Aufenthalts wohnte. Die letzten beiden Seiten des Tagebuchs sind ein erschütterndes Dokument seiner körperlichen Leiden und seiner Todesangst:

»d: 26t um 10 Uhr Probe von der Kantate. sehr gut. bis ½ 1.
sehr angegriffen. Wagen 17. 4
Brief von Lina *No:* 23 erhalten. an sie geschrieben *No:* 31. sehr unwohl, so erschüttert. um 8 Uhr ins *Concert*. ging alles sehr gut. ich hielt es mit der größten Noth aus. um ½ 12 nach Hause. Senfpflaster auf die Brust. entsezliche Beängstigung.
sehr leer. alles um mich, Loder, Kind, Göschen *pp*
um 2 Uhr ins Bett.

d: 27. süße Nacht. ziemlich wohl. ganzen Tag recht erträglich
Mittag mit Loder, *K: Kramer* und *Smart* zu Hause.
gegen 10 Uhr wieder die KurzAthmigkeit. Senfpflaster. zog nicht.

d: 28t *Sonntag*. mehr angegriffen und erschüttert. auch Neigung zu Schlaf. täglich um 4 Uhr kaltes Fieber. sehr krampfig gehustet.
Mittag ½ 2 bei *Burrowes*. um 10 Uhr nach Hause. 8. 8
6 Bücher vom *Oberon* 2. 4. -
spazieren gefahren 2. 4 -

d: 29t Porto 4. 14 -
Stempel 4 -
Attlas 8. 8
Wagen 13 -
Wäsche 1. 6 -
Brief von Lina *No:* 24. 25 erhalten. Mittag mit Fürstenau allein zu Hause. neuen Reiseplan entworfen.
ziemlich guter Tag. Senfteich um 10 Uhr genommen.

d: 30t an Lina *No:* 32 abgeschikt. Verbot nicht mehr zu schreiben.
Mittag mit *Smart*. sehr unwohl, gar keinen Athem, früh entsezzliche Hizze, 4 – 5 Kälte. Abweichen.
in Patons Benefitt. 2t Akt *Overt.*[*üre*] vom Freyschützen dirig. gut. übrigens ganz außer mir. Fürstenau half sehr.
um 11 Uhr zu Hause.

d: 31t gute Nacht. aber dieselbe Kurzathmigk. ganzen Tag zu Hause. gearbeitet. Mittag 6 Uhr bei *Liverati*. gute Suppe. ½ 10 Uhr nach Hause. sehr schlecht.

d: 1t *Juny*. sehr k[r]ank. gar keinen Athem. Mittag mit *Smart*. Abends Kind, Stumpf, Fürstenau zum Thee. die Bluter gesezt wie[?] eine[?] Hand. Brief von Lina *No* 26 erhalten,

d: 2t gute sanfte Nacht. im Bette bis 12 Uhr. sehr matt. laxiren immerfort. an Lina 33 abgesendet.
Abends Göschen, und Fürstenau da.

d: 3t mittelmäßige Nacht. immerfort laxiren alle Stunden.

[Nachtrag Caroline von Webers:]
In der Nacht von 4t zum 5ten starb mein geliebter Theurer Mann in London, sanft und ohne Kampf. Möge mir der gütige Gott helfen, daß ich unsere Kinder so erziehe, daß sie diesen vortrefflichen Vater keine Schande machen, und daß sie nicht zu erröthen brauchen wenn sie diese Tagebücher einst lesen.

Lina v Weber.
an unsern Nahmens und
Hochzeittage den 4 November
1826.«

Die beiden hier erwähnten Konzerte, an denen sich Weber trotz seiner angegriffenen Gesundheit noch beteiligte, waren sein eigenes Benefizkonzert in den *Argyle Rooms* und ein Benefizkonzert für die Reiza-Darstellerin Mary Anne Paton am 26. bzw. 30. Mai. Zu den Mitwirkenden am 26. Mai gehörten Ignaz Moscheles und der Flötenvirtuose Anton Bernhard Fürstenau, der den Komponisten von Dresden aus begleitet hatte. Auch wenn das Konzert künstlerisch zu Webers Zufriedenheit ablief, entsprach der finanzielle Erfolg wegen geringer Besucherzahlen nicht seinen Erwartungen. Es erklangen u. a. Webers mit neuem englischen Text versehene *Jubel-Kantate* (JV 244) unter dem Titel *The Festival of Peace* (Hampdon Napier) sowie seine letzte Komposition, der für die Sopranistin Catherine Stephens komponierte *Gesang der Nurmahal* aus Thomas Moores *Lalla Rookh* (JV 308). Am 30. Mai trat er zum letzten Mal in der Öffentlichkeit auf, wo er die *Freischütz*-Ouvertüre dirigierte. Von Heimweh getrieben, wurde angesichts seines Gesundheitszustandes die für den 5. Juni geplante *erste Vorstellung des ganz nach dem Original hergestellten Freyschützen* (Brief an Caroline von Weber, 29./30. Mai 1826) abgesagt und mit Fürstenau festgelegt, am 7. Juni vorzeitig abzureisen. Seiner Frau Caroline, vor der er seinen Gesundheitszustand zu verbergen suchte, erteilte Weber am 30. Mai scherzhaft den »grausamen Befehl«, nicht mehr nach London, sondern nach Frankfurt *poste restante* zu schreiben, da er beschlossen habe, nicht über Paris, sondern direkt nach Dresden zu fahren: *Von Calais über Brüßel, Cölln, Coblenz den Rhein herunter nach Frankfurt, welche herrliche Fahrt. obwohl ich nun etwas langsam werde Reisen müßen, und zuweilen einen halben Tag ruhen. so gewinnen wir doch wenigstens 14 Tage.*

Zu den letzten Besuchern aus dem Londoner Freundeskreis gehörte Ignaz Moscheles. In einem Brief an Max Maria von Weber vom 15. September 1861 (Abschrift von Jähns, Berlin SBB, Weberiana Cl. V [Mappe XVIII], Abt. 4 A, Nr. 13 A) berichtete er: *Am 4. Juni (Vormittags) besuchte ich W.*[eber]*, dessen letzte Lebens-Kräfte zu erlöschen schienen. Er war nicht bettlägerig, aber ein Krampfhusten folgte dem andern so häufig, daß die Entkräftung zusehends eintrat. Ich fand mich fast eine Stunde lang mit ihm allein; denn er wollte außer Sir G. Smart, Fürstenau u. dem jungen Göschen Niemanden sehen. Von seiner bedenklichen Lage war er nicht durchdrungen, sprach von der wohlthuenden Wirkung, die er von der Abreise* [...] *erwartete. Wiederholt erinnerte er mich, Briefe oder sonstige Commissionen für ihn bereit zu halten und hoffte mich »morgen wieder zu sehen«! – er sah mich zum letzten Mal!*

DB

XII/2 *Carl Maria von Weber*, Porträt

Lithographie von Richard James Lane nach dem 1826 entstandenen Ölgemälde von John Cawse (Verlag William Hawes, London)
Berlin SBB, Signatur: Mus. P Weber, K. M. v. I/6
vgl. Text und Abb. auf S. 41f.

XII/3 C. M. v. Webers Totenmaske, Gipsabguß
Provenienz: F. W. Jähns; Schenkung 1881
Berlin SBB, Musikabteilung, Inventarnummer: K 117
vgl. Text und Abb. auf S. 42 – 44

XII/4 *Funeral of Baron von Weber*, Karte zu Webers Begräbnis-Feier in London am 21. Juni 1826
Provenienz: F. W. Jähns; Schenkung 1881
Berlin SBB, Signatur: Weberiana Cl. V [Mappe I A], Abt. 1, Nr. 4
vgl. Abb. auf S. 177

XII/5 *C. M. v. Weber's Sarg in der Gruft der Moorfields-Capelle*, Lithographie
Provenienz: Nachlaß Giacomo Meyerbeer; erworben 1915 aus dem Nachlaß seines Enkels Raoul Richter
Berlin SBB, Signatur: Weberiana Cl. VIII, H. 2, Nr. 28a

Für die Londoner Beisetzungsfeierlichkeiten wurde auf Initiative von Webers dortigem Freundeskreis, u. a. von Sir George Smart, Ignaz Moscheles, Charles Kemble und John Braham, ein Ausschuß gebildet, der die feierliche Zeremonie vorbereiten sollte. Die vorliegende Einladungskarte zur Begräbnis-Feier, die sich zu einem außerordentlichen öffentlichen Ereignis gestaltete, trägt die Unterschrift des Sekretärs dieses Ausschusses, Thomas d'Almaine.

Am Begräbnistag, dem 21. Juni 1826, bewegte sich der Trauerzug mit dem Leichenwagen unter großer Anteilnahme von Londoner Künstlern und Musikfreunden in 16 Trauerkutschen und einigen privaten Wagen von Smarts Wohnung in der Great Portland Street zur katholischen Kirche in Moorfields, wo führende Sänger und Musiker Londons unter Leitung von Franz Cramer das Mozartsche *Requiem* aufführten. Mit dem Trauermarsch aus Händels *Saul* wurde der Sarg anschließend in der Gruft der Moorfields Chapel beigesetzt.

DB

XII/6 [Carl Friedrich Rungenhagen,] *Nachrichten aus dem Leben und über die Musik-Werke Carl Maria von Webers*, Autograph, November 1826
gezeigt: S. 1 und S. 24/25
Provenienz: F. W. Jähns; Schenkung 1881
Berlin SBB, Signatur: Weberiana Cl. V [Mappe I A], Abt. 3, Nr. 16

XII/7 [Carl Friedrich Rungenhagen,] *Nachrichten aus dem Leben und über die Musik-Werke Carl Maria von Weber's*
Berlin: T. Trautwein, 1826, gezeigt: Titelseite
Provenienz: F. W. Jähns; Schenkung 1881
Berlin SBB, Signatur: Weberiana Cl. V [Mappe XVIII], Abt. 4 B, Nr. 17

Zu den Berliner Freunden, die Weber im Kreis der Singakademie und der Liedertafel kennengelernt hatte, zählte auch Carl Friedrich Rungenhagen (1778 – 1851), Komponist, Gründungsmitglied der Liedertafel, seit 1815 Vize-Direktor, ab 1833 – als Nachfolger Zelters – Direktor der Berliner Singakademie. Bereits ein knappes halbes Jahr nach Webers Tod, im November 1826, vollendete Rungenhagen seine biographische Skizze über Weber, die noch im selben Jahr bei dem Berliner Verleger Traugott Trautwein gedruckt wurde: die erste selbständig veröffentlichte Biographie des Komponisten. Im Frontispiz erscheint als Porträt Webers eine auf Schwerdgeburth zurückgehende Lithographie von Eduard Eichens (vgl. S. 40), die im Hinblick auf diese Publikation entstanden sein dürfte. Informationen für seine kleine biographische Niederschrift erhielt Rungenhagen vor allem durch Webers engen Freund Hinrich Lichtenstein, Empfänger zahlreicher Briefe, aus denen – allerdings ungenau – mehrfach zitiert wird. Auch wenn die Biographie vor allem in Hinblick auf Datierungen zahlreiche Irrtümer enthält, ist sie doch das Zeugnis eines Zeitgenossen aus Webers Todesjahr, der den Komponisten mit folgenden Worten würdigt:

»Seinen Beruf zur romantisch-dramatischen *Composition* hat *v. Weber* wahrhaft bewährt; dieser Beruf müßte unbedingt anerkannt werden, hätte er auch nie eine Oper geschrieben; jedes seiner andern Werke deutet an: daß er vom Geist der dramatischen Musik [durch]drungen war. [...] Wahrheit des Ausdrucks, Kraft und Anmuth herrschen überall in seinen Werken; sie sind die Pfeiler auf welche er sie bauete; sie werden auch die Stützen sein daß sie nicht verloren gehen.«

DB

XII/8 Richard Wagner, *Trauermusik* WWV 73, nach Motiven aus C. M. v. Webers *Euryanthe*, autographe Reinschrift, datiert: *15 Nov:* [*18*]*44*
gezeigt: S. 1
Provenienz: aus dem Besitz von Volkmar Schurig nach dessen Tod 1899 an seinen Neffen Arthur Schurig; 1924/25 von H. Tiedemann, Berlin erworben
Berlin SBB, Signatur: Mus. ms. autogr. R. Wagner 3
vgl. Abb. auf S. 178

XII/9 Richard Wagner, *An Weber's letzter Ruhestätte auf dem Friedhof zu Dresden am 15 December 1844*, Autograph
Provenienz: Weber-Familiennachlaß; Schenkung 1986
Berlin SBB, Signatur: Mus. ms. autogr. theor. R. Wagner 4

XII/10 *Carl Maria v. Weber's Grabmal* [...] *zu Dresden*
Stich von A. Krause (Leipzig) nach einer Zeichnung von Gustav Täubert, Druck: Th. Zehl jr. (Leipzig)
Provenienz: F. W. Jähns; Schenkung 1881
Berlin SBB, Signatur: Weberiana Cl. VIII, H. 2, Nr. 32

1840, vierzehn Jahre nach Webers Tod, suchte ein Joseph Gambihler, Lehrer und Publizist aus Nürnberg, in der Moorfields Chapel nach dem Sarg des Komponisten, der nur noch schwer auffindbar war. In einem Aufsatz, den die Zeitschrift *Europa* (hg. von A. Lewald, Bd. 1, 1841, S. 28 – 35) veröffentlichte, schilderte er die beengten Verhältnisse in der dortigen Gruft, wo man die Särge übereinanderstapeln mußte (s. XII/5) und rief dazu auf, Webers Sarg nach Deutschland zu überführen. Nachdem dieser Aufruf in mehreren deutschen Zeitschriften veröffentlicht worden war, erfolgte zu diesem Zweck im selben Jahr in Dresden die Gründung eines Komitees. Erste Gelder wurden gesammelt, doch kam die Angelegenheit zunächst zum Erliegen. Erst einem 1844 neugegründeten zweiten Dresdner Komitee, dem unter anderen Webers Amtsnachfolger Richard Wagner, der Direktor des Antikenkabinetts Heinrich Wilhelm Schulz, der Musiklehrer von Webers Söhnen Friedrich Wilhelm Brauer und der Hofschauspieler Ferdinand Heine angehörten, gelang es, diese Angelegenheit mit Erfolg zu betreiben. Es war vor allem Richard Wagner, der die deutschen Bühnen aufforderte, durch Benefizvorstellungen die notwendigen finanziellen Mittel aufzubringen. Max Maria von Weber – seit Mai 1844 zu Studienzwecken in London – wurde mit Verhandlungen zur Überführung der sterblichen Überreste seines Vaters beauftragt. Am 25. Oktober desselben Jahres lief das englische Dampfschiff *John Bull* mit dem Sarg Webers in den Hamburger Hafen ein. Von dort sollte er auf der Elbe bis nach Dresden gelangen, mußte aber ab Wittenberg – der Fluß war zugefroren – mit der Eisenbahn weitertransportiert werden und wurde schließlich in Dresden am 14. Dezember, wiederum mit einem Schiff, vom rechten auf das linke Elbufer gebracht. Hier wartete zum Empfang eine riesige Menschenmenge, unter ihnen Mitglieder der Dresdner Liedertafel, Sänger des Hoftheaters und Musiker der königlichen Kapelle. Für den Trauerzug zu Webers letzter Ruhestätte auf dem Katholischen Friedhof in Dresden-Friedrichstadt komponierte Richard Wagner eine Trauermusik (WWV 73), die laut Partitur mit 75 Bläsern und 6 Trommeln zu besetzen ist. Wagner spricht in seiner Autobiographie allerdings von 100 Mitwirkenden: 80 Bläsern und 20 Trommeln (Wagner,

Mein Leben, S. 310). In der Komposition wurden zwei Motive aus Webers *Euryanthe* verwendet, die Takte 129 bis 143 aus der Ouvertüre sowie die Kavatine der Euryanthe aus Nr. 17 »Hier dicht am Quell, wo Weiden stehn«. Ein Bericht in der *Leipziger Zeitung* vom 17. Dezember 1844 vermittelt einen plastischen Eindruck des von Fackelträgern begleiteten Trauerzugs:

> »Voraus gingen 80 [sic] Mann der Militairmusikchöre und ließen auf Blasinstrumenten und mit gedämpften Trommeln einen Trauermarsch nach des Capellmeister Wagner's Composition ertönen [...]. Ihnen folgte der Leichenwagen. An weiße seidne Bänder mit silbernen Quasten, die von demselben herabhingen, haltend, begleiteten ihn zunächst die Mitglieder des Weber-Comité. Neben diesen gingen die ältesten Mitglieder der Capelle, die Capellmeister und Concertmeister an der Spitze, mit brennenden Kerzen. Dem Wagen folgte zunächst der Sohn des Betrauerten, Maximilian von Weber, in Begleitung des Hofrath [Karl Gottfried Theodor] Winkler, als gewesenen Vormunds der beiden Weber'schen Söhne, und des Kammermusikus [Anton Bernhard] Fürstenau, der Weber nach London begleitet hatte u. auch dort bei seiner Beisetzung zugegen gewesen war. Dann reihten sich nachfolgend die eingeladenen Begleiter, die übrigen Mitglieder der musikal. Capelle u. die Sängerchöre, denen sich noch viele Theilnehmende anschlossen. Die zuschauende u. begleitende Menge war zahllos.«

Nachdem der Sarg zunächst in die Friedhofskapelle gebracht worden war, fand am Mittag des folgenden Tages – es war der 15. Dezember – die Trauerfeier an der nach einem Entwurf Gottfried Sempers errichteten Familiengruft (vgl. XII/10) statt. Nur wenige Wochen zuvor war hier Webers am 31. Oktober 1844 verstorbener Sohn Alexander bestattet worden. Am Grab sprachen Heinrich Wilhelm Schulz und Richard Wagner. Dessen berühmt gewordene Grabrede *An Weber's letzter Ruhestätte* [...] (vgl. XII/9) richtete sich an ein vaterländisch gesinntes Bürgertum und wurde damals, wie Max Maria von Weber schrieb, von den Anwesenden als *tief zum Herzen gehend, schlicht, erhaben und gedankenreich* empfunden (MMW II, S. 717). Zu den Klängen eines von Wagner gedichteten und komponierten Gesangs für Männerchor *An Webers Grabe* (WWV 72) wurden die sterblichen Überreste des Komponisten beigesetzt.

> »[...] wenn sie einmal einen Stein über meine Hülle legen, so werden sie mit Wahrheit darauf schreiben können: „Hier liegt einer, der es wahrhaft redlich und rein mit Menschen und Kunst meinte."«
> [Carl Maria von Weber in seiner 1818 verfaßten autobiographischen Skizze, nach Winkler, *Schriften*, Bd. 1, S. XIV]

DB

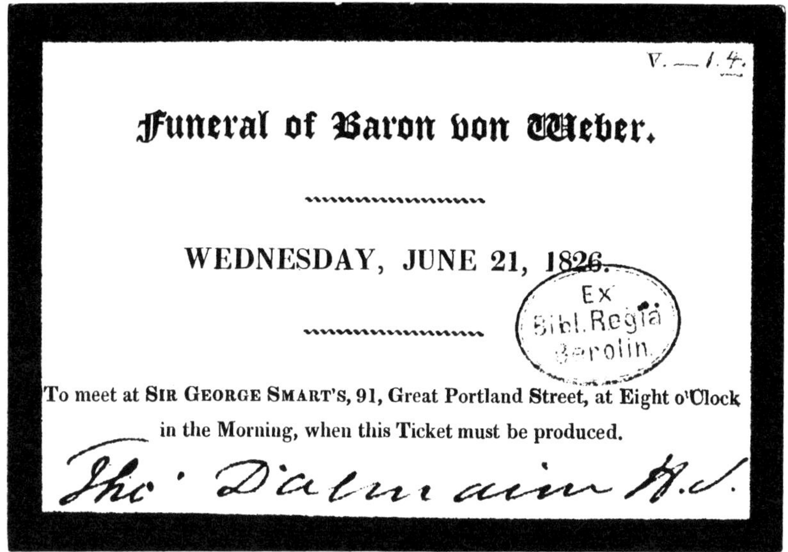
V. — 1.4.

Funeral of Baron von Weber.

WEDNESDAY, JUNE 21, 1826.

To meet at SIR GEORGE SMART'S, 91, Great Portland Street, at Eight o'Clock in the Morning, when this Ticket must be produced.

Tho: Dalmaine H.d.

XII/4 Karte zu Webers Begräbnis in London

Theatre Royal, Covent Garde[n]

This present TUESDAY, April 25, 1826,

Will be acted (12th time) a Grand Romantic & Fairy OPERA in 3acts (Founded on Wieland's celebrated Poem) called

OBERON;

OR, THE

ELF-KING'S OATH.

With entirely new Music, Scenery, Machinery, Dresses and Decorations.

The OVERTURE and the whole of the MUSIC composed by

CARL MARIA VON WEBER,

Who has kindly acceded to the request of the Proprietors, and will preside in the Orchestra this evening, in order that the MUSIC should be performed to the greatest advantage.

The CHORUS (under the direction of Mr. WATSON,) has been greatly augmented

The DANCES composed by Mr. AUSTIN.

The Scenes painted by Mess. GRIEVE, PUGH, T. and W. GRIEVE, LUPPINO, and assistants. The Machinery by Mr. E. SAUL

The Aerial Machinery, Transformations and Decorations by Mess. BRADWELL. The Dresses by Mr. PALMER, Miss EGAN, and assistants.

FAIRIES.

Oberon, *King of the Fairies*, Mr. C. BLAND, Puck, Miss H. CAWSE,

Titania, *Queen of the Fairies*, Miss SMITH.

FRANKS.

Charlemagne, *King of the Franks*, Mr. AUSTIN,

Sir Huon, of Bourdeaux, *Duke of Guienne*, Mr. BRAHAM,

Sherasmin, *his Squire*, Mr. DURUSET.

ARABIANS.

Haroun-Al-Rashchid, *Caliph of Bagdad*, Mr. CHAPMAN, Baba-Khan, *a Saracenic Prince*, Mr. BAKER,

Hassan, *Master of a Vessel*, Mr. J. ISAACS, Hamet, Mr. EVANS, Amrou, Mr. ATKINS,

Reiza, *Daughter of the Caliph*, Miss PATON,

Fatima, Madame VESTRIS,

Namouna, *Fatima's Grandmother*, Mrs. DAVENPORT.

TUNISIANS.

Almansor, *Emir of Tunis*, Mr. COOPER,

Abdallah, *a Corsair*, Mr. HORREBOW, Slave, Mr. HENRY,

Roshana, *Wife of Almansor*, Mrs VINING, Nadina, *a female Slave*, Mrs. WILSON.

ORDER OF THE SCENERY:

Oberon's Bower, with the Vision. Grieve

Distant VIEW of BAGDAD, and the adjacent Country on the BANKS of the TIGRIS, *by Sunset.* Grieve

Interior of Namouna's Cottage. T. Grieve

VESTIBULE and TERRACE in the HAREM of the CALIPH, overlooking the TIGRIS. W. Grieve

GRAND BANQUETTING CHAMBER of HAROUN. T. Grieve.

GARDENS OF THE PALACE. PUGH

Port of Ascalon. T. Grieve

RAVINE amongst the ROCKS of a Desolate Island, the Haunt of the Spirits of the Storm. Designed by Bradwell, And Painted by PUGH

Perforated Cavern on the Beach, with the Ocean

In a Storm--a Calm--by Sunset--Twilight--Starlight--and Moonlight. T. Grieve

Exterior of Gardener's House, in the Pleasure Grounds of the Emir of Tunis. Grieve

HALL AND GALLERY IN ALMANSOR's PALACE. W. Grieve

LAKE and PAVILION in the GARDENS of the EMIR. T. Grieve

GOLDEN SALOON in the KIOSK of ROSHANA. W. Grieve

The Palace and Gardens, by Moonlight. (Grieve). Court of the Harem. Pugh

Hall of Arms in the Palace of Charlemagne. Grieve & Luppino.

The Opera is published and may be had in the Theatre, and of Mess. Hunt & Clarke, 38, Tavistock-street, Covent-garden.

To which will be added, the Farce of

RAISING the WIND

Jeremy Diddler, Mr. JONES, Plainway, Mr. BLANCHARD,

Fainwou'd, Mr. MEADOWS, Sam, Mr. EVANS, Waiter, Mr. ATKINS

Laurelia Durable, Mrs. DAVENPORT, Peggy, Miss LOVE.

OBERON will be repeated Every Evening.

Tomorrow, (13th time) the Opera of OBERON, With the revived Comedy (in two acts) of WAYS and MEANS.

On Thursday, OBERON. After which will be revived, the Farce of HONEST THIEVES.

On Friday, OBERON. After which, the Comedy of CHARLES the SECOND.

On Saturday, OBERON. After which will be revived, PAUL and VIRGINIA. Paul, Madame VESTRIS.

A NEW FARCE is in rehearsal, and will be produced next week.

Printed by W. Reynolds, 9, Denmark-court. Strand.

XI/9 *Oberon*, Theaterzettel zur 12. Londoner Aufführung

XII/8 R. Wagner, *Trauermusik* WWV 73

XII/1 Tagebuch-Notizen 26. Mai bis 3. Juni 1826

Kürzel für die zitierte Literatur

Benedict, *Weber*
Julius Benedict, *Weber*, London 1881

Costenoble, *Tagebücher*
Carl Ludwig Costenoble's Tagebücher von seiner Jugend bis zur Übersiedlung nach Wien (1818), hg. von Alexander von Weilen, 2 Bd. (*Schriften der Gesellschaft für Theatergeschichte*, Bd. 18, 19), Berlin 1912

Hanslick, *Pintos*
Eduard Hanslick, *»Die drei Pintos«*, in: ders., *Musikalisches und Litterarisches. (Der »Modernen Oper« V. Theil.) Kritiken und Schilderungen*, Berlin 1889, S. 87 – 95

Hase, *Breitkopf*
Oskar von Hase, *Breitkopf & Härtel. Gedenkschrift und Arbeitsbericht*, 4. Auflage, Leipzig 1917, Bd. 1

Heine, *Werke*
Heinrich Heine, *Werke und Briefe in zehn Bänden*, hg. von Hans Kaufmann, Berlin 1961, Bd. 3 (*Reisebilder*)

Heuberger, *Erinnerungen*
Richard Heuberger, *Erinnerungen an Johannes Brahms*, hg. von Kurt Hofmann, 2. Aufl. Tutzing 1976

Huck, *Weber-Studien* 5
Oliver Huck, *Von der Silvana zum Freischütz. Die Konzertarien, die Einlagen zu Opern und die Schauspielmusik Carl Maria von Webers* (*Weber-Studien*, Bd. 5), Mainz u. a. 1999

Jähns, *Werke*
Friedrich Wilhelm Jähns, *Carl Maria von Weber in seinen Werken. Chronologisch-thematisches Verzeichniss seiner sämmtlichen Compositionen*, Berlin 1871

M. Jähns, *Familiengemälde*
Max Jähns, *Friedrich Wilhelm Jähns und Max Jähns. Ein Familiengemälde für die Freunde. Als Manuskript gedruckt*, Dresden 1906

Kapp, *Wagner*
Der junge Wagner. Dichtungen, Aufsätze, Entwürfe 1832 – 1849, hg. von Julius Kapp, Berlin und Leipzig 1910

Kind, *Freischütz-Buch*
Friedrich Kind, *Der Freischütz. Volks-Oper in drei Aufzügen. Ausgabe letzter Hand*, Leipzig 1843

Landmann, *Fürstenau*
Ortrun Landmann, Eveline Bartlitz, Frank Ziegler, *Aus dem Briefwechsel Friedrich Wilhelm Jähns – Moritz Fürstenau. Eine Auswahl von Briefen und Mitteilungen der Jahre 1863 – 1885*, in: *Weber-Studien*, Bd. 3, Mainz u. a. 1996, S. 99 – 148

Mahler, *Briefe*
Gustav Mahler, *Briefe*, hg. von Herta Blaukopf, 2. Auflage, Wien 1996

Meyerbeer, *Briefe*
Giacomo Meyerbeer. Briefwechsel und Tagebücher, Bd. I – IV hg. von Heinz Becker (ab Bd. III mit Gudrun Becker), Berlin 1960 – 1985, Bd. V hg. von Sabine Henze-Döhring, Berlin und New York 1999

MMW
Max Maria von Weber, *Carl Maria von Weber. Ein Lebensbild*, Leipzig, Bd. I und II 1864, Bd. III 1866

Planché, *Recollections*
James Robinson Planché, *Recollections and Reflections. A pro-*

fessional Autobiography, revidierte Neuausgabe, London 1901

Porhansl/Ziegler, *Ludlam*
Lucia Porhansl, Frank Ziegler, *Mutter Ludlams geplagter Sohn. Weber und die Wiener Ludlamshöhle*, in: *Weberiana* 5 (1996), S. 34 – 42

Pückler-Muskau, *Briefe*
[Hermann Fürst Pückler-Muskau,] *Briefe eines Verstorbenen. Ein fragmentarisches Tagebuch*, Bd. 3, Stuttgart 1831

Schnoor, *Gestalt*
Hans Schnoor, *Weber. Gestalt und Schöpfung*, Dresden 1953

Spohr, *Lebenserinnerungen*
Louis Spohr. Lebenserinnerungen, hg. von Folker Göthel, 2 Bd., Tutzing 1968

Strauss, *Briefwechsel*
Lieber Collega! Richard Strauss im Briefwechsel mit zeitgenössischen Komponisten und Dirigenten, Bd. 1, hg. von Gabriele Strauss (*Veröffentlichungen der Richard-Strauss-Gesellschaft*, Bd. 14), Berlin 1996

Wagner, *Mein Leben*
Richard Wagner, *Mein Leben*, hg. von Martin Gregor-Dellin, München 1976

Wagner, *Schriften*
Richard Wagner, *Gesammelte Schriften und Dichtungen in zehn Bänden*, hg. von Wolfgang Golther, Berlin o. J.

C. v. Weber, *Pintos*
Carl von Weber, *Carl Maria von Weber's unvollendet hinterlassene komische Oper »Die drei Pintos«*, in: *Neue Zeitschrift für Musik*, Jg. 55, Nr. 1 (4. Januar 1888), S. 5f., Nr. 2 (11. Januar 1888), S. 20, Nr. 3 (18. Januar 1888), S. 32f., Nr. 4 (25. Januar 1888), S. 44f., Nr. 6 (8. Februar 1888), S. 65f.

Winkler, *Schriften*
Theodor Hell (d. i. Karl Gottfried Theodor Winkler; Hg.), *Hinterlassene Schriften von Carl Maria von Weber*, 3 Bd., Dresden, Leipzig: Arnoldische Buchhandlung, 1828

Register (Personen und Werke)